心理統計学ワークブック

理解の確認と深化のために

南風原朝和・平井洋子・杉澤武俊 著

Workbook of Psychological Statistics

本書のコピー, スキャン, デジタル化等の無断複製は著作権法上での例外を除き禁じられています。本書を代行業者等の第三者に依頼してスキャンやデジタル化することは, たとえ個人や家庭内での利用でも著作権法違反です。

はじめに

　実際に問題に取り組むことによって，理解が曖昧であったり誤解したりしていたことに気づき，そこからより深い理解に至るというのは，とても大切な学習のプロセスです。心理統計学のように苦手に感じる学習者が少なくない領域では，そのプロセスが特に重要だと思います。また，学習者もそのことを感じており，大学の授業で「お薦めの問題集はありませんか？」という質問を何度も受けました。しかし，心理統計学全般にわたって演習用の問題を提供する本はなかなか出版されませんでした。そこで，それぞれの大学で心理統計学の授業を担当している私たち3人が相談し，協力して作ったのがこのワークブックです。

　本書は，学習者が自らの理解を確認し，さらに深化させるために主体的に演習問題に取り組むことや，教師が授業の流れに合わせて教材として利用することを想定して構成しました。内容は，基本的な用語の意味を問うものから，データを使った作業を通して学ぶことを意図したもの，さらには現実の研究場面でのデータ解析に近い状況での解釈や判断を求めるものまで，幅広く設定しました。また，概念や方法の間の相互関連がわかるような作問を心がけました。そして，各問題には，その問題で正答しなかった学習者を念頭におき，誤答に至ったプロセスを推察してくわしい解説をつけました。これは，問題に正答した場合でも，理解をより確かなものにするうえで役立つでしょう。

　これらの演習問題に加え，本書では，心理統計学の新たな展開や歴史，やや高度な問題やコンピュータ・シミュレーションなど，理解を深めるだけでなく，統計的知識を広げられるような「トピック」も数多く掲載しました。

　全体の章構成は著者の1人（南風原）が執筆した『心理統計学の基礎——統合的理解のために』（有斐閣アルマ）に準拠していますが，どのテキストを使っているかたにも柔軟に問題を選択して利用してもらえるよう，それぞれの問題にその内容をあらわす見出しを付けて，目次にその一覧を示しました。また，テキストによって記号の使い方に違いがある場合があることをふまえ，付録に本書で使用している記号の一覧を示して，読者が使用しているテキストにおける記号との照合ができるようにしました。

　心理統計学のワークブックということで，企画の段階で時間をかけて検討したことの1つに，ソフトウェアを使った実習をどう位置づけるか，ということがありました。広く流通している市販のソフトウェアの使い方を解説し，実習のための課題を用意する，ということも考えました。しかし，そのような内容の書物は数多く出ていることと，その内容を含めることで，理解を確認し深化させるための問題数を削減することになっては当初の目的が達成できなくなると考え，ソフトウェア実習という内容は省きました。その代わり，

ほとんどのパーソナル・コンピュータに装備されている表計算ソフトウェアである Excel と，無料でダウンロードして使用でき，最近急速に利用が広まっている R について，付録で入門的な解説を行い，本書の問題やトピックにおいても一部使用しました。一般に統計学の学習において，ソフトウェアを使いこなすスキルを磨くことや，ソフトウェアで実際にデータ解析を体験しながら理解を深めることはとても重要なことですので，それぞれの環境の中で，ソフトウェアを用いた学習も並行して進めていただきたいと思います。

　『心理統計学の基礎』の「はじめに」にも書いてありますが，私たちは「統計学は難しい」と実感しています。本書を作る過程でも，自分たちの理解が完全なものでないことに何度か気づかされました。ですから，読者のみなさまにも，本書の問題にすぐに正答できなくても，解説やテキストを参考にして根気強く学習を続けてほしいと思います。本書が，心理統計学を深く理解し，有効に活用したいと考えている読者のかたに，少しでもお役に立てればと願っています。

　最後になりましたが，有斐閣書籍編集第二部の櫻井堂雄さんと中村さやかさんには，企画の段階から完成に至るまで大変お世話になりました。お二人ともご自身の大学時代の心理統計学の学習経験をフルに生かして，たくさんの貴重なご意見をくださいましたことに，心より感謝申し上げます。

　2009 年 6 月

南風原朝和
平井　洋子
杉澤　武俊

著者紹介

南風原 朝和（はえばら ともかず）
 1977 年，東京大学教育学部卒業
 1981 年，アイオワ大学大学院教育学研究科博士課程修了（Ph. D.）
 現在，東京大学名誉教授
 主要著作：『行動科学における統計解析法』（共著，東京大学出版会，1990 年），『心理学研究法入門――調査・実験から実践まで』（共編著，東京大学出版会，2001 年），『心理統計学の基礎――統合的理解のために』（有斐閣，2002 年），『臨床心理学をまなぶ 7　量的研究法』（東京大学出版会，2011 年），『続・心理統計学の基礎――統合的理解を広げ深める』（有斐閣，2014 年），『教育心理学　第 3 版』（共著，有斐閣，2015 年），『検証 迷走する英語入試――スピーキング導入と民間委託』（編著，岩波書店，2018 年）

平井 洋子（ひらい ようこ）
 1984 年，東京大学文学部卒業
 1996 年，東京大学大学院教育学研究科博士課程単位取得退学
 現在，首都大学東京人文社会学部人間社会学科心理学教室教授
 主要著作・論文：「測定・評価に関する研究の動向――尺度による測定と『定型』再考」（『教育心理学年報』**40**, 112-122, 2001 年），『心理統計の技法』（分担執筆，福村出版，2002 年），『心理学研究法の新しいかたち』（分担執筆，誠信書房，2006 年），『見直そう，テストを支える基本の技術と教育』（分担執筆，金子書房，2010 年）

杉澤 武俊（すぎさわ たけとし）
 1998 年，東京大学教育学部卒業
 2006 年，東京大学大学院教育学研究科博士課程修了（博士（教育学））
 現在，早稲田大学人間科学部学術院准教授
 主要著作：『R によるやさしい統計学』（共著，オーム社，2008 年），『心理学検定公式問題集』（分担執筆，実務教育出版，2009 年），『R による心理データ解析』（共著，ナカニシヤ出版，2015 年），『心理学のためのサンプルサイズ設計入門』（分担執筆，講談社，2017 年）

目次

第1章 心理学研究と統計　　1

問題　　1
1. 心理学研究の流れ　1
2. 仮説の正しさと得られる結果　1
3. 仮説通りの結果が得られない原因　2
4. 心理学研究のアプローチ法　2
5. 時間的観点による調査研究の分類　2
6. 測定の定義　2
7. データの図示　3
8. 母集団とサンプル　3
9. 記述的指標　3

解答と解説　　4
トピック　　8
- 1-1 データの視覚的表示の工夫　8
- 1-2 統計的方法の間の関連　9

第2章 分布の記述的指標とその性質　　13

問題　　13
1. 記述的指標の位置づけ　13
2. 平均と中央値の性質　13
3. 極端な値に関連する用語　14
4. 外れ値　14
5. 数式による散布度の定義　14
6. 分散と標準偏差の性質　15
7. 線形変換後の記述的指標(1)　15
8. 線形変換後の記述的指標(2)　15
9. 線形変換と尺度体系　15
10. 2種類の平均偏差の大小　16
11. 合成変数と集団の合併に関する公式　16
12. 集団を合併したときの記述的指標　17
13. 標準化と標準得点　17
14. 標準化の応用　17

解答と解説　　19
トピック　　28
- 2-1 対数間隔尺度　28
- 2-2 平均と中央値の性質の確認　30

第3章 相関関係の把握と回帰分析　　33

問題　　33
1. 散布図と相関関係の指標　33
2. 2変数間の関連に関する統計量　33
3. 共分散の性質　34
4. 変数の変換と共分散　34
5. 共分散の最大値　34
6. 共分散と相関係数の関係　35
7. 相関係数の性質　36
8. 合成変数の分散，共分散，相関係数

9 条件付きという考え方 *36*	20 変数の目盛りと相関係数 *43*
10 最小2乗法による推定 *37*	21 得点変化の解釈 *43*
11 回帰分析の用語 *39*	22 研究のタイプと変数間の関連性 *43*
12 回帰分析の実際(1) *39*	23 相関関係と共変関係 *44*
13 回帰分析の実際(2) *39*	24 因果関係の主張 *45*
14 回帰分析の実際(3) *40*	25 測定の質をあらわす用語 *46*
15 回帰分析の性質(1) *41*	26 妥当性の証拠 *46*
16 回帰分析の性質(2) *41*	27 信頼性の求めかた *46*
17 残差の意味 *42*	28 信頼性と真値モデル *47*
18 選抜効果 *42*	29 妥当性と信頼性の性質 *47*
19 平均への回帰 *42*	30 相関の希薄化 *48*

解答と解説 ･･･ *49*
トピック ･･･ *67*
　3-1 最小2乗法を使わずに回帰直線を求める *67*
　3-2 テストの α 係数を導く *68*

第4章　確率モデルと標本分布　　*71*

問題 ･･･ *71*

1 統計的推測の用語(1) *71*	13 一般の正規分布における確率 *76*
2 サンプリングの方法(1) *71*	14 標本分布における確率の意味 *77*
3 サンプリングの方法(2) *72*	15 平均の差の分布 *78*
4 母集団分布の役割 *72*	16 標準誤差の計算と解釈 *78*
5 分布の名称 *73*	17 標準誤差に基づくサンプルサイズの計算 *78*
6 変数の名称 *73*	18 度数の標本分布 *79*
7 確率的に変動するもの，しないもの *73*	19 周辺分布 *79*
8 統計的推測の用語(2) *74*	20 相関係数の標本分布 *80*
9 不偏性と不偏推定量 *74*	21 フィッシャーの Z 変換 *80*
10 さまざまな標本分布 *75*	22 ランダム化とランダムサンプリングの区別 *81*
11 平均や比率の標本分布 *76*	23 頑健性 *81*
12 標準正規分布における確率 *76*	

解答と解説 ･･･ *82*
トピック ･･･ *98*
　4-1 合成変数の性質を利用した2項分布の平均と分散の導出 *98*
　4-2 コンピュータ・シミュレーションによる標本分布の近似 *99*

第5章　推定と検定の考え方　　*103*

問題 ･･･ *103*

1 統計的推測の方法の整理 *103*	3 統計的検定に関する用語 *103*
2 推定に関する用語 *103*	4 いろいろな母数とその推定量 *104*

 5　推定量と推定値の間の関係　104
 6　最小2乗法による推定　104
 7　最尤推定法と尤度　105
 8　最尤推定法の考え方　105
 9　相関係数の標準誤差とサンプルサイズ　105
 10　検定の考え方と手続き　105
 11　相関の検定と数表利用　106
 12　t分布における棄却の限界値と棄却域　107
 13　検定における判断と確率(1)　107
 14　検定における判断と確率(2)　108
 15　有意水準やサンプルサイズの影響　108
 16　p値の性質と意味　109
 17　検定における2種類の誤り　109
 18　検定力と検定力分析　109
 19　相関係数の検定と結果の意味　110
 20　フィッシャーのZ変換と検定力の計算　110
 21　検定と信頼区間の関係　111
 22　信頼区間の性質(1)　112
 23　信頼区間の性質(2)　112
 24　統計的推測の用語　112

解答と解説 ……………………………… 113
トピック ……………………………… 127
 5-1　尤度関数と対数尤度関数　127
 5-2　最尤法の限界とベイズ推定　129
 5-3　有意水準5%はいつ誰が決めたのか　132
 5-4　検定か区間推定か　133

第6章　平均値差と連関に関する推測　135

問題 ……………………………… 135
 1　研究法に関する用語　135
 2　平均値差と連関の検定に関する用語　135
 3　検定で用いられる式の整理　136
 4　検定における仮定　137
 5　独立な2群の平均値差の検定　137
 6　独立な2群の平均値差の標本分布　137
 7　平均値差の標本分布が正規分布にならない理由　138
 8　検定結果に基づく信頼区間の計算(1)　138
 9　信頼区間の性質と意味　139
 10　平均値差と効果量　139
 11　効果量と検定力，サンプルサイズ　139
 12　効果量に基づく平均値差の検定　140
 13　群間の対応関係の判断　140
 14　マッチングの利点　140
 15　検定結果に基づく信頼区間の計算(2)　141
 16　群間の相関と検定力との関係　141
 17　質的変数に関する用語　142
 18　独立な2群の比率差の検定　143
 19　カイ2乗検定　143
 20　ファイ係数　143
 21　クラメルの連関係数の計算　144
 22　連関の大きさを示す3つの統計量の性質　144
 23　検定方法の選択　144
 24　平均値差や比率差の検定　145
 25　検定方法の選択と実行(1)　145
 26　検定方法の選択と実行(2)　146
 27　検定方法の選択と実行(3)　146
 28　検定方法の選択と実行(4)　146
 29　検定方法の選択と実行(5)　146

解答と解説 ……………………………… 147
トピック ……………………………… 165
 6-1　ノンパラメトリック法　165

6-2 階層的データの取り扱い　*166*

第7章　線形モデルの基礎　*169*

問題　*169*

1　分散の分割　*169*
2　平方和とその分割　*169*
3　平方和とその自由度　*169*
4　自由度　*170*
5　独立変数の効果の検定　*170*
6　2値変数の効果の検定と2群の平均値差の検定の関係　*171*
7　線形モデルのバリエーション　*171*
8　ベクトルによる変数と統計量の表現　*171*
9　回帰分析のベクトル表現　*172*
10　ベクトルによる平方和の分割の導出　*173*

解答と解説　*174*
トピック　*179*

7-1　ベクトル表現を用いて回帰係数を導く　*179*

第8章　偏相関と重回帰分析　*181*

問題　*181*

1　疑似相関　*181*
2　変数の影響を除いた成分　*181*
3　変数の影響を除いた相関係数・回帰係数　*182*
4　偏相関係数の計算　*183*
5　重回帰分析　*183*
6　重相関係数　*183*
7　重回帰分析の計算　*183*
8　多重共線性　*184*
9　重回帰分析の性質(1)　*184*
10　重回帰分析の性質(2)　*184*
11　偏回帰係数の検定と平方和のタイプ　*185*
12　重回帰分析における統計的推測の前提条件　*185*
13　分散説明率の増分に関係するもの　*186*
14　自由度調整済み重相関係数　*186*
15　重回帰分析の結果の解釈　*186*

解答と解説　*188*
トピック　*199*

8-1　部分相関と偏相関の使い分け　*199*
8-2　偏相関係数を導く　*199*
8-3　量的な独立変数間の交互作用　*201*

第9章　実験デザインと分散分析　*203*

問題　*203*

1　分散分析の適用場面　*203*
2　要因と水準　*203*
3　実験法の用語　*203*
4　平方和の分割　*204*
5　完全無作為1要因デザインにおける分散分析の性質(1)　*204*
6　完全無作為1要因デザインにおける分散分析の性質(2)　*205*

    7 完全無作為1要因デザインの分散分析表　205
    8 外れ値除去による検定結果への影響　206
    9 全体的な分散分析とテューキーの事後検定の結果　207
    10 完全無作為2要因デザインにおける分散分析の性質　207
    11 完全無作為2要因デザインの分散分析表　208
    12 完全無作為2要因デザインの分散分析と事後検定　209
    13 アンバランスデザインの影響(1)　209
    14 アンバランスデザインの影響(2)　210
    15 アンバランスデザインと平方和の分割　210
    16 変量効果と固定効果　211
    17 球面性の仮定　211
    18 t 検定と分散分析の関係　211
    19 分析手法の選択　211
    20 共分散分析　212
    21 高次の交互作用　213
  解答と解説 ……………………………………………… 214
  トピック ………………………………………………… 228
    9-1 複数の検定結果の解釈　228
    9-2 イプサティブデータの分散分析　229

第10章　因子分析と共分散構造分析　233

  問題 ……………………………………………………… 233
    1 因子分析に関する基本的な用語等　233
    2 因子分析のアプローチ法　233
    3 1因子モデルにおける相関係数の復元　234
    4 直交解と斜交解　234
    5 因子分析と回帰分析の関係　234
    6 因子分析の性質　235
    7 因子パタン，因子構造，準拠構造　235
    8 単純構造の意味　235
    9 因子の回転の目的　236
    10 因子の回転の性質　236
    11 因子の回転法　236
    12 初期解の推定法　237
    13 ソフトウェアの出力の解釈　237
    14 共分散構造分析関連の用語　240
    15 モデルの識別性　241
    16 不適解　241
    17 モデルの適合度　241
    18 同値モデル　242
    19 希薄化の修正　242
  解答と解説 ……………………………………………… 243
  トピック ………………………………………………… 250
    10-1 因子分析と主成分分析の違い　250
    10-2 共分散構造分析における適合度検定　251

  引用・参考文献 ………………………………………… 253
  付録 ……………………………………………………… 254
    A 標本統計量と母数の記号一覧　254
    B Excelの基本的な使い方　255
    C Rの基本的な使い方　258
    D 付表・付図　262

第1章

心理学研究と統計

【問題1】〔心理学研究の流れ〕
　下の図は，心理学研究の1つの流れを模式図的に示したものである。下に示す⑦から⑨は図の空欄①から③に，a.とb.は図の空欄④と⑤にそれぞれ入る。各空欄に入るものを答えなさい。

⎧ ⑦ 仮説の生成
⎨ ⑦ 仮説の検証
⎩ ⑦ リサーチ・クエスチョンの設定

⎧ a. 統計的なデータ解析
⎨ b. 行動観察や面接などの質的調査や文献
⎩ 　　研究

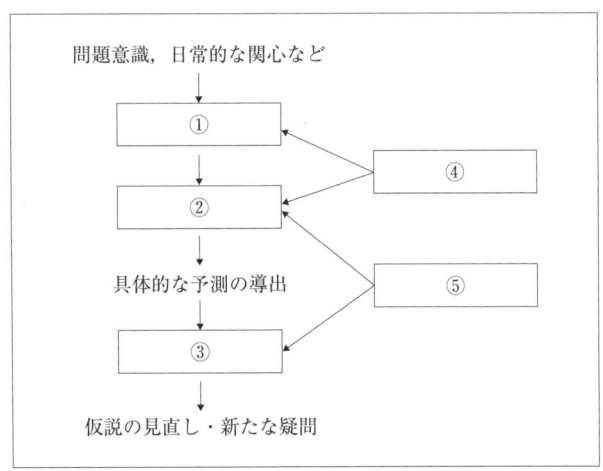

心理学研究のプロセス

【問題2】〔仮説の正しさと得られる結果〕
　「仮説が正しければ，その仮説から予測される結果が得られる」という命題が真であるとき，次の①から③の命題が真か偽かを，それぞれ判断しなさい。

　① 仮説が正しくなければ，その仮説から予測される結果は得られ　　（真・偽）

ない。
　②　仮説から予測される結果が得られたら，その仮説は正しい。　　（真・偽）
　③　仮説から予測される結果が得られなかったら，その仮説は正し　（真・偽）
　　くない。

【問題3】〔仮説通りの結果が得られない原因〕
　現実の心理学研究では，仮説が正しくても予測された結果が得られないことがある。そのような事態をもたらす原因の例を挙げなさい。

【問題4】〔心理学研究のアプローチ法〕
　以下の文章の空欄①から④に，適切な語を入れなさい。

　「心理学研究は，そのアプローチ法から大きく実験，調査，実践の3つに分けることができる。このうち（　①　）は現実をそのまま把握しようとするアプローチであり，研究者の側から現実に対して特に手を加えることはない。これに対し（　②　）のアプローチは，意図的に条件の操作を行う点が特徴である。このとき，主眼となる条件の効果をできるだけ純粋に取り出して観測するために，主眼でない条件はできるだけ（　③　）される。（　④　）のアプローチは，現場において対象者の現実を改善すべく，現実への介入を行いながら研究を進めるものである。」

【問題5】〔時間的観点による調査研究の分類〕
　以下の①，②は，調査研究を時間的側面から分類したときの記述である。それぞれに該当する研究デザインの名称を答えなさい。

　①　ある1つの時点でデータをとり，属性の異なる個　　（　　　　　　）
　　人や集団間の比較を行う研究デザイン
　②　同一の集団から複数の時点でデータをとり，時系列　（　　　　　　）
　　的な変化を調べていく研究デザイン

【問題6】〔測定の定義〕
　ある構成概念を測定する手続きを，「尺度」「得点化のルール」という2つの用語を用いながら説明しなさい。

【問題7】〔データの図示〕

以下の文章の空欄①から③に，適切な語を入れなさい。

「1つの変数について多くのデータが得られたとき，それを整理・表現する方法に度数分布のグラフがある。これは横軸に（　①　），縦軸に（　②　）をとってグラフ化したものである。また変数が2つのときは，その間の相関関係を図示する方法として（　③　）が有効である。」

【問題8】〔母集団とサンプル〕

母集団とサンプル（標本）について，次の各事項が正しいか誤っているかを判断しなさい。

① サンプルにおいてデータの中心的な位置や広がりなどの特徴をあらわす指標を，変数とよぶ。　　　　　　　　　　　　　　　（正・誤）

② 統計的推測とは，母集団全体を調べ尽くすことで特徴や法則性を明らかにする統計的手法である。　　　　　　　　　　　　（正・誤）

③ 母集団からどのようなサンプルが取り出されようと，ランダムサンプリングされている限り，記述的指標の値は常に一定である。　　　　　　　　　　　　　　　　　　　　　　　　　　（正・誤）

【問題9】〔記述的指標〕

記述的指標について，次の問いに答えなさい。

① 記述的指標は，ほかにどのような名称でよばれるか。2つ挙げなさい。

② 記述的指標には，どのようなものがあるか。それらがあらわす分布の特徴で答えなさい。

解答と解説

Answers & Explanations

【問題1】

解答 下図参照。

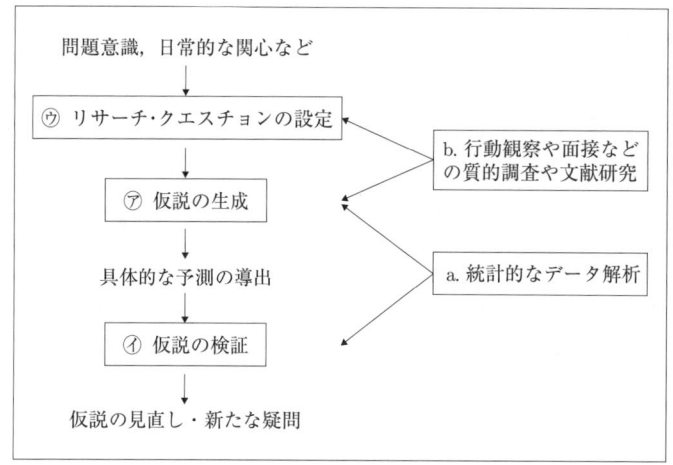

心理学研究のプロセス

解説 問題意識や日常的な関心から生まれた漠然とした"問い"は，その後質的調査や文献研究などを行う中で，より具体的なリサーチ・クエスチョンへと形作られていきます（⑦リサーチ・クエスチョンの設定）。それに対する答えをいろいろ探索し，現象に対する自分なりの解答・説明を導き出すことが「⑦仮説の生成」です。「⑦仮説の検証」のステップでは，自分の研究仮説が妥当であったかどうかを判断することになります。仮説がデータと整合的ならば，その妥当性に対する確信が高まります。もしデータと仮説が整合的でなかったり，データ解析を行う中で別の発見があったりしたら，その原因や背景を考え，新たなリサーチ・クエスチョンや仮説を設け，次の研究へと進みます。

「b. 行動観察や面接などの質的調査や文献研究」は，リサーチ・クエスチョンや仮説を導く際の重要な情報源となります。また，「a. 統計的なデータ解析」は仮説の検証を行うときの基本的な手法ですが，探索的に仮説の生成を行う際にも用いられることがあります。

【問題2】

解答 ①偽 ②偽 ③真

解説 「AならばBである」という関係をベン図であらわすと右図のようになります。設問では，A＝「仮説が正しい」，B＝「仮説から予測される結果が得られる」に対応します。

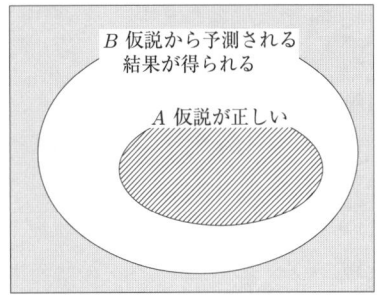

① 「仮説が正しくなければ，その仮説から予測される結果は得られない」は，「$\bar{A}$ならば$\bar{B}$である」になります。しかし図からわかるように，$\bar{A}$（＝Aの楕円の外側）であってもBである部分（＝Bの楕円の内側）が存在します。図の白いドーナツ部分です。反例が1つでもあればその命題は偽とされますから，①の命題は偽ということになります。

② 「仮説から予測される結果が得られたら，その仮説は正しい」は，「BならばAである」です。これも図から，BであってもAではない部分（図の白いドーナツ部分）が存在することがわかります。したがって②の命題も偽です。

③ 「仮説から予測される結果が得られなかったら，その仮説は正しくない」は，「$\bar{B}$ならば$\bar{A}$である」になります。図で$\bar{B}$の部分（＝Bの外側）は，同時にA（Aの内側）であることは不可能ですから，③の命題には反例が存在しません。したがって③は真です。なお③は，「AならばBである」に対して"対偶"とよばれる命題で，もとの命題が真ならば常に成り立つことが知られています。

心理学研究では，②「仮説から予測される結果が得られたら，その仮説は正しい」と思い込む誤謬がよく生じます。しかし論理学的に考えると，仮説通りの結果が得られても（Bの内側），自分の仮説が正しいこともあるし（Aの内側），誤っていることもあるのです（白いドーナツ部分）。後者は，本当は他の仮説が正しいのに同じ結果が得られてしまう場合です。仮説通りの結果が得られたとしても，「自分の仮説が否定されなかった」としかいえないことに注意しましょう。

【問題3】

解答 たとえば，研究に用いた変数の測定が不完全であった，サンプルが小さすぎた，データ処理の方法を誤った，などが挙げられる。

解説 変数の測定が不完全なときの問題には，大きくいって変数の値が反映する内容が本来測定したい特性とずれている問題（測定の妥当性が低い）と，測定誤差が多く入り込む問題（測定の信頼性が低い）の2つがあります。サンプルが小さすぎるときの問題は，結果が偶然の要素に左右されやすくなることです。このとき，仮説が正しくても結果が予測と異なるものになる可能性が高まります。またデータ処理では，データの入力時やデータ解析の段階で問題が生じる可能性があります。データの入力ミスを犯したり，欠測値を数値コーディングしたまま分析してしまったり，データ解析の方法が測定した変数に適合

していなかったりすると，解析結果は仮説を正しく反映しません。用いたデータ収集の手続きや統計的手法によって生じたデータの本質を反映しない結果は，アーティファクト（artifact）とよばれます。

【問題4】
解答　①調査　②実験　③統制　④実践
解説　どの研究法にも長所と短所があり，ある特定の状況において完璧といえる方法はありません。また，研究の状況や目的によって適切とされるアプローチ法は異なり，1つのアプローチ法がすべての研究状況に適するということもありません。研究の目的や内容，現実的な実施可能性やコストなどを総合的に考慮して，相対的に最も適切な研究デザインを選ぶことになります。そのためにも，各アプローチの特徴や限界をよく知っておくことが重要です。

【問題5】
解答　①横断的研究　②縦断的研究
解説　横断的研究は，「X という特性が強い人は Y という特性も強い傾向がある」という仮説や，下位集団間の比較に関心があるときに適した研究デザインです。一方，縦断的研究は，個人内，集団内での時間にともなう変化やその法則性に関心があるときに適しています。

【問題6】
解答　構成概念の測定においては，どのような行動・反応が観測されたときどの数値を割り当てるかが，あらかじめ定められる。この<u>得点化のルール</u>のことを<u>尺度</u>とよぶ。一定の<u>尺度</u>にしたがって被験者に数値を割り振るプロセスが測定である。
解説　「尺度」というと，性格尺度などの質問項目のセット，あるいはそれが印刷された質問紙を思い浮かべる人も多いでしょう。しかし心理測定学では，尺度という用語の意味をより広くとらえ，「どのような反応のとき何の数値を割り当てるか」という得点化のルールそのものを尺度と考えます。性格尺度などでも，"あてはまる"と回答した項目数を尺度得点としたり，評定尺度法で回答カテゴリに数値を与え，その合計値を尺度得点としたりします。やはり，「どのような反応のとき何の数値を割り当てるか」があらかじめ定められているのです。

【問題7】
解答　①変数の値（または観測値）　②度数　③散布図（または相関図）
解説　1つの変数の観測結果をまとめるときは，度数分布をグラフ化するとよいでしょう。ほかに，度数分布表という表の形にすることもありますが，グラフのほうがデータの全体的な様子を直観的に把握しやすいといえます。

変数が2つあるときは，それぞれの変数ごとに度数分布を作成するほか，さらに2変数を同時にプロットした散布図も作成するとよいでしょう。2つの変数がどのように関連しているのかが直観的・全体的に把握できます（トピック1-1参照）。

【問題8】

解答　①誤　②誤　③誤

解説

① 変数とは，測定単位（被験者や時点）ごとに変わりうる特性や状態をあらわすもののことです。設問で問われた，サンプルにおいて得られた観測値の中心的な位置や広がりは，記述的指標とよばれます。

② 母集団をすべて調べ尽くせば，母集団における値の分布が何もかも判明するわけですから，推測する必要はなくなります。一般には，母集団の一部をサンプルとして切り取り，それを調べることで母集団のことを知ろうとします。サンプルから母集団を推測するための方法が統計的推測です。ちなみに，母集団の要素をすべて調べる調査を全数調査，あるいは悉皆調査といいます。

③ 完全にランダムサンプリングされたとしても，サンプルごとに観測値が入れ替わるため，分布の中心的位置や広がりなどの記述的指標の値は異なります。けれども，データ発生メカニズムとして確率モデルを導入すれば，記述的指標の変動の仕方を"計算に入れる"ことはできます。

②にも関連しますが，ランダムに選ばれるサンプルごとに結果がどのような変動を示すのか，またそれを"計算に入れた"うえで母集団の性質をどのように推測するのか，などの問題を検討するのが統計的推測です。

【問題9】

解答

① 記述統計量，要約統計量
② 分布の位置をあらわす代表的な値，個人差の大きさや得点の広がり，2つの変数の間の関連性など

解説

① 記述統計量はデータの特徴を表現するという側面を強調した用語で，要約統計量は多くの観測値のもつ情報を指標の値に凝縮するという側面を強調した用語といえます。

② 個々の分布の特徴をあらわす指標群としては，分布の中心的な位置や代表的な値をあらわす指標群と，得点の個人差の大きさや広がりをあらわす指標群があります。複数の分布間の重なりの度合いや，2つの変数間の関連性を表す指標群も用いられます。これらの指標群には，心理統計学の基礎となる統計量が数多く含まれています。

トピック 1-1

データの視覚的表示の工夫

実験や調査で得られたデータをグラフで視覚的に表示することは，データのもつ情報を的確に把握し伝達するうえで非常に重要なことです。実際，"適切に選択されたグラフ以上に強力な統計ツールは存在しない"といわれているほどです（Chambers et al., 1983）。

近年，データの効果的な表示法がいろいろと工夫され，統計ソフトウェアにも装備されるようになってきました。図 1-1 はその例で，散布図行列（scatterplot matrix）とよばれているものです。

この行列の対角部分（1行1列，2行2列，……）には，それぞれの変数の度数分布がヒストグラムで表示され，非対角部分には，行の変数と列の変数の組合せごとに散布図が描かれています。たとえば1行2列（上段の中央）には，「小6」という第一の変数を縦軸にとり，「中2」という第二の変数を横軸にとった散布図が描かれており，2行1列（中段の左）には逆に，第二の変数を縦軸，第一の変数を横軸にした散布図が描かれています。さらに，散布図は男女別に異なる印で表示されており，それぞれの散布図には回帰直線（第3章参照）も描かれています。

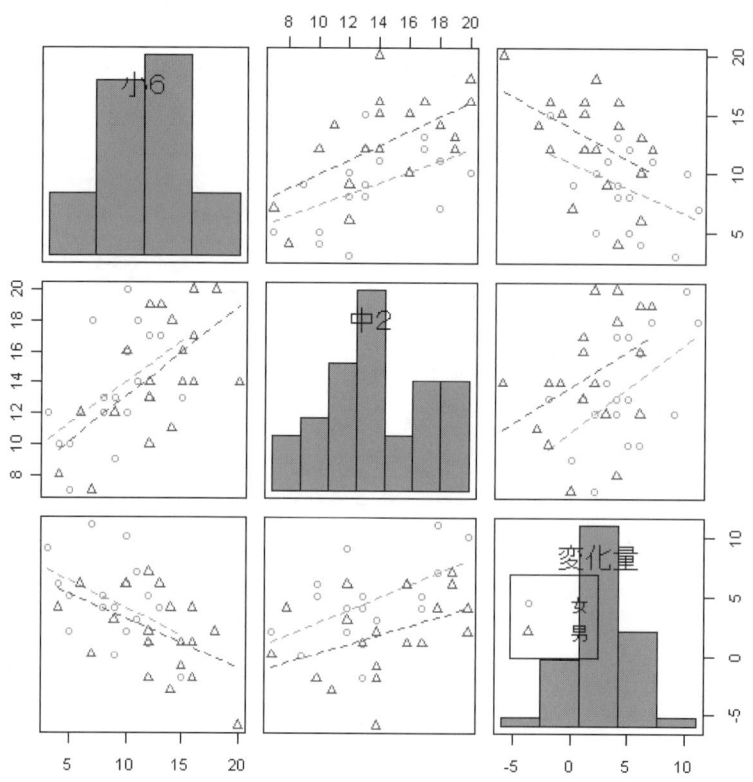

図 1-1　散布図行列の例

このようなグラフを利用することによって，限られた記述的指標の値だけではとても把握し伝えることのできないデータの情報を，きわめて効果的に把握し伝達できることがわかるでしょう。

なおこの図は，Rの散布図行列を作るための関数scatterplot.matrixを用い，以下のように指定して作成したものです[1]。

```
scatterplot.matrix(~小6+中2+変化量|性別,
  smooth=FALSE, diagonal='histogram', by.groups=TRUE)
```

ここで，"~小6+中2+変化量|性別"は，データの中の「小6」「中2」「変化量」の3変数の散布図を，「性別」の値で区別して描くことを意味しています。smooth=FALSEは，回帰直線以外の当てはめを抑制するオプション，diagonal='histogram'は対角部分にヒストグラムを入れるオプション，by.groups=TRUEは回帰直線をグループごとに描くオプションです[2]。

トピック 1-2

統計的方法の間の関連

統計的方法にはその目的や対象とするデータの性質によってさまざまなものがあります。しかし，それらはある方法が他の方法の拡張であるなど，相互に密接に関連しています。その相互関連を把握しておくと，1つひとつの方法の全体の中での位置づけがわかり，それぞれをばらばらに理解するよりも，その役割や性質をより深く理解することができます。

図1-2は，このワークブックで取り上げる方法について，それらの間の関連を示したものです。これから学んでいく方法ですから，この時点ですべてを理解することは難しいですが，本書を読み進め，演習を重ねていく中で，時折参照するようにすると，理解が進むと思いますので，あえてこの最初の章のトピックとして入れておきます。

図の簡単な説明をしておきます。まず左側の「相関・回帰の検定・推定」を出発点としてみます。これは，独立変数も従属変数も量的な変数であるときに，両者の間の相関や，独立変数から従属変数を予測・説明する回帰直線について推論する方法です。

次に①の矢印のように，独立変数が質的なカテゴリ変数（たとえば性別や実験条件など）になると，これらの独立変数によって従属変数を予測・説明するということになります。これは，たとえば男子と女子という2群における従属変数の平均を比較するということになり，「平均値差の検定・推定」という方法になります。つまり，「平均値差の検定・推

---

1) Rの基本的な使い方は，付録Cを参照してください。
2) この関数を使うために必要なパッケージの読み込みや，データの入力については，付録C.6, C.7を参照してください。

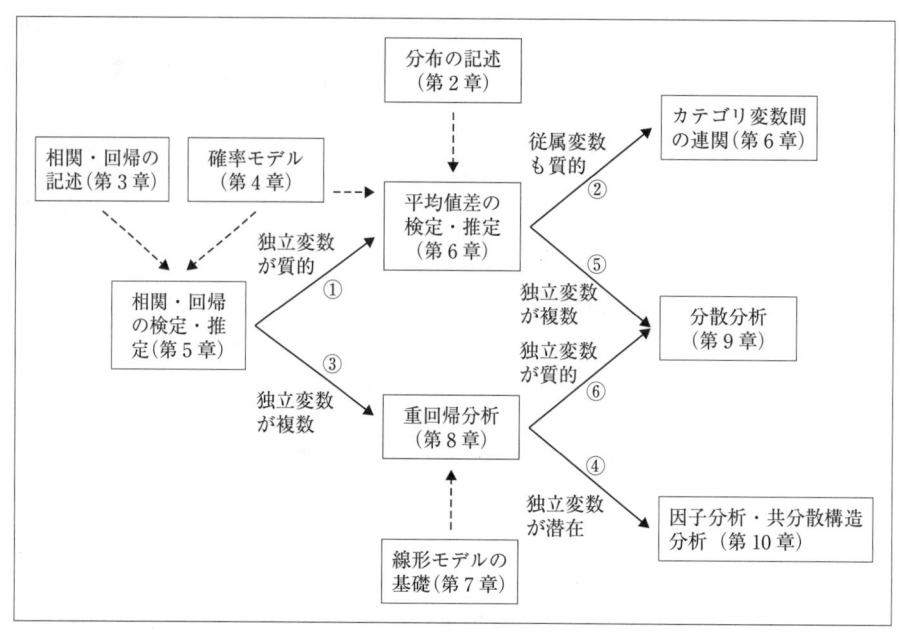

図 1-2　統計的方法の間の関連とテキストの構成

定」は，「相関・回帰の検定・推定」の特殊ケースとして位置づけられるということです。

　さらに②の矢印のように従属変数も質的なカテゴリ変数になると，「カテゴリ変数間の連関」を扱う方法となります。たとえば性別と読書の好き嫌いの間の連関であれば，性別によって読書好きの比率がどう異なるかを比較していることになりますが，これは群間の「平均値差の検定・推定」の特殊ケースとして位置づけられます[3]。

　もう一度「相関・回帰の検定・推定」に戻って，そこから③の矢印のように量的な独立変数が複数になると，これは「重回帰分析」という方法になります。そこからさらに④の矢印のように，独立変数が「因子」とよばれる潜在変数である場合には「因子分析」となり，それを含む，より一般的な方法である「共分散構造分析」へと展開していきます。

　最後に「分散分析」は，1つ以上の質的なカテゴリ変数を独立変数とする方法です。これは「平均値差の検定・推定」から⑤の矢印（独立変数が複数）の方向での展開ともいえますし，「重回帰分析」から⑥の矢印（独立変数が質的）の方向での展開と位置づけることもできます。すなわち「分散分析」は，「平均値差の検定・推定」の拡張であると同時に，「重回帰分析」の特殊ケースでもあるということです。

　この図には，それぞれの方法にこのワークブックでの該当章も書き添えてあります。また，出発点とした「相関・回帰の検定・推定」には「相関・回帰の記述」と「確率モデル」から点線の矢印が引かれていますが，これは，後者2つが前者の基礎を与えるということを表現しています。同様に，「平均値差の検定・推定」は「分布の記述」と「確率モデル」を基礎としており，「重回帰分析」の理解には「線形モデルの基礎」の学習が役

---

3) 読書好きの「比率」は，読書好きを1，読書嫌いを0と数値化したときの「平均」として求めることができます。

立つということを点線の矢印で示しておきました。
　このような関連図を自分で描いて説明できるようになれば，種々の方法の統合的理解が深まったと考えてよいでしょう。

第2章

分布の記述的指標とその性質

【問題1】〔記述的指標の位置づけ〕
下の枠内から適切な用語を選び，以下の文章の空欄①から⑤を埋めなさい。

「分布の全体的な位置を1つの値で示す記述的指標を，総称して（　①　）という。典型的には観測値の分布の（　②　）を示す値が用いられるが，たとえばマラソン選手の自己最高タイムのように，その選手が過去に出した記録を（　③　）で代表させる考え方もある。

分布の広がりをあらわす記述的指標は，総称して（　④　）という。たとえば心理尺度の得点分布があるとき，この指標は（　⑤　）の大きさをあらわしていると考えられる。」

最小値	最大値	サンプル	度数分布	代表値	散布度
中心的な位置	意味のある部分		特性の個人差	値のデタラメさ	

【問題2】〔平均と中央値の性質〕
平均と中央値について，次の各事項が正しいか誤っているかを判断しなさい。

① 中央値は，最大値と最小値を平均した値になる。　　　　　　　　（正・誤）
② 中央値は，平均に適当な変換を施すことで求めることができる。　（正・誤）
③ 平均は，観測値全体の重心に相当する値である。　　　　　　　　（正・誤）
④ 平均は，中央値に比べて極端な値の方向に引っ張られる傾向がある。（正・誤）
⑤ 観測値を増やしていくと，中央値と平均は互いに近づいていく。　（正・誤）

【問題3】〔極端な値に関連する用語〕
分布の極端な位置にある観測値に関連して，次の各定義にあてはまる用語を答えなさい。

① 分布の全体的な位置から極端に離れた値　　　　　（　　　　　　　）
② 分布の両端から一定数の値を除いたうえで求めた平均　（　　　　　　　）
③ 少数の極端な値が混入しても代表値の値が大きく変わらない性質　（　　　　　　　）

【問題4】〔外れ値〕
「外れ値は人為ミスによる異常値なので，除外するべきである」という考え方について，その問題点を指摘しなさい。

【問題5】〔数式による散布度の定義〕
次の①から⑤は，それぞれある散布度の指標の定義式である。その指標の名前を，下の枠内から1つずつ選びなさい。

① $MD = \dfrac{1}{N}\sum_{i=1}^{N}|x_i - Med|$　　　　　（　　　　　　　）

② $MD' = \dfrac{1}{N}\sum_{i=1}^{N}|x_i - \bar{x}|$　　　　　（　　　　　　　）

③ $s^2 = \dfrac{1}{N}\sum_{i=1}^{N}(x_i - \bar{x})^2$　　　　　（　　　　　　　）

④ $s'^2 = \dfrac{1}{N-1}\sum_{i=1}^{N}(x_i - \bar{x})^2$　　　　　（　　　　　　　）

⑤ $s = \sqrt{\dfrac{1}{N}\sum_{i=1}^{N}(x_i - \bar{x})^2}$　　　　　（　　　　　　　）

分散　不偏分散　標準偏差　平均からの平均偏差　中央値からの平均偏差

【問題6】〔分散と標準偏差の性質〕

分散,不偏分散,標準偏差について,次の各事項が正しいか誤っているかを判断しなさい。ただし,すべての観測値が同じ値の場合は除外して考えること。

① 分散は,不偏分散より常に小さな値となる。　　　　　　　　　　（ 正・誤 ）
② 不偏分散は,分散から求めることができる。　　　　　　　　　　（ 正・誤 ）
③ 不偏分散には,標準偏差が定義されない。　　　　　　　　　　　（ 正・誤 ）
④ 標準偏差は,正の値しかとらない。　　　　　　　　　　　　　　（ 正・誤 ）
⑤ 観測値の数を増やしていくと,分散と不偏分散は互いに近づいていく。　　　　　　　　　　　　　　　　　　　　　　　　　　　　（ 正・誤 ）

【問題7】〔線形変換後の記述的指標(1)〕

変数 x の線形変換について,以下の問いに答えなさい。

① x を3倍したとき,同じく3倍になる記述的指標を以下の中からすべて選びなさい。

　　　a. 平均　　b. 中央値　　c. 分散　　d. 標準偏差

② x を2倍して5を引いたとき,同じく2倍して5が引かれる記述的指標を以下の中からすべて選びなさい。

　　　a. 平均　　b. 中央値　　c. 分散　　d. 標準偏差

【問題8】〔線形変換後の記述的指標(2)〕

互いに関連のない（= 共分散が0の）2つの変数 x と y がある。x の中央値,平均,標準偏差をそれぞれ Med_x, $\bar{x}$, s_x であらわし,y の中央値,平均,標準偏差をそれぞれ Med_y, $\bar{y}$, s_y であらわす。また x と y をそれぞれ線形変換して $x' = 3x + 2$, $y' = 2y$ という新たな変数 x', y' を作る。このとき以下の問いに答えなさい。

① x' の平均 $\bar{x}'$ と標準偏差 $s_{x'}$ を,それぞれ $\bar{x}$, s_x を用いてあらわしなさい。
② y' の中央値 $Med_{y'}$ を,Med_y を用いてあらわしなさい。
③ $x' - y'$ という合成変数の分散 $s^2_{x'-y'}$ を,s_x と s_y を用いてあらわしなさい。

【問題9】〔線形変換と尺度体系〕

摂氏（°C）であらわされた温度 x を華氏（°F）であらわされる温度 x' に変換するには,$x' = \dfrac{9}{5}x + 32$ とすればよい。このとき,以下の文章の空欄①から③に適切な数値を,④

と⑤には適切な言葉を入れなさい。

「x（℃）を x'（℉）に変換することで，x において 0 だった値は，x' では（ ① ）になる。このことは，x の 0 は x' の 0 に変換されず，2 つの温度体系で数値 0 の位置が異なることを意味している。また，x において数値上 1 の差に相当する温度差が，x' では数値上（ ② ）の差に相当するようになる。逆に x' における数値上 1 の差に相当する温度差は，x では数値上（ ③ ）の差であらわされる。つまり x と x' とでは，それぞれの温度体系（尺度）における数値"1"に対応する温度差が異なることになる。

一般的にいえば，線形変換 $x' = cx + d$ において，切片 d は尺度の（ ④ ）を，（ ⑤ ）は尺度の単位を変える働きがあるといえる。」

【問題 10】〔2 種類の平均偏差の大小〕

中央値からの平均偏差 MD と，平均からの平均偏差 MD' との間の大小関係として，次のうちから正しいものを 1 つ選びなさい。

$$\begin{cases} \text{a. } MD > MD' \\ \text{b. } MD \geq MD' \\ \text{c. } MD = MD' \\ \text{d. } MD \leq MD' \\ \text{e. } MD < MD' \end{cases}$$

【問題 11】〔合成変数と集団の合併に関する公式〕

次の①から④までの場合に用いるべき公式を，a. から f. までの中からそれぞれ 1 つ選びなさい。

① 2 つの変数の和の平均を求める。　　　　　　　　　（　　　　　）
② 2 つの変数の和の分散を求める。　　　　　　　　　（　　　　　）
③ 2 つの集団を合併したときの平均を求める。　　　　（　　　　　）
④ 2 つの集団を合併したときの分散を求める。　　　　（　　　　　）

$$\text{a. } \bar{x} = \frac{n_1 \bar{x}_1 + n_2 \bar{x}_2}{N}, \quad N = n_1 + n_2$$

b. $v = x + y$ のとき，$\bar{v} = \bar{x} + \bar{y}$

c. $x' = cx + d$ のとき，$\bar{x}' = c\bar{x} + d$

$$\text{d. } s^2 = \frac{n_1 s_1^2 + n_2 s_2^2}{N} + \frac{n_1 n_2 (\bar{x}_1 - \bar{x}_2)^2}{N^2}, \quad N = n_1 + n_2$$

e. $x' = cx + d$ のとき，$s_{x'}^2 = c^2 s_x^2$

f. $s_{x+y}^2 = s_x^2 + 2 s_{xy} + s_y^2$

【問題 12】〔集団を合併したときの記述的指標〕

あるテストを男子 20 人，女子 10 人に実施した。男子の得点の平均が 35 点，標準偏差が 8 点で，女子の得点の平均が 41 点，標準偏差は男子と同じく 8 点であった。このとき以下の問いに答えなさい。

① 男女合わせた 30 人全体での平均を求めなさい。

② 30 人全体での標準偏差はどうなるか。次の中から正しいものを 1 つ選びなさい。

   a. 8 より大きくなる。
   b. 8 に等しい。
   c. 8 より小さくなる。

【問題 13】〔標準化と標準得点〕

標準化と標準得点について，次の各事項が正しいか誤っているかを判断しなさい。

① 偏差値は標準得点の一種である。　　　　　　　　　　　　　（正・誤）
② z 得点の平均は 0，標準偏差は 1 である。　　　　　　　　　 （正・誤）
③ 標準得点は，みな正規分布にしたがう。　　　　　　　　　　（正・誤）
④ 標準化すると，観測値の順位が入れ替わることがある。　　　（正・誤）

【問題 14】〔標準化の応用〕

平均 100，標準偏差 16 に標準化された IQ テスト得点 x がある。

① ある人の得点は，z 得点であらわすと +1.5 だという。この人の IQ テスト得点 x

は何点だったか。

② このIQテスト得点 x を，平均500，標準偏差100の得点 y に変換したい。変換のための式を求めなさい。

③ このIQテスト得点 x が正規分布にしたがうとき，平均±標準偏差の範囲と，平均±2×標準偏差の範囲に含まれる得点の割合を，それぞれ答えなさい。

解答と解説

Answers & Explanations

【問題 1】

解答 ①代表値 ②中心的な位置 ③最小値 ④散布度 ⑤特性の個人差

解説 分布に含まれる値の全体的な水準を1つの数値で代表させてあらわすのが代表値です。典型的には，観測値がどの値を中心にして散らばっているかという，分布の中心的な位置を示す値が用いられます。何をもって"中心"とみなすかによって，平均や中央値，最頻値（mode，最も度数の多い観測値）などがあります。分布の中心的位置でない代表値としては，最大値や最小値が使われることもあります。マラソンの自己最高タイムは，観測値すなわちこれまでの記録のうち最も短いタイムですから，その選手の記録を最小値で代表させていることになります。

値の散らばり具合や分布の広がりをあらわす指標は，散布度といいます。散布度が大きい分布は，分布の中心的な位置から離れた値も珍しくはない，値がばらついている分布です。心理尺度の得点は，回答者がその心理特性をどの程度有しているかを反映します。尺度得点の散布度が大きければ，その特性に関して多様な水準の被験者が含まれている，すなわち個人差が大きいということになります。心理学研究では，この個人差がどのようにして生じているのか，どのような要因と関連しているのか，といった点が重要な研究テーマの1つになります。

【問題 2】

解答 ①誤 ②誤 ③正 ④正 ⑤誤

解説

① 中央値は，値を小さいものから大きいものへと順に並べたときに，ちょうど中央に位置する値です。設問を 3, 6, 10, 12, 12 という5つの数値で考えてみましょう。中央値は真中の順位である3番目の 10 ですが，最大値と最小値の平均は 7.5 です。この例のように，一般に中央値は最大値と最小値の平均に一致するとは限りません。

② たとえば {3, 6, 10, 12, 12} と {4, 7, 9, 11, 12} という2組の数値は，平均がともに 8.6 になりますが，中央値は 10 と 9 で異なります。また，{3, 6, 10, 12, 12} と {4, 5, 10, 11, 12} の2組では，平均は 8.6 と 8.4 で異なりますが，中央値はどちらも 10 になります。この例のように，中央値と平均との間には一般に一対一の対応関係がなく，したがって一方から他方を求めるような変換方法もありません。

③ 個々の観測値をそれぞれ同じ重さの「おもり」とみなして天秤上に乗せると，平均はちょうど釣り合ったときの支点になります。実際に次頁の図の例で計算してみましょう。観測値は {3, 6, 10, 12, 12} の5つで，平均は 8.6 です。それぞれの重さを w

として，支点の位置を 8.6 にすると，天秤の左側のモーメントは $5.6 \times w + 2.6 \times w = 8.2w$ となり，右側も $1.4 \times w + 3.4 \times 2 \times w = 8.2w$ となって，釣り合っていることがわかります。

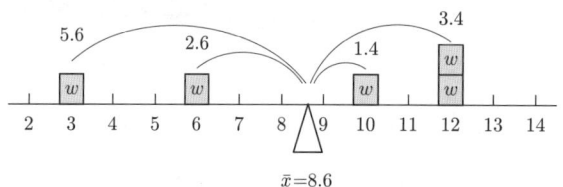

注）「おもり」の上の数字は支点からの距離をあらわす。

④ 平均の計算にはすべての観測値が用いられます。観測値に極端な値が 1 つ加わると，その極端な程度に応じて平均がその方向に引っ張られます。一方，中央値では，極端な値が 1 つ加わると中央値は順位にして 0.5 だけ移動します。分布の中央付近には近い値の観測値が集まっていることが多いので，0.5 程度の順位の移動では中央値の値は大きな影響を受けません。一般に，中央値は平均より外れ値の影響を受けにくい指標といえます。

⑤ 分布が正（右）に歪んでいる場合，平均 $\bar{x}$ と中央値 Med の位置関係は下図のようになることが知られています（負〔左〕に歪んでいる場合は図の左右を入れ替えてください）。もとの分布が歪んでいるとき，いくら観測値の数を増やしても，縦軸の度数が増えるだけで分布の歪みが消えるわけではありません。中央値と平均が近づいていくことは期待できないのです。

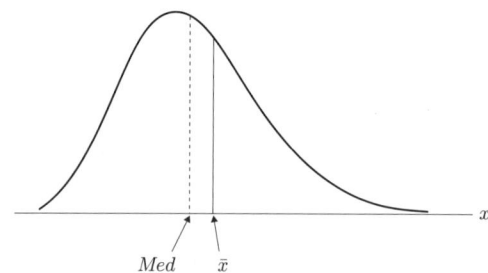

正（右）に歪んだ分布における中央値と平均の位置関係

【問題 3】

解答） ①外れ値 ②調整平均 ③抵抗性

解説）

① 外れ値は，どのような理由で生じたのかとは無関係に，観測値の分布内で大きく離れた位置にあるものを指します。

② 分布の両端から観測値の個数の $\alpha\%$ ずつを除外して平均をとったものを，$\alpha\%$ 調整平均といいます。たとえば $N = 100$ のとき，分布の両端から観測値を 10 個ずつ除外し，残り 80 個の観測値で平均を求めたものは 10% 調整平均です。調整平均を

用いる目的は外れ値の影響を受けにくくすることですが，外れ値だけが特定されて除かれるわけではありません。外れ値かどうかにかかわらず，分布の両端から同じ個数ずつ観測値が除かれます。
③ 代表値は，観測されたデータを適切に代表する値である必要があります。外れ値がごく少数混入しただけで代表値の値が大きく変わるようでは，分布の位置を適切に解釈することが難しくなります。抵抗性は，代表値にとって重要な性質の1つといえます。

【問題4】

解答 外れ値が発生するメカニズムはさまざまであり，設問の主張はそのごく一部しかみていない。外れ値の原因は，回答，記録，データ処理時の人為ミスのほかにも，異質な回答者が混じっていたり，非常にまれだがあくまで正当な観測値であったりする場合がある。一概に「人為ミスによる異常値」と決めつけられないし，自動的に削除すればよいというものではない。

解説 外れ値の生起原因はさまざまです。測定時やデータ処理時の人為ミスで生じたものなら，異常値として修正あるいは削除すればよいでしょう。また，大学生の自我発達段階を調べたデータに中学生の観測値が混入した場合など，異質な集団からの観測値が混入したときも外れ値になることがあります。この場合も，対処としては外れ値を削除すればよいでしょう。一方，大学生でも非常に自我発達段階が低い人がいたとします。この場合も外れ値になりますが，人為ミスではありませんし，「大学生の自我発達段階」としては正当な観測値です。この場合，この観測値を削除すれば却って実態を歪めることになりかねません。外れ値は，機械的に除外すればいいというものではないのです。

【問題5】

解答 ①中央値からの平均偏差 ②平均からの平均偏差 ③分散 ④不偏分散 ⑤標準偏差

解説 Med は中央値を表す記号です（ほかに Mdn という記号が用いられることもあります）。また不偏分散ですが，教科書やソフトウェアによっては不偏分散のことを分散とよぶ場合があるので注意が必要です。どちらの"分散"を指しているのか，その本やソフトウェアでの定義を確認するようにしてください。

【問題6】

解答 ①正 ②正 ③誤 ④正 ⑤正

解説
① 分散

$$s^2 = \frac{1}{N}\sum_{i=1}^{N}(x_i-\bar{x})^2$$

と不偏分散

$$s'^2 = \frac{1}{N-1}\sum_{i=1}^{N}(x_i-\bar{x})^2$$

とでは，

$$\sum_{i=1}^{N}(x_i-\bar{x})^2$$

の部分が共通なので，N で割る分散のほうが $N-1$ で割る不偏分散より小さな値となります．なお，すべての観測値が同じ値のときは，共通の部分が

$$\sum_{i=1}^{N}(x_i-\bar{x})^2 = 0$$

となるので，2つの指標はともに0となって等しくなります．

② それぞれの定義式から

$$s'^2 = \frac{N}{N-1}s^2$$

という関係が導けるので，分散と不偏分散とは，互いに定数倍することで簡単に求められます．参考までに式の展開を示すと，

$$\begin{aligned}
s'^2 &= \frac{1}{N-1}\sum_{i=1}^{N}(x_i-\bar{x})^2 \\
&= \frac{1}{N-1}\left(N \times \frac{1}{N}\sum_{i=1}^{N}(x_i-\bar{x})^2\right) \\
&= \frac{N}{N-1} \times \left(\frac{1}{N}\sum_{i=1}^{N}(x_i-\bar{x})^2\right) \\
&= \frac{N}{N-1}s^2
\end{aligned}$$

となります．

③ 分散であろうと，不偏分散であろうと，その正の平方根は標準偏差とよばれます．どちらの分散をもとにしているのか，あらかじめ定義を確認しておく必要があります．

④ 一般に標準偏差は0以上の値となりますが，設問では少なくとも1つの観測値が異なるとされているので，分散は正の値になり，その正の平方根である標準偏差も正になります．標準偏差が0になるのは，すべての観測値が同じ値のときのみです．

⑤ ①の解説で述べたように，分散と不偏分散との違いは $\frac{1}{N}$ か $\frac{1}{N-1}$ かの部分だけです．観測値の数 N を増やしていくと，$\frac{1}{N}$ と $\frac{1}{N-1}$ の差はほとんどなくなり，分散と不偏分散は同じ値に近づいていきます．

【問題 7】

解答 ① a. 平均，b. 中央値，d. 標準偏差の 3 つ ② a. 平均，b. 中央値の 2 つ

解説 このような設問を考えるとき，指標を定義した数式に線形変換した表現を代入して証明するのが最良の方法です．また公式が与えられているときは，それを利用するのもよいでしょう．（【問題 8】の解説①，②を参照してください）．それが難しいときは，簡単な数字でよいので具体的な値をあてはめます．たとえば $\{1, 2, 3\}$ という小さな観測値セットで考えましょう．平均 2，中央値 2，分散 0.67，標準偏差 0.82 です．

① 各観測値を 3 倍すると $\{3, 6, 9\}$ となり，このときの平均は 6，中央値 6，分散 6.0，標準偏差 2.45 です．丸め誤差を除けば，平均，中央値，標準偏差は 3 倍，分散は 3^2 倍になっています．

② 各観測値を 2 倍して 5 を引くと $\{-3, -1, 1\}$ となり，平均 -1，中央値 -1，分散 2.67，標準偏差 1.63 です．同じく丸め誤差を除けば，平均と中央値はもとの値を 2 倍して 5 を引いた値ですが，分散は 2^2 倍，標準偏差は 2 倍になっただけで，5 は引かれていません．分散も標準偏差も平均からの偏差に基づいて計算されます．定数の加算・減算の影響は平均に吸収されるため，その影響を受けないのです．

【問題 8】

解答 ① $\bar{x}' = 3\bar{x} + 2$, $s_{x'} = 3s_x$ ② $Med_{y'} = 2Med_y$ ③ $s^2_{x'-y'} = 9s^2_x + 4s^2_y$

解説

① 一般に x を $x' = cx + d$ と線形変換したとき，x' の平均は $\bar{x}' = c\bar{x} + d$，標準偏差は $s_{x'} = |c|s_x$ になります．この変換では，すべての観測値が c 倍されて d だけ足されますので，平均も c 倍されて d だけ足されます．ここで d は，分布を全体的に平行移動させる働きをするだけなので，散布度には影響しません．設問では，$x' = 3x + 2$ なので $c = 3$, $d = 2$．したがって x' の平均は $\bar{x}' = 3\bar{x} + 2$，標準偏差は $s_{x'} = 3s_x$ となります．

② ①と同様の理由で，線形変換 $x' = cx + d$ を施すと中央値も c 倍されて d だけ足されます．設問では $y' = 2y$ なので，$c = 2$, $d = 0$．したがって，中央値はもとの中央値の 2 倍になります．

③ 一般に 2 つの変数 x', y' があるとき，その合成変数 $x' - y'$ の分散 $s^2_{x'-y'}$ は $s^2_{x'-y'} = s^2_{x'} - 2s_{x'y'} + s^2_{y'}$ になります．ここで線形変換の性質より，第 1 項は $s^2_{x'} = 9s^2_x$，第 3 項は $s^2_{y'} = 4s^2_y$ となります．第 2 項に含まれる $s_{x'y'}$ は，互いに関連のない x と y を変換したもの同士の共分散なので 0 となります．したがって，$s^2_{x'-y'} = 9s^2_x + 4s^2_y$ です．

【問題9】

解答 ① 32 ② $\frac{9}{5}$ ③ $\frac{5}{9}$ ④原点 ⑤傾きc

解説 温度体系は暖かさに数値を割りあてるルールですから，それぞれ1つの尺度をなしています（第1章【問題6】を参照してください）。下の図にあるように，$x' = \frac{9}{5}x + 32$ という変換によって原点は左に移動します。xをc倍しても$x = 0$は0のままですから，原点を移動させる役割は切片dが果たしているのがわかります。また図から，摂氏（℃）の尺度における1度の差が，華氏（℉）の尺度では$\frac{9}{5} = 1.8$度の差に相当することがわかります。どちらの温度体系にせよ，1度という差は，その尺度における基本単位です。この単位を変換する役割をしているのが，線形変換における傾きcというわけです。

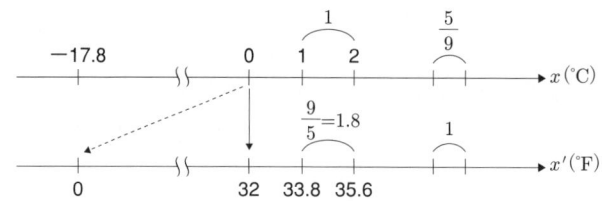

摂氏（**℃**）と華氏（**℉**）における数値の対応

注) ゴシック体の数字は，それぞれの尺度における表示温度をあらわす。

【問題10】

解答 d. $MD \leq MD'$

解説 2つの統計量は，ともに

$$T_1 = \frac{1}{N}\sum_{i=1}^{N}|x_i - t|$$

という一般形であらわすことができます（【問題5】を参照してください）。tがMedのときが中央値からの平均偏差MDで，tが$\bar{x}$のときが平均からの平均偏差MD'です。tにはその他の統計量も入りえますが，あらゆるtの候補のうち，このT_1という量を最小にするのはxの中央値であることが知られています。したがってMDはMD'より小さくなりますが，左右対称の分布のように平均と中央値が一致する場合は，

$$\frac{1}{N}\sum_{i=1}^{N}|x_i - Med| = \frac{1}{N}\sum_{i=1}^{N}|x_i - \bar{x}|$$

すなわち$MD = MD'$となります。以上をまとめれば，$MD \leq MD'$になります。

【問題11】

解答 ① b. ② f. ③ a. ④ d.

解説 正解以外の選択肢について触れておきます。c. $\bar{x}' = c\bar{x} + d$は，変数xを

$x' = cx + d$ と線形変換したときの x' の平均を示した式です．e. $s_{x'}^2 = c^2 s_x^2$ は，同様に $x' = cx + d$ と線形変換したときの x' の分散です．

【問題 12】

解答　① 37 点　② a. 8 より大きくなる

解説

① 合併した集団における平均は，それぞれの平均を群のサンプルサイズで重み付けした値になります．式であらわすと，

$$\bar{x} = \frac{n_1 \bar{x}_1 + n_2 \bar{x}_2}{N}$$

となります．男子を第 1 群，女子を第 2 群とすれば，$n_1 = 20$, $\bar{x}_1 = 35$, $n_2 = 10$, $\bar{x}_2 = 41$, $N = n_1 + n_2 = 30$ ですから，これらを代入すると，合併後の平均

$$\bar{x} = \frac{20 \times 35 + 10 \times 41}{30} = 37$$

が得られます．

② 集団合併後の分散は，集団内の散らばりと集団間の散らばりの和になります．式であらわせば，

$$s^2 = \frac{n_1 s_1^2 + n_2 s_2^2}{N} + \frac{n_1 n_2 (\bar{x}_1 - \bar{x}_2)^2}{N^2}$$

です．右辺の第 1 項は群内の分散の重み付き平均をあらわし，第 2 項は群間の平均値の差異を反映します．

ここで，2 群の間に平均値差がなければ，第 2 項が 0 となり，合併後の分散は両群の分散の重み付き平均に一致します．しかし設問のように両群間に平均値差があるときは，第 2 項が 0 より大きくなり，その分だけ合併後の分散が大きくなります．ちなみに設問の場合，合併後の分散は

$$s^2 = \frac{20 \times 8^2 + 10 \times 8^2}{30} + \frac{20 \times 10(35 - 41)^2}{30^2} = 72$$

となり，標準偏差は $s = \sqrt{72} = 8.49$ となって，8 より大きいことが確かめられます．

【問題 13】

解答　①正　②正　③誤　④誤

解説

① 特定の平均と標準偏差をもつように変換した変数を標準得点とよびます．平均 0, 標準偏差 1 にそろえたものだけが標準得点とは限りません．偏差値は平均 50, 標準偏差 10 となるように変換されていますから，これも標準得点の一種です．

② 平均 0, 標準偏差 1 になるように標準化したものを z 得点とよびます．したがって定義上，z 得点の平均と標準偏差はそれぞれ 0 と 1 になります．z 得点は標準得点の

中で最も基本的で代表的なものです。

③ 標準得点には，線形変換によって標準化したもののほかに，非線形変換によって標準化されたものも含めることがあります。線形変換による標準化では，各観測値は一律に定数倍され定数が加えられるだけですから，標準得点の分布と素点の分布は基本的に同じ形をしています。もとの分布が正規分布でなければ，標準化後の分布も正規分布にはなりません。一方，非線形変換による標準化では，数値だけでなく分布の形も変わります（その代表的なものが T 得点で，平均 50，標準偏差 10 の正規分布にしたがうように変換されます）。非線形の標準化でも正規分布以外の分布になることがあります。以上のことから，一般に標準化によって正規分布になるとはいえません。

④ 標準化の操作では，線形変換であれ非線形変換であれ，観測値の順位が入れ替わることはありません。たとえば入学試験で合否を決めるとき，素点を用いても偏差値を用いても受験者の順位は変わらないので，順位で合否を判定する限り同じ結果になります。

【問題 14】

解答　① 124 点　② $y = 6.25x - 125$　③（順に）68.3%，95.5%

解説

① "z 得点であらわすと $+1.5$" ということは，"平均よりも標準偏差の 1.5 倍だけ上位にいる" ということです。したがって，平均 100 に標準偏差 16 の 1.5 倍（$= 24$）を加えれば，求める解 124 が得られます。

　式を立てて解くとしたら，z 得点を求める式

$$z = \frac{x - \bar{x}}{s_x}$$

に $\bar{x} = 100$，$s_x = 16$，$z = 1.5$ を代入し，

$$z = \frac{x - \bar{x}}{s_x} = \frac{x - 100}{16} = 1.5$$

とすればよいでしょう。

② 一般に平均 $\bar{x}$，標準偏差 s_x の変数 x を，平均 M，標準偏差 S の変数 y になるように変換する式は，

$$y = S \times z + M = S \times \left(\frac{x - \bar{x}}{s_x}\right) + M$$

です。つまり，いったん平均 0，標準偏差 1 に変換してから，目指す標準偏差を乗じ，平均を加えればよいのです。この式に $\bar{x} = 100$，$s_x = 16$，$M = 500$，$S = 100$ を代入すれば，

$$y = 100 \times \left(\frac{x - 100}{16}\right) + 500 = 6.25x - 125$$

が得られます。

③ 正規分布は，さまざまな統計的分布の中核となる重要な分布です。設問にあるような，平均±標準偏差，平均±2×標準偏差の範囲に含まれる値の割合は，基本的な知識として覚えておきたい数字です。

トピック 2-1

対数間隔尺度

尺度水準のおさらい

テスト得点や質問紙の尺度得点は間隔尺度か順序尺度かというように，尺度水準に関することが問題になることがよくあります。

たとえば，ある能力を測るためのテスト得点についていえば，「テスト得点の同じだけの差（たとえば，20点と30点の間の10点差と，90点と100点の間の10点差）は，同じだけの能力の差をあらわしている」としたら間隔尺度といえます。それに対し，そのような強い主張はできないけれども，「テスト得点の高低は，能力の高低をあらわしている」としたら順序尺度ということになります。

順序尺度であれば，値の大小関係を変えない限り，どのような変換をしてもかまわないということになります。たとえば，90点から100点の間だけ，1点差を2点差に拡大して，満点を110点とするということも可能です。しかし，当然のことながら，そのような変換をする前のデータと変換をした後のデータでは，統計的分析の結果に違いが出てきます。たとえば，変換前のデータであれば，男子のほうが女子より平均が高かったのに，変換後のデータでは逆に女子のほうが平均が高くなる，というようなことも十分ありえます。これは，「平均の比較」という分析法が間隔尺度を前提としたものだからです。そのために，その分析法を順序尺度に適用すると，許されているはずの変換の前後で，結果が変わってしまうのです。

これに対し，「中央値の比較」なら，上記のような変換によって男女差が逆転するということはありません。大小関係を維持したままの変換であれば順序は不変であり，中央値はその順序に基づく指標だからです。中央値の比較のように，間隔尺度より低い水準の尺度に適用できる分析法を特にノンパラメトリック法とよんでいます[1]。

統計学において尺度の水準が意味をもつのは，このように，尺度の水準と分析法の組合せによって結果の不変性が成り立ったり成り立たなかったりするからです。そして，尺度の水準を見極め，その尺度に対して結果の不変性が成り立つような分析法を選択しなければならないとされています。

しかし，一般に間隔尺度であることを厳密に示すのは非常に困難で，多くの場合，「テスト得点や尺度得点は，間隔尺度と順序尺度の中間ぐらいのもので，便宜的に間隔尺度として扱う」という立場がとられているようです。

対数間隔尺度

ここで1つ，悩ましい問題を考えてみましょう。「計算速度の指標の尺度水準は？」と

---

1) ノンパラメトリック法については，トピック6-1でもう少しくわしく紹介します。

いう問題です。

　いま，単純な計算問題を解く速さを測るために，たくさんの計算問題を与え，「1問当たりの所要時間」を算出したとします。「時間」自体は間隔尺度より水準の高い比尺度をなすものであり，値の差だけでなく，値の比にも意味がある尺度です。「1問当たりの所要時間」は「計算速度」の指標として，少なくとも間隔尺度として扱うことに問題はなさそうに思えます。

　間隔尺度（あるいは比尺度）であれば，たとえば秒を分に直すなどの線形変換は問題ありませんが，逆数をとるなどの非線形変換をしてしまうと，たとえば，「2秒と3秒」と「9秒と10秒」は同じ大きさの差であったものが，変換後には「$\frac{1}{2}$と$\frac{1}{3}$（差は0.166……）」と「$\frac{1}{9}$と$\frac{1}{10}$（差は0.011……）」となって全然違う大きさの差になってしまいます。したがって，逆数変換をする前と後とで，たとえば男女の平均値差に関する結果が変わってしまう可能性があり，不変性が成り立ちません。

　しかし，考えてみると，「1問当たりの所要時間」の逆数は，「単位時間当たりの正答数」であり，「計算速度」の測定値として十分に意味のあるものです。その測定値について，男女の平均を比較することに問題があるとは思われないでしょう。

　となると，「1問当たりの所要時間」をデータとして男女の平均の比較をすることは意味があり，その逆数の「単位時間当たりの正答数」をデータとして同様の分析をすることも意味があるにもかかわらず，その両者の分析結果は正反対のものとなる可能性があるということになります。この事態は，どう解決したらよいでしょうか。

　1つの解決策は，どちらの測定値も順序尺度とみなして，中央値の比較のようなノンパラメトリック法を用いることです。しかし，「時間」や「単位時間当たりの正答数」について，順序しか意味がないというのも腑に落ちないでしょう。

　もう1つの解決策は，それぞれの測定値を変換してから分析するという方法です。「1問当たりの所要時間」をxとすると，「単位時間当たりの正答数」は$\frac{1}{x}$です。これらは，対数をとるとそれぞれ，$\log x$と$\log \frac{1}{x} = -\log x$となり，符号を変えただけのものになります。つまり，2種類の測定値は，その対数同士では互いに線形変換となり，一方で大きさの等しい差は，他方でも大きさの等しい差となるのです。したがって，2種類の測定値をそのままではなく，対数に変換して分析するとしたら，たとえば平均の比較などの結果は不変性をもつようになります。

　この例のように，「対数をとると間隔尺度となる尺度」は対数間隔尺度とよばれています。間隔尺度が「差に意味がある尺度」であるのに対し，対数間隔尺度は「比に意味がある尺度」です。比（$\frac{a}{b}$）に意味があるから，その対数（$\log \frac{a}{b} = \log a - \log b$）をとると差に意味のある間隔尺度になるのです。

トピック 2-2

平均と中央値の性質の確認

データ全体の代表値として用いられる値は，それらのデータから遠く離れた値でなく，最も近い値であることが求められます．代表値の候補 t が全体としてそれぞれのデータからどれだけ離れているかの指標として，距離の和

$$T_1 = \sum_{i=1}^{N} |x_i - t|$$

を考えることができます．また，距離を 2 乗して合計した

$$T_2 = \sum_{i=1}^{N} (x_i - t)^2$$

もまた，データ全体との距離の指標と考えることができます．

代表値のうち中央値は，このうちの T_1 を最小化し，一方，平均は T_2 を最小化するものであることが知られています．そして，平均が中央値に比べ，外れ値に対する抵抗性が低いという性質（本章の【問題 2】参照）も，このことによって説明することができます．T_2 は各データとの距離の 2 乗の合計ですので，外れ値があるとき，平均はその外れ値のほうにぐんと近づいていかないと，T_2 の値を小さくすることができないからです．

ここでは，中央値と平均が，それぞれ上記の T_1 と T_2 という指標を最小化するものであるという重要な性質を，数式の展開によってではなく，グラフを描くことで確認してみましょう．

図 2-1 は，$N = 5$ のデータ $x_1, \cdots, x_5$ の値がそれぞれ $\{5, 8, 12, 19, 25\}$ であるとして，Excel で t の値をデータの最小値 5 から最大値 25 まで 0.1 刻みで変化させた連続データを作成し，その値に対する T_1 および T_2 の値を求めたものです[2]．

グラフを見ると，T_1 は $t = 12$ で最も小さくなることがわかります．この値は確かに 5 つのデータの中央値に一致しています．また，T_2 は $t = 14$ 付近で最小値をとっていることがわかります．正確な値をワークシートの数値で確認すると，$t = 13.8$ のときに最小値となっていることがわかります．この値は 5 つのデータの平均に一致します．

R を用いる場合

Excel は，ワークシート上で実際に数値を見ながら操作ができるという大きな利点がある反面，操作のステップ数が多くなって煩雑な場合があります．ソフトウェアはそれぞれ

---

[2] Excel の基本的な使い方は，付録 B を参照してください．B5 セルなどで絶対値を求める関数は abs()，また G5 セルで B5 セルから F5 セルまでの和を求めるには =SUM(B5:F5) と入力し，それを下にコピーします．

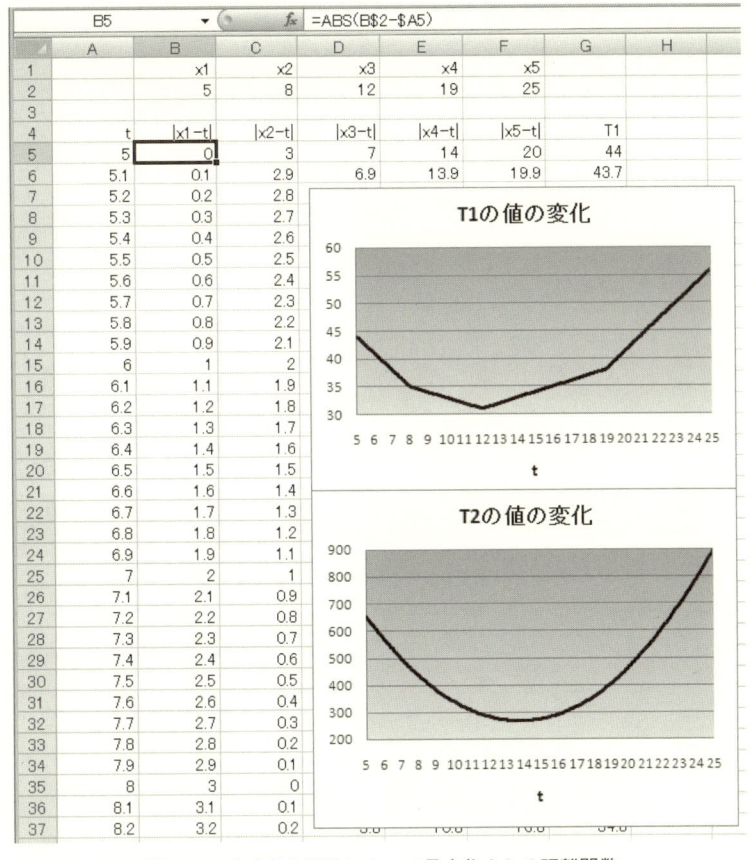

図 2-1 中央値と平均によって最小化される距離関数

の利点を生かしながら，適宜選択して使っていくようにするのが望ましいです。

　Rを用いる場合は連続データを作成する必要はなく，たとえば以下のような関数を作成することによって，T_1の値の変化の様子を簡単にグラフ化することができます。

```
T1 <- function(t){abs(5-t)+abs(8-t)+abs(12-t)+
                  abs(19-t)+abs(25-t)}
curve(T1, 5, 25)
```

　ここで，curveは関数で表される曲線（直線も含む）を描くための関数で，この場合は，その前に定義したT1のグラフを，横軸5〜25の範囲で描かせています（付録C.4参照）。

　T_2についても同様に，以下のようにしてグラフ化することができます。

```
T2 <- function(t){(5-t)^2+(8-t)^2+(12-t)^2+
                  (19-t)^2+(25-t)^2}
curve(T2, 5, 25)
```

第3章

相関関係の把握と回帰分析

【問題1】〔散布図と相関関係の指標〕

右の図は，変数 x と変数 y に関する観測値（$N = 10$）の散布図である。座標はいずれも整数の値であり，$\bar{x} = 5.0, \bar{y} = 5.0$ である（図中×印）。

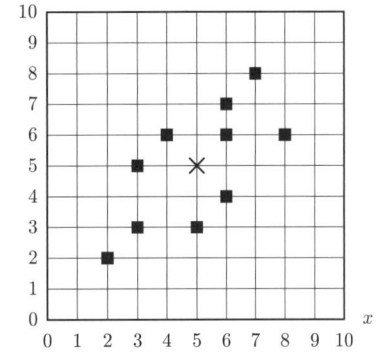

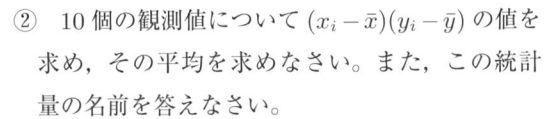

① 観測値 $(7, 8)$ について，$(x_i - \bar{x})(y_i - \bar{y})$ という量に対応する図形を図に書き入れなさい。

② 10個の観測値について $(x_i - \bar{x})(y_i - \bar{y})$ の値を求め，その平均を求めなさい。また，この統計量の名前を答えなさい。

③ 図において，共分散の値を正の方向に大きくしている観測値を，影響力の大きいものから3つ挙げなさい。

④ 図において，共分散の値を負の方向に引っ張っている観測値を，すべて挙げなさい。

【問題2】〔2変数間の関連に関する統計量〕

2つの量的変数 x および y の間の関連性について，以下の説明にあてはまる統計量の名前を答えなさい。

① 各変数について，それぞれ平均値からの偏差を求め，その積を合計して $N - 1$ で割った統計量。　　（　　　　　　）

② 共分散がとりうる最大値に対し，データではどの程度の関連の大きさがみられるかを相対的に示す指標。　　（　　　　　　）

③ 変数 x の値が1だけ異なるとき，変数 y は平均的にいくら異なるかを示す統計量。　　（　　　　　　）

④ 変数 y の分散のうち，変数 x によって説明される割合を示す指標。　　（　　　　　　）

【問題3】〔共分散の性質〕

変数xと変数yとの共分散s_{xy}について，次の各事項が正しいか誤っているかを判断しなさい。

① 変数xと変数yとが負の相関関係にあるとき，共分散は負の値をとる。　　　　　（正・誤）

② 共分散は，-1から$+1$までの値をとる。　　　　　（正・誤）

③ 共分散は，各変数の分散s_x^2およびs_y^2の平均に一致する。　　　　　（正・誤）

④ 共分散は，散布図において観測値が重心の位置のまわりに均等に散らばっているときに，最も値が小さくなる。　　　　　（正・誤）

【問題4】〔変数の変換と共分散〕

それぞれ5問からなる英語と国語のテストを実施した。各設問を10点満点として英語50点，国語50点で採点したところ，英語の得点と国語の得点との共分散は72.0であった。このとき，以下の問いに答えなさい。

① 英語の配点を2倍にして100点満点にすると，共分散の値はいくらになるか。国語は50点満点のままとする。

② 50点満点で採点した英語の得点に一律10点を加えたとき，共分散の値はいくらになるか。国語は50点満点のままとする。

③ 英語の1問に誤植がみつかったため，その設問は全員に10点を与えることにした。その他の設問の採点は，英語，国語とも元のままである。このとき，共分散の値が変わるかどうかを答えなさい。

【問題5】〔共分散の最大値〕

下の文章は，変数xと変数yが正の相関関係にあるとき，その共分散s_{xy}の最大値を求めるものである。文章中の空欄について，以下の問いに答えなさい。

「共分散が最大値をとるのは，（　①　）ときである。このとき，変数yを変数xを用いてあらわすと，$y = cx + d$ $(c > 0)$ という線形の式になる。これを

$$s_{xy} = \frac{1}{N}\sum_{i=1}^{N}(x_i - \bar{x})(y_i - \bar{y})$$

のy_i, $\bar{y}$に代入して整理すると，

$$s_{xy} = \frac{1}{N}\sum_{i=1}^{N}(x_i - \bar{x})[(cx_i + d) - (c\bar{x} + d)]$$

$$= \frac{1}{N}\sum_{i=1}^{N}(x_i - \bar{x})[c(x_i - \bar{x}) + (d - d)]$$

$$= \frac{1}{N}\sum_{i=1}^{N}c(x_i - \bar{x})^2$$

$$= cs_x^2$$

となる。同様に $y = cx + d$ ということから変数 y の分散を変数 x の分散であらわすと，$s_y^2 = (　㋐　)$ となり，この式を変形すると $c = (　㋑　)$ が導ける。この c を上で導いた $s_{xy} = cs_x^2$ に代入して整理すると，$s_{xy} = (　㋒　)$ となる。この㋒が共分散の理論上の最大値ということになる。以上のことから，一般に共分散が正のとき，(　③　) という関係が成り立つ。」

① 空欄①に入る表現として正しいものを，以下の中から1つ選びなさい。

$\begin{cases} \text{a. 変数 } x \text{ と変数 } y \text{ の分散が等しい} \\ \text{b. すべての観測値が } x_i \geq 0, y_i \geq 0 \text{ となる} \\ \text{c. } (x_i - \bar{x})(y_i - \bar{y}) \text{ が負になる観測値がない} \\ \text{d. すべての観測値が右上がりの直線上に位置する} \end{cases}$

② 空欄㋐，㋑，㋒に入る式をそれぞれ答えなさい。
③ 空欄③に入る式を，以下の中から1つ選びなさい。

$\begin{cases} \text{a. } s_x s_y \leq s_y^2 \\ \text{b. } s_x s_y < s_{xy} \\ \text{c. } s_{xy} \leq s_x s_y \\ \text{d. } s_x^2 < s_x s_y \end{cases}$

【問題6】〔共分散と相関係数の関係〕

共分散と相関係数との関係について，次の各事項が正しいか誤っているかを判断しなさい。

① 共分散の絶対値が大きいほど，相関係数の絶対値も大きい。　　　（正・誤）
② 共分散と相関係数の符号は一致する。　　　（正・誤）
③ 2つの変数がともに標準化されている場合，共分散の値は相関　　（正・誤）
　係数の値に一致する。

【問題 7】〔相関係数の性質〕

変数 x と変数 y の間の相関係数について，次の各事項が正しいか誤っているかを判断しなさい。

① 相関係数の値が 0 ならば，2 つの変数間に関連はない。　　　　（正・誤）
② 相関係数が同じなら，散布図は同じ形を示す。　　　　　　　　　（正・誤）
③ 変数 x と変数 y を入れ替えても，相関係数の値は変わらない。（正・誤）
④ 変数 x を $x' = cx + d$ $(c < 0)$ と変換すると，相関係数は符号　（正・誤）
だけ変わる。

【問題 8】〔合成変数の分散，共分散，相関係数〕

下の表は，それぞれ 2 課題ずつからなる国語と数学のテストを実施した結果である（$N = 50$）。以下の手順にしたがって，国語の合計得点と数学の合計得点との相関係数を求めなさい。

	課題	平均	標準偏差	共分散 漢字 x_2	計算 y_1	図形 y_2
国語（計 50 点）	読解（25 点）x_1	16.8	3.46	8.06	7.86	3.04
	漢字（25 点）x_2	17.3	3.45		8.18	2.96
数学（計 50 点）	計算（25 点）y_1	16.2	4.28			8.21
	図形（25 点）y_2	14.9	4.41			

① 合成変数の分散を求める式を利用して，国語の合計得点（$x_1 + x_2$）の分散を求めなさい。
② ①と同様にして，数学の合計得点（$y_1 + y_2$）の分散を求めなさい。
③ 合成変数間の共分散を求める式を利用して，国語の合計得点と数学の合計得点との共分散を求めなさい。
④ ①から③の結果に基づいて，国語の合計得点と数学の合計得点との相関係数を求めなさい。

【問題 9】〔条件付きという考え方〕

図は，変数 x と変数 y の散布図である（$N = 90$）。図中の数字は，その位置にある観測値の個数をあらわしている。たとえば $x = 3$，$y = 4$ の位置にある "2" は，$(3, 4)$ という観測値が 2 つあることを示す。このデータに基づいて，以下の問いに答えなさい。

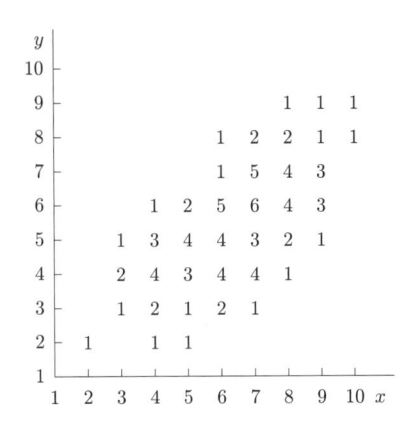

（散布図）

	1	2	3	4	5	6	7	8	9	10
9							1	1	1	
8						1	2	2	1	1
7					1	5	4	3		
6			1	2	5	6	4	3		
5		1	3	4	4	3	2	1		
4		2	4	3	4	4	1			
3		1	2	1	2	1				
2	1		1	1						

① $x=6$ となる観測値を抜き出し，変数 y の平均を求めなさい。

② ①は何とよばれる統計量か。次のうち正しいものを1つ選びなさい。

$$\begin{cases} \text{a. } x \text{の値を与えたときの} x \text{の条件付き平均} \\ \text{b. } x \text{の値を与えたときの} y \text{の条件付き平均} \\ \text{c. } y \text{の値を与えたときの} x \text{の条件付き平均} \\ \text{d. } y \text{の値を与えたときの} y \text{の条件付き平均} \end{cases}$$

③ $x=8$ のときの変数 y の条件付き分布をヒストグラムであらわし，その平均を求めなさい。

④ ③における分散を求め，x で y を予測・説明するという観点から，その分散のもつ意味を簡単に述べなさい。

【問題10】〔最小2乗法による推定〕

次の文章は，最小2乗法による回帰直線の求めかたを述べたものである。この文章を読み，以下の問いに答えなさい。

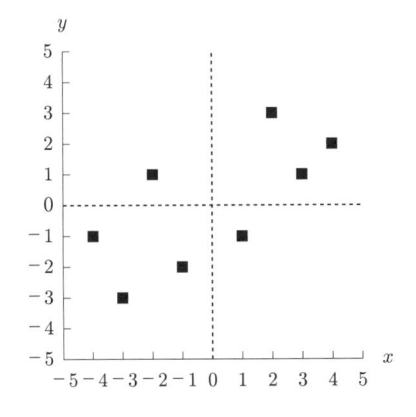

x	y
4	2
3	1
2	3
1	−1
−1	−2
−2	1
−3	−3
−4	−1
平均 0	0

「左上の散布図は，右上の表で示したデータ（$N=8$）を図示したものである。この

データに対し，最小 2 乗法を用いて回帰直線を求めよう。簡単のため，回帰直線の切片が $a = 0$ であることがわかっているものとする。求める回帰直線は，$\hat{y} = bx$ である。

回帰直線は予測のためのものであるから，（ ① ）が実際の観測結果 y_i と最も近くなるようにすることが望ましい。そこで予測の残差を $e_i = y_i - \hat{y}_i = $（ ② ）として，データ全体で残差を最小にすることを考える。たとえば表の一番上にある $(4, 2)$ という観測値の残差は，$e_1 = 2 - 4b$ と書ける。

最小 2 乗法では，各観測値の残差を 2 乗して合計した

$$Q = \sum_{i=1}^{N} e_i^2$$

が最小化される。いま 8 個の観測値をこの式に代入すると，

$$Q = \sum_{i=1}^{8} e_i^2 = (2 - 4b)^2 + (\ ④\ ) + \cdots + (\ ④'\ )$$

となり，これを展開してまとめると $Q = 60b^2 - 58b + 30$ という 2 次式になる。Q を最小にする b の値は，Q を微分して 0 とおいた式 $Q' = 120b - 58 = 0$ を解くことで求められる。すなわち，求める回帰直線は（ ⑤ ）である。」

① 空欄①に入るものとして最も適切なものを 1 つ選びなさい。

$$\begin{cases} \text{a. } x_i \text{ の観測値} \\ \text{b. 予測値 } \hat{y}_i \\ \text{c. 予測の残差 } e_i \\ \text{d. 予測値 } \hat{y}_i \text{ の平均} \end{cases}$$

② 空欄②に入る式を答えなさい。

③ 次のうち，Q という統計量に関して正しい記述をすべて選びなさい。

    a. 同じデータでも，データに合わない直線をあてはめると Q の値は大きくなる。
    b. 最も適合する直線では，どのようなデータでも $Q = 0$ になる。
    c. Q を最小化することで，正の残差と負の残差が半々になるようにしている。
    d. Q を最小化することで，各観測値における残差が全体的に最小になるようにしている。

④ 空欄④から④' までには，残り 7 個の観測値についての式が入る。それらをすべて書き出しなさい。

⑤ 空欄⑤に入る具体的な回帰直線の式を答えなさい。

【問題11】〔回帰分析の用語〕
$y = a + bx + e$ という回帰の式において，変数 y と変数 x を指す名称としてどのようなものがあるか。下の枠内から，それぞれあてはまるものをすべて選びなさい。

```
  従属変数      独立変数      量的変数      予測変数
  説明変数      目的変数      基準変数      合成変数
```

変数 y を指すもの　（　　　　　　　　　　　　　　　　　　　）
変数 x を指すもの　（　　　　　　　　　　　　　　　　　　　）

【問題12】〔回帰分析の実際(1)〕
下の表と右の散布図は，ある都市における夏の朝の最低気温（°C）と，日中の最高気温（°C）を示したものである（$N = 62$）。このデータに基づいて，以下の問いに答えなさい。

	平均	標準偏差	相関係数
朝の最低気温（x）	25.1	2.06	.643
日中の最高気温（y）	33.2	2.09	

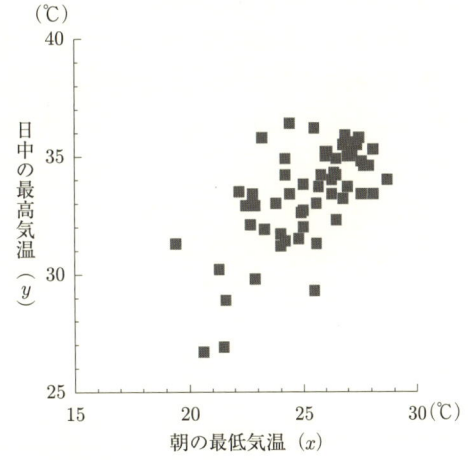

① 朝の最低気温から日中の最高気温を予測する回帰直線を求めなさい。
② 朝の最低気温が 26.0°C のとき，日中の最高気温は何 °C になると予測されるか。
③ 朝の最低気温が 5.0°C 違うと，日中の最高気温は何 °C 違ってくると予測されるか。
④ 日中の最高気温が 32.0°C を超えると予測されるのは，朝の最低気温が何 °C 以上のときか。

【問題13】〔回帰分析の実際(2)〕
あるマーケティング調査では，商品を多面的に評定し，その結果を"好感度"という総合指標にまとめて売上個数の予測に用いている。次頁の表は，ある種の生活雑貨（26商品）についての，好感度指標の値と実際の売上個数の平均および標準偏差である。このデータにおける売上個数（単位：千個）の予測式は，$\hat{y} = 8.25 + 0.057x$ である。このとき，以下の問いに答えなさい。

	平均	標準偏差	備考
好感度指標 (x)	62.3	15.3	0-100 点で数値化
売上個数 (y)	11.8	1.5	単位は千個

$N = 26$

① 売上個数 y の分散は，好感度指標 x を用いることによって，どの程度説明されたか。

② 予測の標準誤差を求めなさい。

③ 好感度指標を改善して予測の標準誤差を 1.0（千個）以下にしたい。新たな好感度指標は，売上個数といくら以上の相関係数を示す必要があるか。売上個数のデータは変わらないものとして答えなさい。

【問題 14】〔回帰分析の実際(3)〕

ある企業で，組織関与と勤続意欲について従業員に調査を行った（それぞれ 30 点満点）。図は，一般社員（$N = 50$）と管理職（$N = 50$）の 2 群に分けて結果を示したものである。このときの要約統計量を下の表に示す。これらのデータに基づいて，以下の問いに答えなさい。

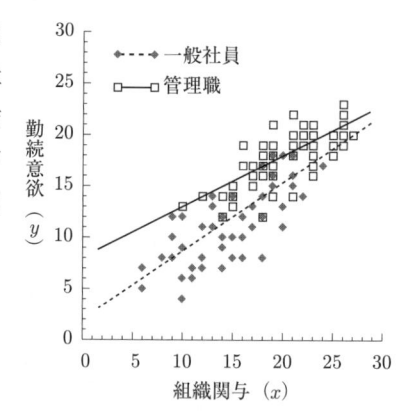

		平均	標準偏差	群ごとに求めた回帰直線
一般社員	組織関与 (x)	14.8	4.25	$\hat{y} = 1.97 + 0.61x$
	勤続意欲 (y)	11.0	3.63	
管理職	組織関与 (x)	20.0	3.98	$\hat{y} = 7.90 + 0.49x$
	勤続意欲 (y)	17.7	2.71	

① 管理職の回帰直線は，一般社員の回帰直線より常に上にある。このことからいえることを，すべて選びなさい。

　　a. 管理職になると，長く勤めたいと思うようになる。
　　b. 管理職と一般社員の違いは，勤続意欲の高さである。
　　c. どの管理職も，一般社員より勤続意欲が高い。
　　d. 組織関与の程度が同じなら，管理職のほうが一般社員よりも平均的に勤続意

欲が高い。

② 管理職の回帰直線は，一般社員の回帰直線に比べて，上には位置しているが傾きが緩やかである。このことからいえることを，すべて選びなさい。

  a. 組織関与から勤続意欲を有効に予測できるのは，一般社員のみである。
  b. 勤続意欲に関する両群の平均値の差は，組織関与が高くなるにつれて縮まる。
  c. 一般社員は組織関与を高めれば辞めにくくなるが，管理職ではその効果があまりない。
  d. 組織関与と勤続意欲との関係のありかたが，管理職と一般社員とで異なる。

③ 管理職は，一般社員に比べて組織関与と勤続意欲の関連性が弱いといってよいか。相関係数を用いて比較しなさい。

【問題 15】〔回帰分析の性質(1)〕

変数 x を独立変数，変数 y を従属変数とする回帰分析について，次の各事項が正しいか誤っているかを判断しなさい。

① どちらの変数も標準化されているとき，傾きは 1 になる。 （正・誤）
② どちらの変数も標準化されているとき，回帰直線は原点 (0,0) を通る。 （正・誤）
③ $r_{xy}=0$ のとき，変数 x がどのような値であっても予測値は $\bar{y}$ になる。 （正・誤）
④ 変数 y から変数 x という逆方向の予測をするときは，$\hat{y}=a+bx$ の $\hat{y}$ を y におきかえ，x について解けばよい。 （正・誤）
⑤ 予測値 $\hat{y}$ の平均は $\bar{x}$ である。 （正・誤）
⑥ 残差 e の平均は 0 である。 （正・誤）

【問題 16】〔回帰分析の性質(2)〕

$y=\hat{y}+e$，$\hat{y}=a+bx$ $(b>0)$，という回帰の式があるとき，以下の要素間の相関係数を答えなさい。必要なときは，変数 x と変数 y との相関係数を r_{xy} であらわすこと。

① $\hat{y}$ と x との相関係数
② x と e との相関係数

③ y と $\hat{y}$ との相関係数
④ $\hat{y}$ と e との相関係数
⑤ y と e との相関係数

【問題17】〔残差の意味〕
　ある回帰分析の状況として，縄跳びを連続して跳べた回数 (y) を，そのために練習した時間 (x) から予測する場合を考える。この分析において，予測の残差 e はどのような意味に解釈できるか。

【問題18】〔選抜効果〕
　$N = 90$ の大学生を対象に，他者に対する共感性 (x) と援助行動 (y) を測定した。2つの得点間の相関係数は $r_{xy} = .637$ であった。
　次に，共感性の得点 (x) に基づいて回答者を上位群 ($N = 30$)，中位群 ($N = 30$)，下位群 ($N = 30$) の3群に分けた。このとき各群で相関係数 r_{xy} を求めなおすと，上位群から順に .434, .392, .372 となり，いずれも全体で求めた .637 より小さくなった。このことを，「選抜効果」という用語を用いて説明しなさい。

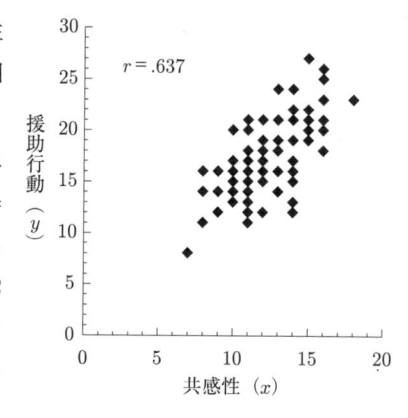

【問題19】〔平均への回帰〕
　中学3年生の4月に行った模擬試験の得点 (x) から，その年の12月に行った模擬試験の得点 (y) を回帰直線で予測することを考える。どちらの模擬試験も偏差値で得点があらわされている。すなわち，$\bar{x} = \bar{y} = 50$, $s_x = s_y = 10$ である。このとき，以下の問いに答えなさい。

① 次頁の表には，$r_{xy} = .3$ だったときの回帰直線の切片と回帰係数，および4月の得点が $x = 40$, $x = 70$ のときの12月の予測値が記入されている。同様にして，表の残りの空欄を埋めなさい。

		相関係数			
		.0	.3	.6	.9
回帰直線	切片 a		35		
	回帰係数 b		0.3		
予測値	$x = 40$ のとき		47		
	$x = 70$ のとき		56		

② $r_{xy} = .0, .3, .6, .9$ のときの4通りの回帰直線を，右のグラフに書き入れなさい。

③ ①および②にみられる傾向を，「平均への回帰」という用語を用いて説明しなさい。

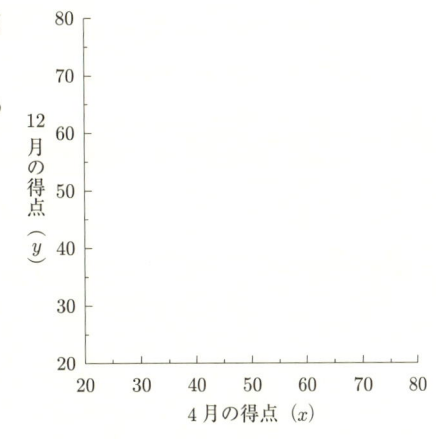

【問題20】〔変数の目盛りと相関係数〕
　変数 x を横軸に，変数 y を縦軸にとった散布図がある。この散布図の横軸および縦軸の目盛りが示されていないとき，相関係数の値を求めることはできるか。回帰係数についてはどうか。それぞれの係数の性質に言及しながら説明しなさい。

【問題21】〔得点変化の解釈〕
　ある小学校で計算問題のテストを行い，得点の低かった下位 20% の児童のみを対象にして指導プログラムを実施し，その後全体で再びテストを行った。その結果，この児童グループの平均順位が上昇したという。この事実からプログラムの効果があったと結論づけてよいだろうか。ただし，1回目のテストをしたこと自体の効果や，平均順位の上昇の程度が統計的に有意か否かは，ここでは問わないものとする。

【問題22】〔研究のタイプと変数間の関連性〕
　次の3つの研究状況があるとき，以下の問いに答えなさい。

研究状況㋐：変数 x の値を実験的に操作して変化させ，そのときの変数 y の値を測定して，2つの変数間の関係を調べる。

研究状況㋑：質問紙を一斉に実施し，各回答者の変数 x と変数 y の値に基づいて2つの変数間の関係を調べる。

研究状況㋒：同じ対象者に繰り返し測定を行い，各測定時点での変数 x と変数 y の値に基づいて2つの変数間の関係を調べる。

① 各研究状況で主張できる変数間の関係はどのようなものか。a. から d. の中から最も適切なものを1つずつ選びなさい。同じものを繰り返し用いてはならない。

$$\begin{cases} \text{a. 変数 } x \text{ の値が大きい人ほど変数 } y \text{ の値も大きい。} \\ \text{b. 変数 } x \text{ の値が大きくなると変数 } y \text{ の値も大きくなる。} \\ \text{c. 変数 } x \text{ の値を大きくすると，変数 } y \text{ の値が大きくなる。} \\ \text{d. 変数 } x \text{ の値が大きいので，変数 } y \text{ の値も大きくなった。} \end{cases}$$

研究状況㋐（　　）　　研究状況㋑（　　）　　研究状況㋒（　　）

② 各研究状況で調べることのできる変数間の関係は何とよべるか。a. から d. の中から最も適切なものを1つずつ選びなさい。同じものを繰り返し用いてはならない。

$$\begin{cases} \text{a. 原因と結果という因果関係} \\ \text{b. 集団における相関関係} \\ \text{c. 個人内の共変関係} \\ \text{d. 処理−効果関係} \end{cases}$$

研究状況㋐（　　）　　研究状況㋑（　　）　　研究状況㋒（　　）

③ 各研究状況において，変数間の関係は基本的に集団レベルと個人レベルのどちらで生じているか。

研究状況㋐（　　）　　研究状況㋑（　　）　　研究状況㋒（　　）

【問題23】〔相関関係と共変関係〕

マッサージ治療に通う患者（$N = 4$）に依頼し，施術の翌朝，身体の凝り（0点：まったくない〜10点：非常に凝っている）と熟睡感（0点：全然眠れなかった〜20点：ぐっすり眠れた）を毎回記録してもらった。治療は7日ごとに，計4回行われた。その結果が次頁の表である。このとき，以下の問いに答えなさい。

患者	1回目		2回目		3回目		4回目	
	凝り (x)	熟睡感 (y)	凝り (x)	熟睡感 (y)	凝り (x)	熟睡感 (y)	凝り (x)	熟睡感 (y)
Aさん	7	7	5	9	3	12	2	12
Bさん	6	10	4	13	5	13	4	14
Cさん	7	6	6	7	4	7	3	7
Dさん	8	8	6	12	7	15	6	16

① 2回目のデータだけ抜き出して散布図に描き，そこから読み取れる変数間の関係の傾向を述べなさい。

② 同様に3回目のデータを散布図に描き，そこから読み取れる変数間の関係を①と比較しなさい。

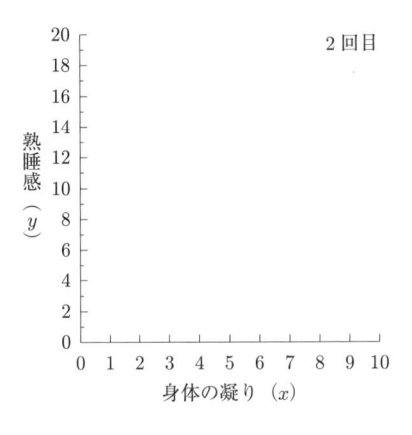

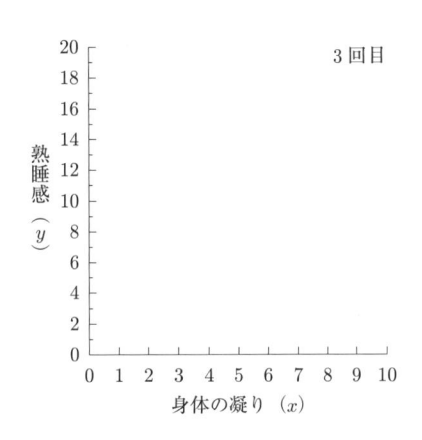

③ 右の図は，Aさんの4回分のデータを時間順に線でつないで示したものである。残りの3人についても同様に図に書き込み，4人それぞれについて，個人内の変数間の関係の傾向を述べなさい。

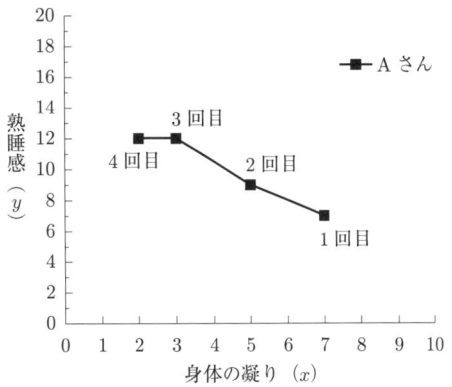

【問題24】〔因果関係の主張〕

変数間の関係として，「集団における相関関係」「個人内の共変関係」「処理-効果関係」「因果関係」の4つのタイプを考える。このとき，「集団における相関関係」「個人内の共変関係」「処理-効果関係」の3つがあれば，「因果関係」があると主張してもよいか。

【問題25】〔測定の質をあらわす用語〕
次の定義にあてはまる用語をそれぞれ答えなさい。

① 測定値が，測定すべき構成概念を正しく反映している程度。（　　　　　　）
② 一貫した測定値が得られる程度。（　　　　　　）
③ 低い相関を示すべき変数との間に，実際にも低い相関が得られること。（　　　　　　）
④ 高い相関を示すべき変数との間に，実際にも高い相関が得られること。（　　　　　　）

【問題26】〔妥当性の証拠〕
ある人が，被援助志向性[a]と自尊感情[b]との関係を調べることを考えた。そして自分で「被援助志向性尺度」を作成し，質問紙調査で「被援助志向性尺度」「自尊感情尺度」「友人に相談する頻度」「抱えている悩みの深さ」「社会的望ましさ傾向[c]尺度」を測定することにした。このとき，以下の問いに答えなさい。

注）a) 被援助志向性：困ったとき友人に援助を求める傾向
　　b) 自尊感情[1]：自分自身を基本的に価値あるものと考える感覚
　　c) 社会的望ましさ傾向：社会的に望ましい方向の回答をする傾向

① これらの変数の中で，「被援助志向性尺度」に関する妥当性の収束的証拠になりうるものは何か。また，その理由を簡単に述べなさい。
② 同様に，「被援助志向性尺度」に関する妥当性の弁別的証拠になりうるものは何か。また，その理由を簡単に述べなさい。

【問題27】〔信頼性の求めかた〕
次の文章の空欄を埋めるものとして，次頁の枠内からそれぞれ適切なものを1つずつ選びなさい。同じものを繰り返し用いてはならない。

「信頼性は，ある測定値とその（　①　）との間の相関係数と位置づけられる。現実には①を得ることができないので，同じ測定をもう一度繰り返したものや，同じテストデザインから作成された別のバージョンの測定値を①の近似とみなし，その測定値との相関係数を信頼性の（　②　）としている。前者で求めたものを（　③　），後者で求めたものを（　④　）という。」

---

1) 遠藤由美（1999）「自尊感情」中島義明編集代表『心理学辞典』有斐閣，p. 343 より。

| 予測値 | 真値 | 推定値 | 条件付き平均 |
| 平行測定値 | 再検査信頼性 | | 平行検査信頼性 |

【問題 28】〔信頼性と真値モデル〕

次の文章を読んで，以下の問いに答えなさい。

「測定値 x には真値 t のほかに測定誤差 e も含まれるということを，$x = t + e$ というモデルであらわす。ここで測定誤差 e がランダムに生じると仮定すると，測定値 x の分散は $s_x^2 = s_t^2 + s_e^2$ と分解される。このとき，測定値 x の分散 s_x^2 に対する真値 t の分散 s_t^2 の比

$$r_x = \frac{s_t^2}{s_x^2}$$

を，測定値 x の信頼性と定義する。」

① このモデルを回帰分析とみなしたとき，従属変数，独立変数，切片，および回帰係数は何になるか。それぞれ指摘しなさい。
② 合成変数の分散を求める式を用いて，測定値 x の分散が $s_x^2 = s_t^2 + s_e^2$ となることを導きなさい。
③ 信頼性は，次のうちどれに該当するか。正しいものを 1 つ選びなさい。

  a. 共分散
  b. 回帰係数
  c. 決定係数
  d. 予測の標準誤差

【問題 29】〔妥当性と信頼性の性質〕

妥当性と信頼性について，次の各事項が正しいか誤っているかを判断しなさい。

① 測定の信頼性が高いと，測定の妥当性も高くなる。　　　　　　　（正・誤）
② 測定の信頼性が低いと，測定の妥当性も低くなる。　　　　　　　（正・誤）
③ 測定の妥当性がともに低い 2 つの変数があるとき，両変数間の相関係数は高くならない。　　　　　　　（正・誤）
④ 測定の信頼性がともに低い 2 つの変数があるとき，両変数間の相関係数は高くならない。　　　　　　　（正・誤）

【問題 30】〔相関の希薄化〕

2つの測定値 x, y がある。測定値間の相関係数を r_{xy}，それぞれの信頼性を r_x, r_y，真値間の相関係数を $r_{tt'}$ であらわすとき，以下の問いに答えなさい。

① r_{xy} と $r_{tt'}$ との関係を，r_x, r_y を用いてあらわしなさい。

② 測定値 x の信頼性が .70，測定値 y の信頼性が .75 で，観測された相関係数が .35 のとき，真値間の相関係数を求めなさい。

③ 下の表にしたがって，信頼性と真値間の相関係数の組合せごとに，観測される相関係数を求めなさい。ただし $r_x = r_y$ であると仮定する。

信頼性 $(r_x = r_y)$	真値間の相関係数		
	.3	.5	.7
.5			
.6			
.7			
.8			
.9			

解答と解説

Answers & Explanations

【問題 1】

解答

① 図の斜線部分
② 2.3，共分散
③ 影響力の大きいものから順に，$(2,2)$，$(7,8)$，$(3,3)$
④ $(6,4)$ と $(4,6)$ の 2 つ

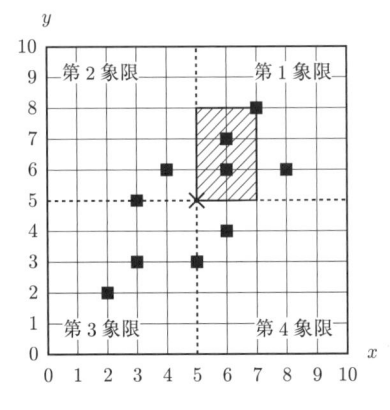

座標 (x, y)	積
$(8, 6)$	3
$(7, 8)$	6
$(6, 7)$	2
$(6, 6)$	1
$(6, 4)$	-1
$(5, 3)$	0
$(4, 6)$	-1
$(3, 5)$	0
$(3, 3)$	4
$(2, 2)$	9
平均	2.3

解説 共分散は，データの重心 $(\bar{x}, \bar{y})$ と観測値の位置で形作られる四角形の面積から構成されます。$(\bar{x}, \bar{y})$ からみて第 1 象限と第 3 象限にある観測値の面積にはプラス，第 2 象限と第 4 象限にある観測値の面積にはマイナスの符号をつけ，全観測値に関して平均をとったものが共分散です。

データの中で第 1 象限と第 3 象限にある観測値が相対的に多く，かつそれらが $(\bar{x}, \bar{y})$ から離れた位置にあるほど（たとえば $(2,2)$），共分散は正の方向に大きくなります。逆に第 2 象限と第 4 象限にある観測値が相対的に多く，それらが $(\bar{x}, \bar{y})$ から離れた位置にあるほど，共分散は負の方向に大きくなります。$(5,3)$ と $(3,5)$ のように象限を分ける直線上にある観測値は，$(x_i - \bar{x})(y_i - \bar{y}) = 0$ になるため，共分散の絶対値を 0 に近づける方向に働きます。共分散は，$(\bar{x}, \bar{y})$ からみた観測値の分布の位置関係を総合的・平均的に反映する指標なのです。

【問題 2】

解答 ①不偏共分散 ②（ピアソンの積率）相関係数 ③回帰係数 ④分散説明率（決定係数）

解説

① 分散と同じく，共分散にも $N-1$ で割る不偏共分散が存在します。分散として不偏分散を用いたときは，共分散にも整合性のある不偏共分散を用いましょう。

② このように理解しておくと，相関係数の値の大きさを評価しやすくなります。こうした「共分散がとりうる最大値に対する割合」という相対的な性質のおかげで，サンプルサイズや測定単位が異なるデータ間でも，関連の強さを比較することができるのです。

相関係数にはいろいろなものがありますが，その代表的なものがピアソンの積率相関係数です．混同の恐れがないときは，単に相関係数とよんでいます．

③ 回帰係数は回帰直線の傾きで，変数 x の値の変化に対する予測値 $\hat{y}$ の変化の割合をあらわします．その割合が大きいということは，変数間の関連性が強いということを意味します．

④ 分散説明率は，変数 y の分散のうち予測値 $\hat{y}$ によって説明される割合です．予測値は変数 x を線形変換したものですから，変数 x で説明される割合ともいえます．分散説明率は決定係数ともよばれ，その値は相関係数の 2 乗 r_{xy}^2 になります．このとき $1 - r_{xy}^2$ は，変数 x で説明できない割合にあたることから，非決定係数とよばれます．

【問題 3】

解答　①正　②誤　③誤　④誤

解説

① 散布図で観測値が右下がりに分布しているとき，負の相関関係があるといいます．このとき，共分散の値も負になります（【問題 1】の「解説」も参照してください）．

② -1 から $+1$ までの値をとるのは相関係数です．共分散は変数の測定単位の影響を受けるので，さまざまな大きさの値になります．

③ 共分散は，変数 x と変数 y が共に変化する具合をあらわす統計量です．そのため，2 変数間の関連性に関する情報が必要であり，その情報は 1 変数の統計量を集めてもあらわすことができません．

④ 散布図で観測値が重心のまわりに均等に散らばっているとき，共分散は 0 になります．けれども共分散の最小値は 0 ではありません．共分散の理論上の最小値はすべての観測値が右下がりの直線上に並んだとき，すなわち完全な負の相関関係にあるときです．

【問題 4】

解答

① 2 倍の 144.0 になる．

② 72.0 のまま変わらない．

③ その設問に全員が正解もしくは不正解だったときを除き，共分散の値は変わる．

解説

① 共分散は標準偏差の影響を受けます．設問のように変数 x を 2 倍にすると，次のように共分散も 2 倍になります．

$$s_{x'y} = \frac{1}{N}\sum_{i=1}^{N}(2x_i - 2\bar{x})(y_i - \bar{y}) = \frac{1}{N}2\sum_{i=1}^{N}(x_i - \bar{x})(y_i - \bar{y}) = 2s_{xy}$$

② 共分散は，分散と同じく，すべての観測値に同じ数を足したり引いたりしても値が変わりません。観測値が一律に 10 点高くなっても，同時に平均も 10 点高くなるので，平均からの偏差は変わりません。したがって，次のように共分散は影響を受けないのです。

$$s_{x'y} = \frac{1}{N}\sum_{i=1}^{N}[(x_i+10)-(\bar{x}+10)](y_i-\bar{y}) = \frac{1}{N}\sum_{i=1}^{N}(x_i-\bar{x})(y_i-\bar{y}) = s_{xy}$$

③ 誤植があった設問に正解していた人の得点は変わりませんが，不正解だった人は 10 点もらえます。全員が 10 点ずつ加点されれば②のケースになって共分散は変わりませんが，正解の人と不正解の人が混じっていた場合は共分散の値が変わります。設問において共分散が変わらないのは，全員が正解だったか，不正解だったかのケースだけです。

【問題 5】

解答 ① d. ②⑦ $c^2 s_x^2$ ④ $\dfrac{s_y}{s_x}$ ⑦ $s_x s_y$ ③ c.

解説

① 共分散は線形的な関連性の強さをあらわします。線形的な関連性が最大になるのは，観測値が直線上に並ぶときです。a., b., c. はいずれも観測値が直線上以外に分布する場合があるため，最大値をとるケースにはなりません。

② 変数を c 倍すると分散は c^2 倍になりますが，変数に定数 d を加えても分散は影響を受けません（第 2 章の【問題 7】，【問題 8】も参照してください）。このことから $s_y^2 = s_{(cx+d)}^2 = c^2 s_x^2$ がいえるので，これを変形して

$$c = \frac{s_y}{s_x}$$

を得ます。この c を $s_{xy} = cs_x^2$ に代入すると，

$$s_{xy} = \frac{s_y}{s_x} \times s_x^2 = s_x s_y$$

が導けます。

③ 共分散が最大のとき $s_x s_y$ に等しいので，「共分散が $s_x s_y$ 以下になる」という式を選びます。

〔補足：共分散の最小値〕

共分散が理論上の最小値をとるのは，観測値が右下がりの直線上に並ぶときです。設問と同様に考えれば，共分散の最小値は $-s_x s_y$ になります。正の相関関係のときと負の相関関係のときをまとめれば，一般に $-s_x s_y \leq s_{xy} \leq s_x s_y$ という関係が成り立ちます。この式の各項を $s_x s_y$ で割ると，

$$-1 \leq \frac{s_{xy}}{s_x s_y} \leq 1$$

という相関係数の下限と上限の式が得られます。

【問題6】

解答　　①誤　②正　③正

解説

① 相関係数は
$$r_{xy} = \frac{s_{xy}}{s_x s_y}$$
という式で与えられます。共分散 s_{xy} の絶対値が大きくても，標準偏差 s_x, s_y が大きければ，相関係数の絶対値は大きくなりません。

② ①で示した相関係数の式において，標準偏差 s_x, s_y が負になることはありません。したがって相関係数の符号は，共分散 s_{xy} の符号に一致します。

③ このことは，①で示した相関係数の式に $s_x = s_y = 1$ を代入すれば $r_{xy} = s_{xy}$ となることからわかります。

【問題7】

解答　　①誤　②誤　③正　④正

解説

① 変数間に関連がないとき，相関係数は0になります。けれども，その逆は必ずしも成り立ちません。たとえば相関係数が0でも，曲線的な関係が存在するかもしれません。また，データの大部分は線形的な関係を示していても，外れ値の位置しだいで相関係数が0になることもあります。このような場合を見落とさないためにも，散布図を併用することが薦められます。

② 同じ相関係数でも，いろいろなパターンの散布図がありえます。

③ 相関係数の式
$$r_{xy} = \frac{s_{xy}}{s_x s_y}$$
の分子にある共分散が
$$s_{xy} = \frac{1}{N}\sum_{i=1}^{N}(x_i - \bar{x})(y_i - \bar{y})$$
であらわされることからわかるように，$\sum$ 記号の内側が変数 x に関する部分と変数 y に関する部分との積になっています。かけ算は順番を入れ替えても同じなので，変数 x と変数 y を入れ替えても共分散の値は変わりません。また分母も標準偏差の積ですから，2つの変数を入れ替えても値が変わりません。このように2つの変数を入れ替えても同じ値になることから，相関係数や共分散は，対称的な指標あるいは方向性のない指標といわれています。

④ 変数 x を $x' = cx + d$ $(c < 0)$ と変換すると，共分散 $s_{x'y}$ は s_{xy} の c 倍に，$s_{x'}$ は s_x の $|c|$ 倍になります。c が負なので共分散の符号は変わりますが，標準偏差は正のままです。よって変換後の相関係数は

$$r_{x'y} = \frac{cs_{xy}}{|c|s_x s_y} = \frac{-s_{xy}}{s_x s_y} = -r_{xy}$$

となって，符号だけ逆転します。

【問題 8】

解答 ① 39.99 ② 54.19 ③ 22.04 ④ .473

解説

① 合成変数の分散は，$s^2_{x_1+x_2} = s^2_{x_1} + 2s_{x_1 x_2} + s^2_{x_2}$ という式で求められます。表から $s_{x_1} = 3.46$，$s_{x_1 x_2} = 8.06$，$s_{x_2} = 3.45$ ですから，$s^2_{x_1+x_2} = 3.46^2 + 2 \times 8.06 + 3.45^2 = 39.99$ となります。

② 同様に，$s^2_{y_1+y_2} = s^2_{y_1} + 2s_{y_1 y_2} + s^2_{y_2}$ という式に $s_{y_1} = 4.28$，$s_{y_1 y_2} = 8.21$，$s_{y_2} = 4.41$ を代入すると，$s^2_{y_1+y_2} = 4.28^2 + 2 \times 8.21 + 4.41^2 = 54.19$ が得られます。

③ 合成変数間の共分散は，$s_{(x_1+x_2)(y_1+y_2)} = s_{x_1 y_1} + s_{x_1 y_2} + s_{x_2 y_1} + s_{x_2 y_2}$ で求められます。表から $s_{x_1 y_1} = 7.86$，$s_{x_1 y_2} = 3.04$，$s_{x_2 y_1} = 8.18$，$s_{x_2 y_2} = 2.96$ ですから，$s_{(x_1+x_2)(y_1+y_2)} = 7.86 + 3.04 + 8.18 + 2.96 = 22.04$ です。

④ 合成変数間の共分散を，それぞれの標準偏差で割ります。すなわち，

$$r_{(x_1+x_2)(y_1+y_2)} = \frac{s_{(x_1+x_2)(y_1+y_2)}}{s_{(x_1+x_2)} s_{(y_1+y_2)}} = \frac{22.04}{\sqrt{39.99} \times \sqrt{54.19}} = .473$$

です。

【問題 9】

解答

① 5.12

② b.

③ 右の図を参照。平均 6.5

④ 分散 1.68；x の値が 8 とわかっても，まだ残っている y の値の変動

度数	y
0	10
1	9
2	8
4	7
4	6
2	5
1	4
0	3
0	2
0	1

解説

① $x = 6$ となる観測値は 17 個あります。これらについて変数 y の平均をとると，$\frac{87}{17} = 5.12$ になります。

② 正解は「x の値を与えたときの y の条件付き平均」です。前半の「x の値を与えたとき」の部分で，値を固定する条件を付けた変数を示し，後半の「y の条件付き平均」の部分で，平均をとる観測値を提供した変数を示します。

③ $x = 8$ となる観測値は 14 個あり，それらについて y の値の分布を示したものが y

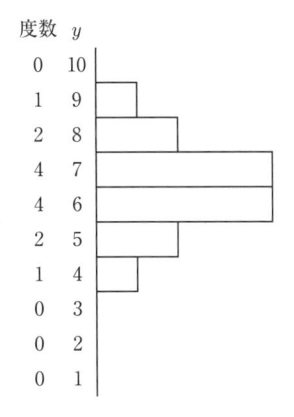

の条件付き分布です．解答では，設問の散布図と照合しやすいように，変数 y を縦に配置したヒストグラムを示しました．この分布における y の平均（$x=8$ のときの y の条件付き平均）は，$91/14 = 6.5$ です．

④ ③における分散は，$1/14[(9-6.5)^2 + 2(8-6.5)^2 + 4(7-6.5)^2 + 4(6-6.5)^2 + 2(5-6.5)^2 + (4-6.5)^2] = 1.68$ です．

ここで求めた分散は，変数 x の値が 8 とわかってもまだ残る変数 y の変動です．つまり変数 x 以外の要因によって生じているかもしれない変動が，まだこれだけあるということです．

【問題 10】

解答
① b．
② $y_i - bx_i$
③ a．と d．
④ $(1-3b)^2$, $(3-2b)^2$, $(-1-b)^2$, $(-2+b)^2$, $(1+2b)^2$, $(-3+3b)^2$, $(-1+4b)^2$
（順不同）
⑤ $\hat{y} = 0.483x$

解説 Q は回帰直線とデータとのあてはまり具合をあらわす指標で，値が小さいほど回帰直線が観測値の近くにあることを示します．観測値がバラバラに分布していれば Q もあまり小さくなりませんが，そのデータで可能な範囲で最も適合する回帰直線をみつけようというのが最小 2 乗法の考え方です．

最小 2 乗法で解を得るには，微分という操作が必要になります．ある関数を微分すると，その関数の局所的な傾きをあらわす式が得られます．それが 0 になるということは，関数が局所的に水平になるということです．設問では $Q = 60b^2 - 58b + 30$ という関数を微分して 0 とおくことによって，Q が局所的に水平になる点，すなわち Q が最小値をとる点を求めているのです．そのときの b の値は，微分して得た $Q' = 120b - 58$ を 0 とおいた式から得られます．$b = 0.483$ になるので，$\hat{y} = 0.483x$ が求める回帰直線ということになります．

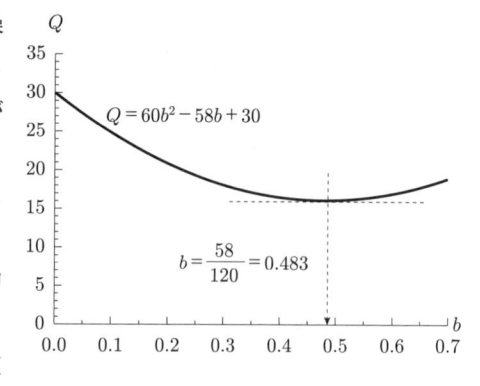

設問では，はじめから切片を $a = 0$ とおきました（実際に求めても $a = 0$ になります）が，a と b を同時に求めるときも，この拡張になります．Q を最小にする a を求めるには，b を定数とみなして a について微分して 0 とおきます（これを偏微分といいます）．Q を最小にする b は，a を定数とみなして b について微分し，0 とおきます．Q が最小になる点では，この 2 つの式が同時に満たされているはずです．そこで 2 つの式を連立方程式とし

て解いて a と b を求めます（具体的な式は『心理統計学の基礎』pp. 370-371 の付録 A.5 などを参照してください）。

【問題 11】

解答 変数 y を指すもの：従属変数，目的変数，基準変数
変数 x を指すもの：独立変数，予測変数，説明変数

解説 同じ心理学でも，研究領域によって使われやすい名称が異なります。実験的なアプローチをとる領域では，「従属変数—独立変数」の組合せが一般的です。一方，変数の操作を行わない調査的な研究領域では，「目的変数，基準変数—予測変数，説明変数」の組合せがより用いられるようです。背景には研究デザインや研究アプローチの違いがありますから，交差した名称の組合せ（たとえば「従属変数—説明変数」や「基準変数—独立変数」など）を使うことは，避けたほうがよいでしょう。

なお，ここであげた名称のほかに，変数 y を結果変数（outcome variable）とよぶこともあります。

【問題 12】

解答 ① $\hat{y} = 16.8 + 0.652x$ ② $33.8°C$ ③ $3.26°C$ ④ $23.3°C$ 以上

解説 このデータに回帰直線をあてはめたものを右図に示します。白丸は各変数の平均の位置をあらわします。

① まず回帰係数 b を求めます。

$$b = r_{xy} \frac{s_y}{s_x}$$

に，$r_{xy} = .643$, $s_x = 2.06$, $s_y = 2.09$ を代入すると，

$$b = .643 \times \frac{2.09}{2.06} = 0.652$$

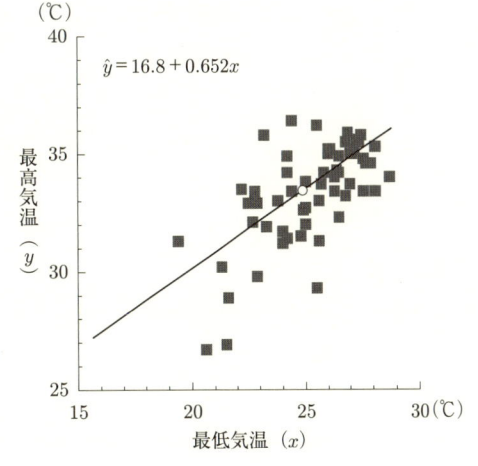

が得られます。これを用いて，切片 $a = \bar{y} - b\bar{x} = 33.2 - 0.652 \times 25.1 = 16.8$ を得ます。

② ①で求めた $\hat{y} = 16.8 + 0.652x$ に，$x = 26.0$ を代入します。

③ $\hat{y}_1 = 16.8 + 0.652(x + 5.0)$, $\hat{y}_2 = 16.8 + 0.652x$ として $\hat{y}_1 - \hat{y}_2$ を求めてもよいのですが，より簡単には 0.652×5.0 という式で済ませることができます。

④ 予測値が $32.0°C$ を超えるという式，$16.8 + 0.652x \geq 32.0$ を立てます。これを変形して，

$$x \geq \frac{32.0 - 16.8}{0.652} = 23.3$$

となります。

【問題 13】

解答 ①.338 ②1.22（千個） ③.745 以上

解説

① 分散説明率（決定係数）を答えます。計算に必要な相関係数の値は，回帰係数と標準偏差から求めます。

$$b = r_{xy} \frac{s_y}{s_x}$$

から，

$$r_{xy} = b \frac{s_x}{s_y} = 0.057 \times \frac{15.3}{1.5} = .581$$

になるので，分散説明率は $.581^2 = .338$ です。この好感度指標を用いることで，売上個数の変動の 33.8% が説明できたことになります。

② 予測の標準誤差は，残差の分散の平方根です。式で書くと $s_e = s_y \sqrt{1 - r_{xy}^2}$ になるので，①で求めた相関係数の値と設問の値を代入すれば，$s_e = 1.5 \sqrt{1 - .581^2} = 1.22$ です。この好感度指標による予測では，平均的に ±1220 個程度の予測の誤差が生じていることになります。

③ $1.5 \sqrt{1 - r_{xy}^2} \leq 1.0$ という式を立て，r_{xy} について解きます。数学的には $r_{xy} = \pm.745$ という 2 通りの解が得られますが，指標は"好感度"なので，売上個数と正の相関を示すほうを選びます。

【問題 14】

解答

① d. のみ
② b. と d.
③ 一般社員における相関係数は .714，管理職における相関係数は .720 であり，相関係数でみる限り，両者の間で組織関与と勤続意欲の関連性はほとんど違わない。

解説

① 厳密には，x の値を固定したときの y の予測値が，x がどのような値であろうと一方の群のほうが常に高い，ということしかいえません。

 a. 一般社員から管理職に昇進したときの個人内の心理的変化を述べています。けれども設問の状況は，いま管理職にある人の勤続意欲が平均的により高いことしか述べていません。なぜそうなのか，どのような経緯でそうなったのかということは，この回帰分析からはいえません。

 b. 管理職と一般社員との違いは勤続意欲だけであるような表現になっています。けれども管理職と一般社員との違いは，回帰分析に投入されなかった別の変数に

もみられるかもしれません。b. の表現は，予測値の大小関係が一貫していることを超えた過度な主張といえます。

c. どの管理職も，すべての一般社員より高い勤続意欲を示すと述べています。けれども図から明らかなように，管理職より高い勤続意欲を示す一般社員もいます。回帰直線は平均的な値について示していることを忘れてはなりません。

② 群間で回帰直線の傾きが異なるとき，予測値における群間の差が x の位置によって異なります。いいかえれば，独立変数 x と従属変数 y との関連性のありかたが，群によって異なっているのです。このようなとき，群と独立変数との間に交互作用があるといいます。

a. 管理職の回帰係数が 0 ではないので，管理職においてまったく予測ができないわけではありません。

c. 組織関与から勤続意欲への因果関係を前提とした表現です。けれども，実際は勤続意欲が高いから組織関与が高まったのかもしれません。回帰分析は独立変数から従属変数へと向かう方向性のある分析ですが，実態においてもその方向の因果関係があるかどうかは別の問題です。因果の有無や方向性がどうであれ，平均，標準偏差，共分散（相関係数）がわかれば回帰直線は求められるのです。

③ 相関係数は

$$b = r_{xy} \frac{s_y}{s_x}$$

を利用して求めます。

回帰係数は一般社員 0.61，管理職 0.49 と一般社員のほうが大きく，組織関与と勤続意欲との関連性は一般社員のほうが大きいことが示唆されます。けれども相関係数を求めると，一般社員 .714，管理職 .720 となり，ほとんど違いがありません。

一見食い違う結果ですが，どちらも間違いではありません。管理職の観測値が一般社員よりまとまって分布しているため，測定単位に基づいて表現される回帰係数と，測定単位の影響を受けない相関係数とで，異なる結果になったのです。変数間の関連性を検討するときは，絶対的な指標（回帰係数）と相対的な指標（相関係数）という違いをよく考えて解釈する必要があります。

【問題 15】

解答　①誤　②正　③正　④誤　⑤誤　⑥正

解説

① どちらの変数も標準化されているとき，$s_y = s_x = 1$ となることから

$$b = r_{xy} \frac{s_y}{s_x} = r_{xy}$$

になります（一般に 2 つの変数の標準偏差が等しいとき，回帰係数は r_{xy} になります）。回帰係数が 1 になるには，さらに $r_{xy} = 1$ である必要があります。

② 一般に，回帰直線は $(\bar{x}, \bar{y})$ を通ります。どちらの変数も標準化されていれば $\bar{x} = \bar{y} = 0$ ですから，回帰直線は $(0,0)$ を通ります。

③ 回帰直線は $\hat{y} = \bar{y} + b(x - \bar{x})$ とも書けます。$r_{xy} = 0$ なら回帰係数 b も 0 になるので，変数 x がどのような値をとっても，予測値は常に $\bar{y}$ になります。

④ 変数 y から変数 x を予測する回帰直線は，変数 x から変数 y を予測する回帰直線とは別の直線になります。これは，最小 2 乗法で小さくする残差の方向が異なることが原因です。変数 x から変数 y を予測するときは，x 軸に対して垂直な方向で残差を考えます。それに対し変数 y から変数 x を予測するときは，y 軸に対して垂直な方向で残差を考えます。そのため，最小 2 乗法で求めた切片 a と回帰係数 b は同じ値にはなりません。逆方向の予測を行うときはあらためて回帰直線を求める必要があります。

⑤ $\hat{y}$ の平均は，$\bar{x}$ ではなく $\bar{y}$ です。

⑥ 個々の観測値に関する残差を $e_i = y_i - \hat{y}_i$ とあらわすと，残差の平均は，$\bar{e} = \bar{y} - \bar{\hat{y}}$ ですが，⑤にあるように $\bar{\hat{y}} = \bar{y}$ ですから，$\bar{e} = \bar{y} - \bar{y} = 0$ になります。

【問題 16】

解答　① 1　② 0　③ r_{xy}　④ 0　⑤ $\sqrt{1 - r_{xy}^2}$

解説

① 回帰の式 $\hat{y} = a + bx$ は x を線形変換する式とみなすこともできます。もとの変数と線形変換後の変数の相関係数は，b の符号に応じて ± 1 になります。設問では $b > 0$ なので，$r_{\hat{y}x} = 1$ です。

② 残差 e は，変数 y の値のうち変数 x では説明できなかった分をあらわします。残差 e には変数 x と関連する成分は含まれていないので，相関係数は 0 です。

③ ①にあるように $r_{\hat{y}x} = 1$ ですから，変数 y と $\hat{y}$ との相関係数は，変数 y と変数 x との相関係数に等しくなります。

④ ①と②の組合せから，残差 e と予測値 $\hat{y}$ との相関係数は，残差 e と変数 x との相関係数に等しくなります。

⑤ 変数 y と残差 e との相関係数の式

$$r_{ye} = \frac{s_{ye}}{s_y s_e}$$

をもとに考えます。s_{ye} は $s_{ye} = s_{y, y-\hat{y}} = s_y^2 - s_{y\hat{y}}$ と書けます。ここで

$$r_{y\hat{y}} = \frac{s_{y\hat{y}}}{s_y s_{\hat{y}}}$$

から，

$$s_{y\hat{y}} = r_{xy} s_y s_{\hat{y}} = r_{xy} s_y (b s_x) = r_{xy} s_y \left(r_{xy} \frac{s_y}{s_x} \right) s_x = r_{xy}^2 s_y^2$$

になります。また，s_e は $s_y \sqrt{1 - r_{xy}^2}$ です。これらを

に代入して整理すると，

$$r_{ye} = \frac{s_y^2 - r_{xy}^2 s_y^2}{s_y(s_y\sqrt{1-r_{xy}^2})} = \frac{s_y^2(1-r_{xy}^2)}{s_y^2\sqrt{1-r_{xy}^2}} = \sqrt{1-r_{xy}^2}$$

が得られます。

〔補足：$b<0$ のとき〕

$b<0$ になるのは $r_{xy}<0$ のときです。このことを念頭におくと，$b<0$ のときの設問①から⑤の答えは，順に①$'-1$，②$'0$，③$'-r_{xy}$，④$'0$，⑤$'\sqrt{1-r_{xy}^2}$ になります。③$'$ において $-r_{xy}>0$ となることから，b の符号にかかわらず，予測値 $\hat{y}$ は従属変数 y とつねに正の相関をもつことがわかります。

【問題 17】

解答　残差 e は，実際に連続して跳べた回数から，その人の練習時間から予測される平均的な水準を差し引いた残りである。これは，連続して跳べた回数のうち，練習時間では説明できない部分ともいえる。$e>0$ なら予想される水準より多く跳べたことになるし，$e<0$ なら予想される水準より少ない回数しか跳べなかったことになる。

解説　略

【問題 18】

解答　群ごとの相関係数が全体での相関係数より小さくなったのは，選抜効果が働いたためである。選抜効果とは，ある変数の値に基づいて選抜を行うと，それによって相関係数の値が変化（一般に低下）することをいう。設問では共感性の得点に応じて3群に分けており，各群の共感性得点の範囲は選抜前に比べて狭まっている。そのため集団の等質性が高まり，相関係数が低くなったと考えられる。

解説　変数 x の値に基づいて選抜を行うと，変数 x の値の散らばりが小さくなり，値が部分的に一定化されたような状態になります。これに類似した状況が，実験における剰余変数の統制です。一般に剰余変数の値の範囲が狭まるほど，剰余変数と従属変数との相関係数は小さくなります。その究極の状態が値を完全に一定にした状態です。これにより，剰余変数が従属変数の値に影響することを防ぐわけです。

剰余変数は影響を除外したい邪魔な変数なのでこれでよいのですが，設問の共感性のように，関連の大きさを評価したい変数の影響が統制されるのは問題です。変数間の関連の大きさを正しく評価できるように，選抜効果が生じないよう注意しましょう。

【問題 19】

解答

①

		相関係数			
		.0	.3	.6	.9
回帰直線	切片 a	50	35	20	5
	回帰係数 b	0.0	0.3	0.6	0.9
予測値	$x = 40$ のとき	50	47	44	41
	$x = 70$ のとき	50	56	62	68

② 右の図を参照。

③ 4月の得点が平均より低かった生徒は，12月の得点の予測値が4月ほど低くなく，成績が上昇するという予測になる。一方，4月の得点が平均より高かった生徒は，12月の得点の予測値は4月ほど高くなく，成績が下がるという予測になる。これらの上昇や下降は，12月の平均に引き寄せられる方向に生じており，その程度は r_{xy} が .0 に近づくほど大きくなる。この現象は「平均への回帰」もしくは「回帰効果」とよばれ，相関関係が完全でないときの回帰分析では必ずみられるものである。

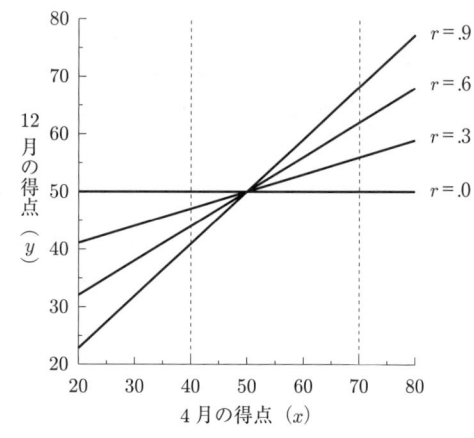

解説 平均，標準偏差，相関係数から回帰直線を求めるやりかた，および予測値の求め方は，【問題 12】を参照してください。

　回帰効果は，ある変数において平均から大きく隔たっている人は，もう一方の変数については平均からそれほど大きく隔たらない（平均の方向に戻っていく）という現象です。回帰効果は $r_{xy} = .0$ のとき最大になり，すべての予測値が $\bar{y}$ に完全に引き寄せられます。逆に $r_{xy} = 1.0$ のとき，回帰効果はまったくなくなります。

【問題 20】

解答 相関係数の値はそれぞれの変数の単位を変えても不変なので，横軸および縦軸の目盛りを物差しなどで任意に設定すれば，相関係数を正しく計算することができる。これに対し，回帰係数は，横軸の変数の1単位の差異に対応して，縦軸の変数が平均的に何単位異なるかを示す指標であり，各変数の単位のとり方によってその値が変わってくる。したがって，目盛りが示されていない散布図から回帰係数の値を求めることはできない。

解説 相関係数は，変数の単位に依存しない「標準化された指標」であり，回帰係数

は，変数の単位の情報をそのまま含んだ「標準化されていない指標」です。それぞれのタイプの指標のメリット，デメリットがあるので，結果の分析や報告の際には，それを考慮して適切な選択を行うことが望まれます。

【問題 21】

解答　1回目のテストの結果と2回目のテストの結果は，仮に指導プログラムの効果がまったくなかったとしても，完全には相関しない。ということは，テスト間で順位が変動するということである。順位が変動するのであれば，1回目に下位20%であったグループの少なくとも一部は，下位20%から脱出するということであり，その結果として平均順位は上昇する。これは「平均への回帰」という現象である。回帰によって，プログラムに効果がない場合でも下位グループの平均順位は上昇するから，そのことだけでプログラムに効果があったと結論づけることはできない。

解説　回帰効果を理解しておくことは，このように，実験結果を解釈するうえでも重要なことです。なお，この例の場合，もし下位20%の群をランダムに2つに分けて，一方の群には指導プログラムを実施し，他方の群には実施しないで2回目のテスト結果を比較すれば，プログラムの効果の有無をより的確に評価できます。プログラムを実施しなかった群での平均順位の上昇は，回帰効果によるものとみなせますから，プログラムを実施した群の平均順位の上昇の程度がそれを上まわっているかどうかをみればよいわけです（【問題 19】も参照してください）。

【問題 22】

解答
① ⑦c．④a．⑨b．
② ⑦d．④b．⑨c．
③ ⑦個人レベル　④集団レベル　⑨個人レベル

解説　研究状況⑦は実験研究の状況で，独立変数を研究者が操作して変化させる点が特徴です。この状況で調べられるのは処理（＝独立変数の操作）とそれが及ぼす効果（＝そのときの従属変数の値）という関係です。この関係は，基本的に1人ひとりの実験参加者において生じています。

研究状況④は，横断的な調査研究でよくみられる状況です。⑦と異なり独立変数の操作は行われません。変数間の関係は，変数xにおける個人差と変数yにおける個人差の関係をもとにした，集団における相関関係です。この関係は集団レベルでしか生じません。

研究状況⑨は，縦断的な研究でよくみられる状況です。変数xの値と変数yの値が共に個人内でどのように変化していくかが調べられます。変数間の関係は，個人レベルで生じます。

【問題23】

解答

① （左下図参照）全体的に右下がりの散布図になっており，2つの変数は負の相関関係にある。すなわち，身体の凝りがひどい人ほど，熟睡感が低い傾向がみられる。

② （右下図参照）全体的に右上がりの散布図になっており，2つの変数は正の相関関係にある。すなわち，身体の凝りがひどい人ほど，熟睡感が高い傾向がみられる。この傾向は，①でみた2回目の結果と逆になっている。

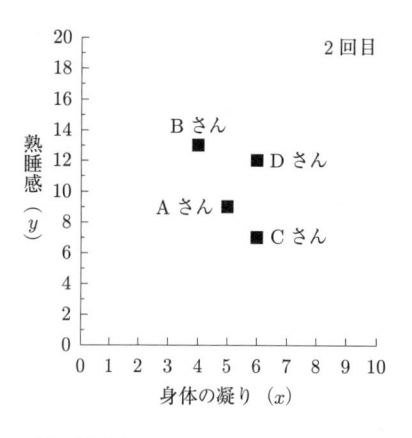

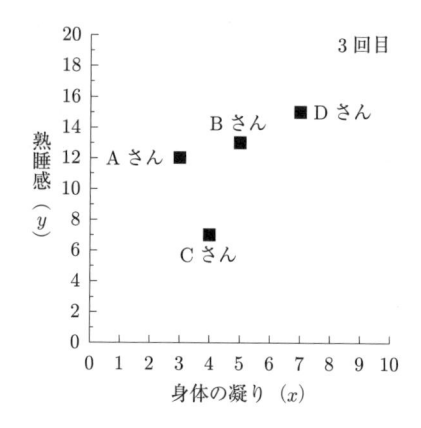

③ （右図参照）

Aさんは，回が進むごとに身体の凝りが軽減し，熟睡感が高くなる傾向がある。変数間の共変関係は，一方が高まると他方が減少するという，負の関係にある。

Bさんは，1回目から2回目まではAさんと同様の経過をたどるが，その後は足踏み状態になる。変数間の共変関係としては，弱い負の関係があるといえる。

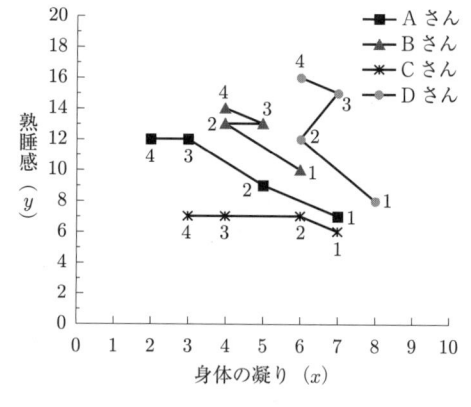

Cさんは，回を追うごとに身体の凝りが軽減していくが，熟睡感はほとんど変わらない。変数間の共変関係はほとんどないといえる。

Dさんは，AさんとBさんの中間的なタイプといえる。回を追うごとに熟睡感が高まるが，一方で身体の凝りは減少傾向にあるものの，やや足踏み状態である。変数間の共変関係は，弱い負の関係といえる。

解説 データを切り取って視覚化し，それを通じて横断的データと縦断的データの視点の違いや，集団における相関関係と個人内の共変関係の違いを把握するための設問です。

①と②は，同じ4人のデータでも時点によって異なる相関関係を示すことがあるという例です。また③は，個人によって共変関係のあり方が異なるという例です。その他，集

団における相関関係が個人内の共変関係にそのまま適用できるわけではないこと，個人内の共変関係が似ていてもそれが集団における相関関係と一致するとは限らないこと，なども読み取ることができます。

　集団における相関関係と個人内での共変関係は，基本的に別のものです。相関関係しか観測していないのに個人内の共変関係であるかのように解釈するのは，誤りということがわかると思います。

【問題 24】

解答　　主張はできない。

解説　　「集団における相関関係」と「個人内の共変関係」は，ともに方向性のない関係です。因果の方向が逆向きであっても区別できないため，これらのデータが示されても因果関係は証明できません。ただし因果関係が存在していればこれらの関係も観測される可能性が高いので，実際にそういう結果が得られることは因果関係を裏付ける根拠の1つにはなります。一方「処理-効果関係」では，独立変数の操作が行われたことから独立変数から従属変数へ向かう効果があることが示せます。けれども逆向きの因果関係も同時に存在していたり，独立変数の操作と同時に他の要因も動いたりした場合，因果を特定することはできません。因果関係を主張するには，これらの情報のほかに，変数間に因果関係を想定することが理論的に裏付けられるか，原因である独立変数が結果である従属変数より時間的に先行して生じているか，他の説明可能性は排除されているか，データ収集手続きやデータ解析手続きは適切か，などの検証も必要です。

【問題 25】

解答　　①妥当性　②信頼性　③妥当性の弁別的証拠　④妥当性の収束的証拠

解説
①　構成概念は直接観測することができません。そこで，観測可能な変数をその指標とみなして研究を進めます。指標とした変数が目的の構成概念を忠実に反映しているかどうかが妥当性ですから，妥当性が低いと研究自体の意味が揺らいでしまいます。

②　程度の差はあれ，測定値には測定誤差が含まれます。その影響が小さければ，測定値は真の値に近い値になると期待されます。また，測定を繰り返したときは，同じような値が得られると期待されます。信頼性は，測定値の中に測定誤差が含まれていない程度，と考えることもできます。

③　ある構成概念を反映している変数と思っていたら，実は別の構成概念が測定値を左右していた，ということがあります。この脅威を排除する方法の1つが妥当性の弁別的証拠で，疑わしい別の構成概念の指標を用意し，その測定値との間の相関が低いことを示します。そうすれば，少なくともその構成概念は反映していないことが示せます。このように妥当性の弁別的証拠は，測定値が目的の構成概念を反映していることを消去法で示しているといえます。

④　妥当性の収束的証拠では，同種の構成概念を反映する異なる測定を用意し，それとの相関が高いことを示します。相関が高ければ2つの測定値は少なくとも同じ内容を反映しているとみなすことができ，それが目的の構成概念であろうと考えるのです。

【問題26】
解答
① 「友人に相談する頻度」と高い正の相関を示すこと。同じ被援助志向性という構成概念を異なる側面から反映する変数なので，高い正の相関係数が観測されるべきである。
② 「社会的望ましさ傾向尺度」と0に近い相関係数を示すこと。社会的望ましさで回答する人は，被援助志向性を抑え気味に回答する可能性がある。そうした影響を受けていないことを示すために，0に近い相関であることが望ましい。

解説　妥当性の証拠には，ここで取り上げた収束的証拠と弁別的証拠以外にも，さまざまなものがあります。たとえば設問の状況では，抱えている悩みが深い人ほど被援助志向性が高くなることも，心理学の理論でそう裏付けられる限りにおいて，妥当性の証拠になります。妥当性検証のプロセスでは，妥当性の証拠を多面的に積み上げるほど，「測定値は目的の構成概念を正しく反映している」という主張の確からしさが高まります。

【問題27】
解答　①平行測定値　②推定値　③再検査信頼性　④平行検査信頼性

解説
① 平行測定値とは，真値が等しく測定誤差の分散も等しい，もう1つの測定値のことです。2つの測定は得点の原点と単位が等しく，平均の位置や得点のばらつきも同一です。また，ランダムな誤差が測定値に影響する程度も等しくなります。
② ①で述べた条件は非常に厳しいため，現実には達成不可能です。つまり，真の信頼性の大きさを知ることはできないのです。そこでさまざまな工夫によって，信頼性の大きさを推定します。
③ 再検査信頼性では，1回目の測定と2回目の測定との時間的間隔がしばしば問題になります。間隔が短いと，1回目の記憶が残っているため，学習効果・練習効果や，前回と同じ回答をしようという構えが形成されて，2回目の測定結果が歪みます。一方，間隔をおきすぎると，回答者自身が変化・成長してしまい，平行測定値の近似になりません。実際にデータをとるときは，目的とする構成概念の特徴や回答者の年齢，測定状況などを総合的に勘案して，測定間隔を決める必要があります。
④ 平行検査信頼性は，代替検査信頼性ともよばれます。相関をとる2つのバージョンは，得点の平均や分散が等しく，項目内容も同等であることが望まれます。たとえば小学生の計算テストでいうと，テスト全体の難易度が等しいだけでなく，項目難易度の分布が両バージョンで等しいこと，解答に必要とされるスキル（四則演算や分数

の知識など）が同等に配分されていること，などが求められます．

【問題 28】

解答
① 従属変数は測定値 x，独立変数は真値 t，切片は 0，回帰係数は 1
② 測定値 x を $x = t + e$ という合成変数とみなすと，合成変数の分散を求める式から $s_x^2 = s_{(t+e)(t+e)}^2 = s_t^2 + 2s_{te} + s_e^2$ が導ける．ここで測定誤差 e はランダムに生じると仮定されていることから，測定誤差 e は真値 t と相関をもちえない．したがって共分散 s_{te} が 0 になるため，$s_x^2 = s_t^2 + s_e^2$ が成り立つ．
③ c.

解説
① $x = t + e$ というモデルも回帰モデルとみなすことができます．ただし通常の回帰分析と違い，独立変数である真値 t は，観測されない変数です．回帰係数 1，切片 0 なので，予測値は真値 t そのものになります．
② ランダムな成分はそれ自身以外とは共分散が 0 になる，という点がポイントです．
③ 信頼性は真値による分散説明率（決定係数）なので，大きさの解釈もそれに則って行えます．たとえば信頼性が 0.7 ならば，測定値 x の分散のうち真値が 70%，測定誤差が 30% を占めていると解釈できます．また分散説明率は相関係数の 2 乗になることから，測定値と真値との相関係数は信頼性の平方根であることがわかります．

【問題 29】

解答 ①誤 ②正 ③誤 ④正

解説 妥当性は信頼性を包含する広い概念で，信頼性は妥当性の証拠の一部を構成します．両者は，並列あるいは対立する関係にはないので注意してください．
① たとえ信頼性が高くても，得点が反映しているのが的外れの構成概念であれば，妥当性は低くなります．一方，妥当性が高い測定では，目的とする構成概念以外の成分がほとんど含まれないので，測定誤差も少なくなり，信頼性は高くなります．
② 信頼性が低いので，測定誤差が多く含まれます．これは目的の構成概念以外の要因も反映していることを意味するので，妥当性は低くなります．
③ 2 つの変数がそれぞれ的外れな測定をしているとき，その内容が互いに異なれば相関係数は低くなり，偶然同じ内容なら相関係数は高くなります．
④ 測定誤差は，互いに脈絡なくランダムに発生し，その部分と他の変数との相関は 0 になります．2 つの変数がそれぞれ測定誤差を多く含めば，全体として相関係数は高くなりません．この現象は，相関の希薄化とよばれます（【問題 30】も参照してください）．

【問題 30】

解答　① $r_{xy} = r_{tt'}\sqrt{r_x r_y}$　②.48　③下の表を参照

信頼性 $(r_x = r_y)$	真値間の相関係数		
	.3	.5	.7
.5	.15	.25	.35
.6	.18	.30	.42
.7	.21	.35	.49
.8	.24	.40	.56
.9	.27	.45	.63

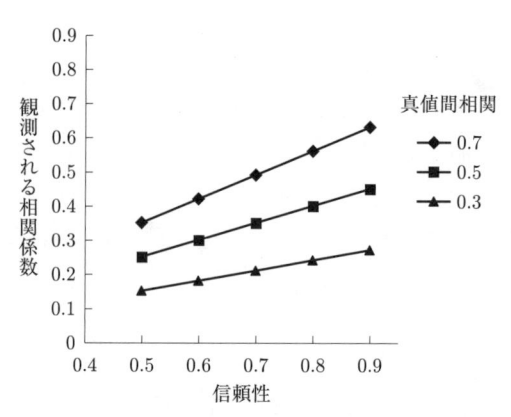

解説　相関の希薄化は，信頼性が完全でない程度に応じて生じます。信頼性の低い測定では，真値間の関係の大きさが観測される相関係数に反映されにくくなるので注意が必要です。

①　$r_{xy} = r_{tt'}\sqrt{r_x r_y}$ のうち $\sqrt{r_x r_y}$ の部分は常に 1 以下になるので，信頼性がともに 1.0 でない限り，観測される相関係数は真値間の相関係数より小さくなります。

②　設問の数値を①の式に代入して $.35 = r_{tt'}\sqrt{.70 \times .75}$。これを解いて $r_{tt'} = .48$ を得ます。なお，このような観測された相関係数から真値間の相関係数を求める

$$r_{tt'} = \frac{r_{xy}}{\sqrt{r_x r_y}}$$

という操作を，「希薄化の修正」(disattenuation) とよぶことがあります。

③　グラフであらわすと傾向がよくわかります。測定の信頼性が低くなるほど，観測される相関係数も低く抑えられ，その減少の仕方は真値間の相関が高いほど急です。また，真値間の相関が低い場合は観測される相関係数がさらに低くなるので，観測された結果から構成概念間に関係がないという判断を誤って下す危険があります。

トピック 3-1

最小 2 乗法を使わずに回帰直線を求める

回帰直線を最小 2 乗法によって求めると，予測の誤差の平均が 0 となり，予測の誤差と独立変数の相関も 0 になります。これは回帰直線の最小 2 乗解の望ましい性質ですが，逆にその望ましい性質をもつように回帰直線の切片と傾きを求めるということは可能でしょうか。

いま，独立変数 x を用いて従属変数 y を，回帰直線 $\hat{y} = a + bx$ によって予測するものとします。このとき，予測の誤差 $e = y - \hat{y}$ について，その平均を 0 とおいた式は

$$\begin{aligned}\bar{e} &= \bar{y} - \bar{\hat{y}} \\ &= \bar{y} - (a + b\bar{x}) \\ &= 0\end{aligned}$$

となります。これにより，

$$a = \bar{y} - b\bar{x}$$

が導かれます。このとき，予測の誤差 e は

$$\begin{aligned}e &= y - \hat{y} \\ &= y - [(\bar{y} - b\bar{x}) + bx] \\ &= (y - \bar{y}) - b(x - \bar{x})\end{aligned}$$

と書くことができます。

次に，独立変数 x と予測の誤差 e の相関が 0 ということは，それぞれの標準偏差が 0 でないことを仮定すれば，共分散 s_{xe} が 0 ということになります。ここで，表記を見やすくするために，共分散 s_{xe} を適宜 $Cov(x, e)$ のように表現することにします。この共分散を 0 とおいた式は

$$\begin{aligned}Cov(x, e) &= Cov[x, (y - \bar{y}) - b(x - \bar{x})] \\ &= Cov(x, y - \bar{y}) - Cov[x, b(x - \bar{x})] \\ &= s_{xy} - bs_x^2 \\ &= 0\end{aligned}$$

となります。これにより，

$$b = \frac{s_{xy}}{s_x^2}$$

が導かれます。これは，

$$b = r_{xy}\frac{s_y}{s_x}$$

と表現することもでき，a の式とともに，最小2乗法によって導かれる解に一致します。

トピック 3-2

テストの α 係数を導く

1つのテストを1回実施しただけの結果を用いて平行テスト信頼性を推定する指標として，Cronbach の α 係数とよばれるものがあります。α 係数は，その便利さのために心理学研究において広く利用されています。どうして1つのテストを1回実施するだけで信頼性を推定することができるのか，その謎をみていきましょう。

多項目のテスト得点間の共分散

その準備として，m 項目からなるテストの得点

$$x = x_1 + x_2 + \cdots + x_m$$

と，n 項目からなる別のテストの得点

$$y = y_1 + y_2 + \cdots + y_n$$

の間の共分散 s_{xy} が，2つのテストの間の項目間の共分散の総和

$$s_{xy} = \sum_{j=1}^{m}\sum_{k=1}^{n} s_{x_j y_k}$$

によって与えられることを示しておきます。ただし，x_j $(j=1,2,\cdots,m)$，y_k $(k=1,2,\cdots,n)$ はそれぞれのテストの項目得点です。

少し長い展開になりますが，2つのテストの得点間の共分散の式は以下のようにして導くことができます。結果はとても簡単な形になります。

$$\begin{aligned}
s_{xy} &= \frac{1}{N}\sum_{i=1}^{N}(x_i - \bar{x})(y_i - \bar{y}) \\
&= \frac{1}{N}\sum_{i=1}^{N}[(x_{1_i} + \cdots + x_{m_i}) - (\bar{x}_1 + \cdots + \bar{x}_m)][(y_{1_i} + \cdots + y_{n_i}) - (\bar{y}_1 + \cdots + \bar{y}_n)] \\
&= \frac{1}{N}\sum_{i=1}^{N}[(x_{1_i} - \bar{x}_1) + \cdots + (x_{m_i} - \bar{x}_m)][(y_{1_i} - \bar{y}_1) + \cdots + (y_{n_i} - \bar{y}_n)] \\
&= \frac{1}{N}\sum_{i=1}^{N}[(x_{1_i} - \bar{x}_1)(y_{1_i} - \bar{y}_1) + \cdots + (x_{m_i} - \bar{x}_m)(y_{n_i} - \bar{y}_n)]
\end{aligned}$$

$$= s_{x_1 y_1} + \cdots + s_{x_m y_n}$$
$$= \sum_{j=1}^{m} \sum_{k=1}^{n} s_{x_j y_k}$$

α 係数の導出

それでは，α 係数を導いてみましょう[1]。

m 項目からなる互いに平行な 2 つのテストの得点を

$$x = x_1 + x_2 + \cdots + x_m$$
$$x' = x'_1 + x'_2 + \cdots + x'_m$$

とします。右辺の各項は項目の得点です。

いま導いた結果を利用すると，平行テストの得点間の共分散は，両テストの間の項目間の共分散の総和として

$$s_{xx'} = \sum_{j=1}^{m} \sum_{k=1}^{m} s_{x_j x'_k}$$

とあらわされます。

ここで，右辺にある 2 つのテストの項目間の共分散が，何らかの方法で，1 つのテスト内の項目間の共分散で近似することができれば，1 つのテストを 1 回実施するだけで平行テスト信頼性を推定する道が開けてきます。そこに謎があるのですが，その近似の方法として，「2 つの平行テストの間の項目間の共分散と，1 つのテスト内の項目間の共分散について，それらの平均は等しい」という仮定をおきます。つまり，

《仮定》　$$\frac{1}{m^2} \sum_{j=1}^{m} \sum_{k=1}^{m} s_{x_j x'_k} = \frac{1}{m(m-1)} \sum_{j=1}^{m} \sum_{k \neq j}^{m} s_{x_j x_k}$$

とします。

平行テストの得点間の共分散 $s_{xx'}$ の式にこの仮定を組み込むと，以下のようになります。

$$s_{xx'} = m^2 \times \frac{1}{m^2} \sum_{j=1}^{m} \sum_{k=1}^{m} s_{x_j x'_k}$$
$$= m^2 \times \frac{1}{m(m-1)} \sum_{j=1}^{m} \sum_{k \neq j}^{m} s_{x_j x_k}$$

---

[1] α 係数は Cronbach 以前に，それと同等のものが Kuder & Richardson（1937）や Jackson & Ferguson（1941）によって，ここで示す方法と同様の方法で導かれています。

$$= \frac{m}{m-1} \sum_{j=1}^{m} \sum_{k \neq j}^{m} s_{x_j x_k}$$

この式の最右辺の和は，同一のテストに含まれる異なる項目間の共分散の和です。一方，そのテストの得点 x の分散は，それが x 同士の共分散であることを利用すると，

$$s_x^2 = s_{xx}$$
$$= \sum_{j=1}^{m} \sum_{k=1}^{m} s_{x_j x_k}$$
$$= \sum_{j=1}^{m} s_{x_j}^2 + \sum_{j=1}^{m} \sum_{k \neq j}^{m} s_{x_j x_k}$$

となり，上記の異なる項目間の共分散に，各項目の分散の和を足したものとなります。したがって，平行テストの得点間の共分散の式は，

$$s_{xx'} = \frac{m}{m-1} \left(s_x^2 - \sum_{j=1}^{m} s_{x_j}^2 \right)$$

とあらわすことができます。

これより，平行テスト信頼性，すなわち平行テストの得点間の相関係数 $r_{xx'}$ は，$s_x = s_{x'}$ の仮定のもとで，

$$r_{xx'} = \frac{s_{xx'}}{s_x s_{x'}}$$
$$= \frac{\frac{m}{m-1} \left(s_x^2 - \sum_{j=1}^{m} s_{x_j}^2 \right)}{s_x^2}$$
$$= \frac{m}{m-1} \left(1 - \frac{\sum_{j=1}^{m} s_{x_j}^2}{s_x^2} \right)$$

によって与えられます。これが α 係数の式です。

第4章

確率モデルと標本分布

【問題1】〔統計的推測の用語(1)〕
統計的推測を説明した次の文を読み，以下の問いに答えなさい。

「統計的推測とは，広大な砂浜から ₐ.一握りの砂を ᵦ.すくって， c.そこの砂全体の性質を調べるようなものである。」

① 下線部a., b., c.は，それぞれ統計的推測の用語でいうと何にあたるか。
a. (　　　　　　)
b. (　　　　　　)
c. (　　　　　　)

② 下線部a.において得られた記述的指標の値を総称して何というか。
(　　　　　　)

③ 下線部c.における記述的指標の値や特性値を総称して何というか。
(　　　　　　)

④ 下線部a.に対し，下線部c.が非常に大きい，あるいは限りがないとき，c.は特に何とよばれるか。
(　　　　　　)

【問題2】〔サンプリングの方法(1)〕
単純無作為抽出と2段抽出について，以下の問いに答えなさい。

① 次のa.からc.のうち，単純無作為抽出とよべるものをすべて選びなさい。

a. 青年期におけるある心理特性の働きを調べるため，指導教員の開講する授業で質問紙を実施し，その中から尺度得点が高い人と低い人を抜き出して面接を行った。

b. 日本の大学の平均的な学生数を調べるため，全国の大学一覧からくじで一定数の大学を選び，その大学に所属する学生数を調べた。

c. 世論調査で，コンピュータでランダムに電話番号を発生させ，電話調査を行った。

② 次のa.からc.のうち，2段抽出とよべるものをすべて選びなさい。

　　a. 質問紙データを集めるため，ある授業で出席者に10部ずつ配り，その人からさらに知人に配布してもらった。
　　b. 大規模な授業で実験参加者を募り，応募してきた学生をくじで2つの実験条件に配置した。
　　c. ある企業が一般社員の仕事満足感を調べるため，企業内の全部長からくじで10%を選び，その配下の一般社員からくじで4分の1を選んで調査票を配った。

【問題3】〔サンプリングの方法(2)〕
サンプリングの方法について，次の各事項が正しいか誤っているかを判断しなさい。

① 2段抽出では，サンプルの選ばれかたにランダム性が含まれない。　　　　　　　　　　　　　　　　　　　　　（正・誤）
② 2段抽出では，観測値が互いに独立でない場合が起こりうる。　　　（正・誤）
③ 単純無作為抽出を行い，結果的に偏ったサンプルになった場合は，サンプリングをやりなおすべきである。　　　（正・誤）
④ サンプル(サンプル)は母集団の見本なのだから，母集団の代表値付近の数値から集中的に選ばれていることが望ましい。　　　（正・誤）

【問題4】〔母集団分布の役割〕
母集団とサンプルに関し，下の枠内から適切な用語を選び，文章中にある空欄を埋めなさい。

「母集団において，変数 x の値がそれぞれどういう割合で含まれているかを記述したものが（　①　）である。これを，分布の状態を静的に表現したものととらえると，同じ分布に対し（　②　）という操作を介入させることによって，①は（　③　）のメカニズムの表現，すなわち確率モデルを表現した確率分布と解釈することができる。このとき，ある観測値は母集団から確率的に発生した1つの（　④　）といえる。」

| 度数分布 | 母集団分布 | 標本分布 | 推測 | 代表値 |
| 実現値 | データ発生 | ランダムサンプリング（単純無作為抽出） | | |

【問題 5】〔分布の名称〕

次の各定義にあてはまる分布の名称として最も適切なものを，下の枠内から 1 つずつ選びなさい。同じものを重複して選ばないこと。

① 確率変数がどういう確率でどういう値をとるかを示　　（　　　　　）
す分布
② 複数の変数の同時的な分布を考えているときの，各　　（　　　　　）
変数単独の分布
③ 標本統計量がどういう確率でどういう値をとるかを　　（　　　　　）
示す分布
④ あるサンプル内に，どの値がどのくらい含まれてい　　（　　　　　）
るかを示す分布

度数分布　　　確率分布　　　正規分布　　　母集団分布
標本分布　　　同時分布　　　周辺分布　　　条件付き分布

【問題 6】〔変数の名称〕

次の各定義にあてはまる変数の名称として最も適切なものを，下の枠内から 1 つずつ選びなさい。同じものを重複して選ばないこと。

① 本質的にとびとびの決まった値しかとらない変数　　　（　　　　　）
② 2 通りの値しかとらない変数　　　　　　　　　　　　（　　　　　）
③ 変数のとりうる値がとびとびの決まった値に限定さ　　（　　　　　）
れず，連続的に観測される変数
④ 変数の値が，特性の強さや大きさなどを反映してい　　（　　　　　）
る変数

量的変数　　質的変数　　連続変数　　離散変数　　2 値変数　　従属変数　　独立変数

【問題 7】〔確率的に変動するもの，しないもの〕

2 変数正規分布にしたがう変数 x と変数 y とがある。この母集団からランダムにサンプルを抽出したとき，以下の a. から f. のうち確率的に変動するものはどれか。あてはまるものをすべて選びなさい。

a. x の標本平均
b. y の母集団標準偏差
c. $x+y$ という合成変数の標本分散
d. x を所与としたときの y の条件付き分布
e. x と y の標本相関係数
f. x から y を予測したときの母集団回帰係数

【問題 8】〔統計的推測の用語(2)〕
次の各定義にあてはまる用語を，下の枠内からそれぞれ 1 つ選びなさい。

① 統計量の期待値と母数との差　　　　　　　　　　（　　　　　　　）
② 統計量の期待値が母数に一致する性質　　　　　　（　　　　　　　）
③ 仮定したモデルが真の状態と異なる場合，それでも　（　　　　　　　）
そのモデルに基づく結果が妥当である程度
④ 個々のデータがどういう値をとるかが，他のデータ　（　　　　　　　）
のとる値やその確率にまったく影響しない性質
⑤ 異なる実験条件への研究参加者の割り当てや刺激の　（　　　　　　　）
呈示順序を無作為に決めること

信頼性	標準誤差	バイアス（偏り）	データの独立性
ランダムサンプリング	ランダム化	不偏性	頑健性

【問題 9】〔不偏性と不偏推定量〕
統計量の不偏性について，以下の問いに答えなさい。

① 不偏性をもつ統計量の例と，もたない統計量の例を，それぞれ挙げなさい。
② ある標本で得た統計量の値を母数の推定値に用いるとき，統計量が不偏性をもたないとどのような問題が生じるか。次の中から最も適切なものを 1 つ選びなさい。

$$\begin{cases} \text{a. どのランダムサンプルにおいても，常に母数からある大きさの値だけずれた値を母数の推定値としてしまう。} \\ \text{b. そのサンプルでのずれの大きさはわからないが，平均的には母数からずれた値を推定値としてしまう。} \\ \text{c. 適切なランダムサンプリングが行えていないことになるので，観測値の独立性が保たれず，正しくない推定値となる。} \\ \text{d. そのサンプルは極端な観測値から成り立っており，母集団の適切な代表とはいえないので，母数の推定値とすることは不適切である。} \end{cases}$$

【問題 10】〔さまざまな標本分布〕

5つの標本統計量について，データの母集団分布をそれぞれ下の表に示したように仮定したとき，以下の問いに答えなさい。

標本統計量	データの母集団分布	標本分布		
		分布	期待値	標準誤差
比率 p	ベルヌイ分布	㋐	Ⓐ	ⓐ
度数 w	ベルヌイ分布	㋑	Ⓑ	ⓑ
平均 $\bar{x}$	1変数正規分布	㋒	Ⓒ	ⓒ
相関係数 r	2変数正規分布	(Z変換後近似的に) ㋓	(Z変換後近似的に) Ⓓ	(Z変換後近似的に) ⓓ
回帰係数 b	x を所与とした1変数正規分布	㋔	Ⓔ	ⓔ

① 各統計量の標本分布はどのような分布にしたがうか。下の枠内からそれぞれ1つ選んで，表の空欄㋐から㋔を埋めなさい。同じ分布を繰り返し用いてもよい。

> ベルヌイ分布　　　2項分布　　　1変数正規分布　　　2変数正規分布

② 各統計量の期待値として正しいものを下の枠内からそれぞれ1つ選び，表の空欄Ⓐ からⒺを埋めなさい。

> $\mu = N\pi$　　$\mu = \pi$　　$\mu = \rho - \dfrac{\rho(1-\rho^2)}{2N}$　　$\mu = \beta$　　$\mu = \mu_x$　　$\mu = \tanh^{-1}\rho$

③ 各統計量の標準誤差として正しいものを次頁の枠内からそれぞれ1つ選び，表の空欄ⓐからⓔを埋めなさい。

$$\sigma = \sqrt{\frac{\pi(1-\pi)}{N}} \qquad \sigma = \sqrt{N\pi(1-\pi)} \qquad \sigma = \frac{1-\rho^2}{\sqrt{N}}$$

$$\sigma = \frac{1}{\sqrt{N-3}} \qquad \sigma = \frac{\sigma_x}{\sqrt{N}} \qquad \sigma = \frac{\sigma_\epsilon}{\sqrt{N}s_x}$$

【問題11】〔平均や比率の標本分布〕

平均や比率の標本分布について，次の各事項が正しいか誤っているかを判断しなさい。

① 他の条件が一定なら，一般にサンプルサイズが大きくなるにつれ平均や比率の標準誤差は小さくなる。　　　　　　　　　（正・誤）

② 他の条件が一定なら，一般に母集団分布の標準偏差が小さいほど，平均の標準誤差は大きくなる。　　　　　　　　　　（正・誤）

③ サンプルサイズが大きいとき，比率の標本分布は正規分布で近似できる。　　　　　　　　　　　　　　　　　　　　（正・誤）

④ サンプルサイズが小さくても，母集団分布が正規分布なら平均の標本分布は正規分布になる。　　　　　　　　　　　（正・誤）

【問題12】〔標準正規分布における確率〕

標準正規分布の数表を用いて，以下の値を求めなさい。数表にちょうど該当する数値がないときは，その前後の数値の平均で代用すること。

① $Prob(z < -1.645)$ の値　　　　　　　　　　　（　　　　　）
② $Prob(-1.50 < z < 1.50)$ の値　　　　　　　　（　　　　　）
③ $Prob(0.30 < z < 1.30)$ の値　　　　　　　　 （　　　　　）
④ $-\infty$ からの確率が $.35$ となる z の値　　　　（　　　　　）

【問題13】〔一般の正規分布における確率〕

正規分布における確率について，以下の問いに答えなさい。

① 変数 x が $N(50, 8^2)$ にしたがうとき，$Prob(30 < x < 62)$ の値を求めなさい。　　　　　　　　　　（　　　　　）

② 変数 y が $N(10, 5^2)$ にしたがうとき，$Prob(a < y < b) = 0.95$ となる a, b の値を求めなさい。ただし a, b は，y の分布の対称の位置に　　　　　　　　　　　　　　　　　　　　　（$a =$　　　，$b =$　　　）

あるものとする。

【問題 14】〔標本分布における確率の意味〕

変数 x は，母集団において平均 $\mu_x = 100$，標準偏差 $\sigma_x = 15$ の正規分布にしたがう。いま，μ_x の値を知らない研究者が $N = 36$ のサンプルを用いて μ_x を推定しようとしている。このとき，以下の問いに答えなさい。

① 推定の誤差が ± 2 に収まる確率を，以下のようにして求める。文中の空欄㋐から㋔に，適切な表現，式，数値を入れなさい。

「推定の誤差が ± 2 ということは，データで観測した平均が 98 から 102 ということである。一般に標本平均の標本分布は

$$N\left(\mu_x, \frac{\sigma_x^2}{N}\right)$$

となることから，この研究における $\bar{x}$ の標本分布は（ ㋐ ）である。この分布において $\bar{x}$ が 100 ± 2 の範囲に収まる確率は $Prob(98 < \bar{x} < 102)$ と書ける。これを求めるには，標準化して標準正規分布に対応させる必要がある。それには，$z = $（ ㋑ ）という変換を施せばよい。$Prob(98 < \bar{x} < 102)$ の 3 つの項にそれぞれ㋑の変換を施すと，

$$Prob(㋒ < z < ㋓)$$

となる。両者は変数変換しただけなので，確率は等しい。したがって，

$$Prob(98 < \bar{x} < 102) = Prob(㋒ < z < ㋓)$$

となる。標準正規分布の数表から，この確率は（ ㋔ ）とわかる。」

② ①の結果からいえることとして，最も適切なものを 1 つ選びなさい。

a. 観測した平均が 100 ± 2 に収まらない場合は，その母集団から抽出したサンプルとは認められない。

b. 観測した平均が 100 ± 2 に収まらない場合は，ランダムサンプリングでなかったといえる。

c. $N = 36$ というサンプルサイズでは，母集団平均を正確に知ることのできる確率は 6 割弱である。

d. $N = 36$ というサンプルサイズでは，適切なサンプリングが行われても，推定の誤差が ± 2 を超えることが珍しくない。

【問題 15】〔平均の差の分布〕

　実験群と統制群の2群を設けた実験がある。母集団平均は実験群のほうが統制群よりも高く，あるサンプルサイズのもとでの実験群の標本平均 $\bar{y}_1$ と統制群の標本平均 $\bar{y}_2$ の差 $\bar{y}_1 - \bar{y}_2$ は，$N(1, 2^2)$ という分布にしたがうという。このときそのサンプルサイズを用いた実際の実験において，母集団平均とは逆に，統制群のほうが実験群より平均が高くなる確率を求めなさい。

【問題 16】〔標準誤差の計算と解釈〕

　高校生の平均的な自宅学習時間を調べるため，$N = 250$ のサンプルに調査を行った。1日の自宅学習時間を x としたとき，平均 $\bar{x} = 77.3$（分），標準偏差 $s_x = 13.7$ であった。全国の高校生における x の平均を μ_x，標準偏差を σ_x として，以下の問いに答えなさい。

① μ_x と σ_x の推定値として，サンプルから求めた平均 $\bar{x}$ と標準偏差 s_x をそれぞれ用いることにする。このとき，$\bar{x}$ の標準誤差の推定値 $\hat{\sigma}_{\bar{x}}$ を求めなさい。

② ①で求めた $\hat{\sigma}_{\bar{x}}$ の解釈について，次の記述のうち最も適切なものを1つ選びなさい。

　　　a. $\hat{\sigma}_{\bar{x}}$ 程度の幅をもって変動する標本平均のうち，1つの実現値として 77.3 という値が得られた。
　　　b. 標本平均 77.3 と母集団における平均 μ_x とのずれの大きさが $\hat{\sigma}_{\bar{x}}$ と推定できる。
　　　c. $\hat{\sigma}_{\bar{x}}$ の値が小さければ，母集団分布として正規分布を仮定することが妥当である。
　　　d. $\hat{\sigma}_{\bar{x}}$ の値は，$\bar{x}$ の期待値が母集団における平均 μ_x と隔たっている程度をあらわす。

【問題 17】〔標準誤差に基づくサンプルサイズの計算〕

　先行研究によれば，中学生の女子が1日に親と会話する時間 x（分）の，母集団における平均と標準偏差は，それぞれ $\mu_x = 48.2$，$\sigma_x = 20.4$ であるという。ある研究者が，この変数 x を自分の研究で扱うことにした。標本平均 $\bar{x}$ の標準誤差を 1.0 以下にするために，必要なサンプルサイズ N を求めなさい。

【問題 18】〔度数の標本分布〕

中学生の子どもをもつ母親の 3 人に 1 人が専業主婦であるという。ある中学校で，全校生徒の母親から 5 人をランダムに選び，保護者代表として教員懇談会に出てもらうことを考えた。5 人の中に含まれる専業主婦の人数を w とし，以下の問いに答えなさい。

① 5 人中 2 人が専業主婦である確率を，以下の手順にしたがって求めなさい。

「5 人のうち最初の 2 人が専業主婦，残りの 3 人がそうでない確率は，それぞれの確率を順にかけ合わせて（ ㋐ ）= .0329 である。5 人のうち 2 人が専業主婦であるパターンは，これを含めて全部で（ ㋑ ）通りある。それらの生起確率は，㋐におけるかけ算の順番を入れ替えただけなので，いずれも .0329 である。よって求める確率は（ ㋒ ）である。」

    a. ㋐に適切なかけ算の表現を入れなさい。
    b. ㋑には，$_rC_s$ という組合せの表現が入る。r, s として適切な数を答えなさい。
    c. ㋒に適切な数を入れなさい。

② 専業主婦の数 w のとりうる値は 0 から 5 の 6 通りある。それぞれの場合の確率を①にならって計算し，下のグラフに書き入れなさい。

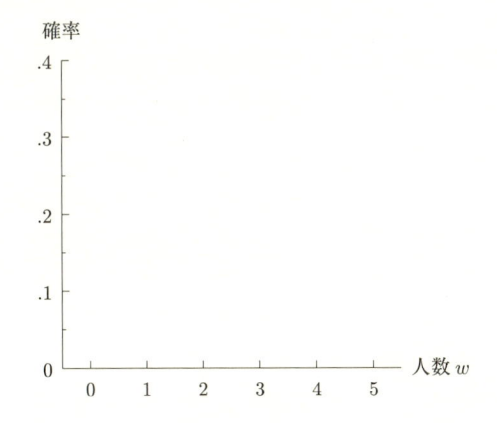

③ ②の分布の平均と標準偏差を求めなさい。
④ ②の分布に基づき，5 人のうち専業主婦が過半数を占める確率を求めなさい。

【問題 19】〔周辺分布〕

2 つの確率変数 x と y は，母集団において $\mu_x = 4$, $\sigma_x = 2$, $\mu_y = 4.3$, $\sigma_y = 3$, $\rho_{xy} = .6$ という 2 変数正規分布にしたがっている。この母集団から $N = 81$ のランダムサンプルを得た。このとき，以下の問いに答えなさい。

① x の周辺分布を答えなさい。
② $\bar{x}$ の標本分布を，①に基づいて求めなさい。
③ このサンプルにおいて，x の平均は $\bar{x} = 4.2$ であった。これを母数 μ_x の推定値としたときの推定の誤差を求めなさい。

【問題 20】〔相関係数の標本分布〕
2つの確率変数 x と y は，母集団において $\mu_x = 4$, $\sigma_x = 2$, $\mu_y = 4.3$, $\sigma_y = 3$, $\rho_{xy} = .6$ という2変数正規分布にしたがっている。この母集団から $N = 81$ のランダムサンプルを得た（ここまで【問題 19】と共通）。このとき，以下の問いに答えなさい。

① 標本相関係数 r_{xy} の期待値は，.6 に比べてどうなるか。

$$\begin{cases} \text{a. } .6\text{ より小さくなる} \\ \text{b. } .6\text{ に等しい} \\ \text{c. } .6\text{ より大きくなる} \end{cases}$$

② 標本相関係数 r_{xy} の標準誤差 σ_r は近似的に
$$\sigma_r = \frac{1 - \rho^2}{\sqrt{N}}$$
で与えられる。設問において，r_{xy} の標準誤差を .05 以下に抑えるために必要なサンプルサイズ N を求めなさい。

【問題 21】〔フィッシャーの Z 変換〕
2つの確率変数 x と y は，母集団において $\mu_x = 4$, $\sigma_x = 2$, $\mu_y = 4.3$, $\sigma_y = 3$, $\rho_{xy} = .6$ という2変数正規分布にしたがっている。この母集団から $N = 81$ のランダムサンプルを得た（ここまで【問題 19】と共通）。

このとき，標本相関係数 r_{xy} が母相関係数 ρ_{xy} を .1 以上過小推定する（すなわち $r_{xy} < .5$ が観測される）確率を，以下の手順にしたがって求めなさい。必要なときは，$\tanh^{-1} .5 = .549$, $\tanh^{-1} .6 = .693$ を使うこと。

「求める確率は $Prob(r < .5)$ であるが，r のままでは確率を求めにくいので，フィッシャーの Z 変換によって r を $\tanh^{-1} r$ に変換する。$Prob(r < .5)$ の不等号の両辺にそれぞれ Z 変換を施すと

$$Prob(r < .5) = Prob(\tanh^{-1} r < ①) \tag{1}$$

となる。ここで $Z = \tanh^{-1} r$ として $\tanh^{-1} r$ を Z でおきかえて書く。

$$Prob(r < .5) = Prob(Z < ①) \tag{2}$$

Z の標本分布は近似的に

$$N\left(\tanh^{-1}\rho, \frac{1}{N-3}\right)$$

になることが知られているので，設問で与えられた $\rho = .6$，$N = 81$ を代入すると，Z の標本分布は近似的に $N(\ ②\ ,\ ③\ )$ となることが導ける。

次に確率を求める。Z の標本分布を（ ④ ）に対応させるために (2) 式の不等号の両辺に標準化の変換を施すと，

$$Prob(Z < ①) = Prob\left(\frac{Z - ②}{\sqrt{③}} < \frac{① - ②}{\sqrt{③}}\right) = Prob(z < ⑤)$$

となる。数表から，この確率は（ ⑥ ）である。これが，標本相関係数 r_{xy} が母相関係数を .1 以上過小推定する確率である。」

① 文中の空欄①に適切な数値を入れなさい。　　（　　　　）
② 文中の空欄②に適切な数値を入れなさい。　　（　　　　）
③ 文中の空欄③に適切な数値を入れなさい。　　（　　　　）
④ 文中の空欄④に適切な用語を入れなさい。　　（　　　　）
⑤ 文中の空欄⑤に適切な数値を入れなさい。　　（　　　　）
⑥ 文中の空欄⑥に適切な数値を入れなさい。　　（　　　　）

【問題 22】〔ランダム化とランダムサンプリングの区別〕

ランダム化（無作為化，確率化）とランダムサンプリングとの違いについて説明しなさい。

【問題 23】〔頑健性〕

頑健性がなぜ重要なのかについて説明しなさい。

解答と解説

【問題1】

解答
① a. サンプル（標本）　b. サンプリング（標本抽出）　c. 母集団
② 標本統計量（統計量）
③ 母数（パラメタ）
④ 無限母集団

解説　現実の研究で用いられるサンプルは，一般に母集団のほんのわずかな部分です。そのわずかな部分に依拠して仮説や理論を検討するわけですから，研究の妥当性はそのサンプルがどのように選ばれたかに大きく左右されます。

母集団とサンプルは区別して論じる必要があります。統計では，サンプルにおける記述的指標には「標本」という形容詞を，母集団における記述的指標には「母集団」という形容詞をつけて区別し，記号でも母数にはギリシャ文字を用います。

母集団を構成する要素が限られている場合は，有限母集団といいます。有限母集団では，一部の要素をサンプルとして抽出すると残った要素が抽出される確率が変わってくるため，統計的な扱いは複雑になります。

【問題2】

解答　① b. と c. 　② c. のみ

解説　特定の大学や授業などを漫然とサンプルに用いた場合，母集団からランダムに選ばれたものとはみなせません。手近な授業や学校，組織で収集したデータは，しばしば「便宜的なサンプル」(convenient sample) とよばれます。まさにコンビニエンス・ストアのように，手軽で便利に手近なところでデータが集められるのですが，観測値の分布が偏ったり，観測値間の独立性が満たされなくなったりするなど，サンプルとしては危うい面があります。

① 　a. ランダムなサンプリングが行われていません。特定の大学の授業をデータとしているうえに，尺度得点に基づいて意図的に対象者を選抜しています。
　　b. 調査単位は大学であり，各大学の在学生数の集まりが母集団になります。母集団の全要素からランダムに調査対象が選ばれていますから，単純無作為抽出といえます。
　　c. どの電話番号も選ばれる確率は同じです。サンプリングの手続きはランダムで1段階しかありませんから，電話番号の母集団からの単純無作為抽出といえます。実際の世論調査でも，これに類した方法がとられることがあります。

② a. 授業の出席者もその先の知人も，どちらもランダムに選ばれていません。2段抽出では，どちらもランダムに選ばれる必要があります。
　　b. 自発的な応募者は，自己選択的なプロセスが働いた結果である可能性があり，ランダムとはいえません。また，2つの実験条件への配置はランダムサンプリングではなくランダム化（無作為割り当て）にあたります。ランダムサンプリングは母集団とサンプルとの関係を述べたものですが，ランダム化は実験群間や下位群間などの，サンプル内での関係について述べたものです（【問題22】の「解答」も参照してください）。
　　c. この場合，母集団はその企業内のすべての一般社員です。まず第1段階として部長がランダムに選ばれ，その配下にある一般社員からまたランダムに調査対象者が選ばれています。

【問題3】

解答　①誤　②正　③誤　④誤

解説
① たとえば大学生の母集団を考えます。第1段階の抽出で大学の母集団から大学をランダムに抽出し，第2段階の抽出でその大学の学生からさらにランダムに回答者を抽出すれば，サンプルの選ばれ方はランダムになります。2段抽出法は，単純無作為抽出が現実的に困難なとき，ランダム性を実現するための有効な手段といえます。
② ①に述べた状況で，大学生の社会的地位への欲求を調べているとします。もし大学によって社会的地位への欲求度に違いがあるとすれば，ある学生が高い欲求を示したとき，その大学の他の学生も同じように高い欲求を示す確率が高くなります。このことは，第1段階の抽出単位（＝大学）内で観測値間に相関が生じていることを意味します。このように2段抽出では，観測値間の独立性が保証されるとは限りません。
③ 結果をみてサンプリングをやりなおすようなことをしたら，もはやランダムサンプルではなくなります。結果を恣意的に歪めることにもつながります。
④ サンプルが母集団を適切に代表するためには，母集団の各要素が同じ確率で選ばれることが重要です。設問のように，もしサンプルが代表値付近から集中的に抽出されたとしたら，その分，代表値から離れた数値が抽出されないことになり，データの分布および統計的推測の結果を歪めてしまうことになります。

【問題4】

解答　①母集団分布　②ランダムサンプリング　③データ発生　④実現値

解説　同じ分布でも，「母集団に含まれる値を整理した結果」と「これから観測される値の発生確率」という，2通りの見方ができる点がポイントです。

【問題5】

解答　①確率分布　②周辺分布　③標本分布　④度数分布

解説

① 確率変数について，その値と値が得られる確率との関係を示したものが確率分布です。典型的には数学的な関数であらわされ，母集団におけるデータ発生モデルなどに用いられます。正規分布はその代表的なものですが，確率分布には2項分布など他の分布もあります。ここでは正規分布は正解になりません。

② 2変数正規分布のように，複数の変数の分布を，変数相互の関連性も含めて同時に表現した分布を同時分布といいます。同時分布において，ある変数の分布だけに着目し，残りの変数を無視した（ときに"残りの変数に関してつぶす"と表現することがあります）ものが周辺分布です。条件付き分布は，同時分布において一部の変数の値を固定したときの分布なので，ここでは正解になりません。

③ 標本統計量の値は，そのサンプルにどのような要素が含まれたかによって変わります。そのとき，標本統計量がどういう確率でどの値になるかをあらわしたものが，標本分布です。サンプリングにともなった統計量の分布ということで，英語では sampling distribution とよばれます。サンプルにおける観測値の分布（これは度数分布）ではないので注意してください。

④ 度数分布は，実際に観測したデータを整理して得られた分布を指します。観測データについてしか用いられません。

【問題6】

解答　①離散変数　②2値変数　③連続変数　④量的変数

解説

① 離散変数か，質的変数か，区別が難しいかもしれません。質的変数は，変数の値が測定される特性の質的な違いを反映しているかどうかで定義されます。一方，離散変数は，変数の値が本質的にとびとびの値しかありえないかどうかで定義されます。定義の仕方において，着目する側面が異なるのです。質的変数は基本的に離散変数ですが，連続変数の値を「高・中・低」のようにレベル分けした場合は量的な離散変数になります。設問では変数の値がとびとびかどうかだけに着目していますから，正解は離散変数です。

② 2値変数は離散変数の一種です。離散変数もとびとびの値をとりますが，値の範囲は2通りとは限りません。ここでは2値変数が正解になります。

③ 量的変数と混同しやすいのですが，量的変数の中にもとびとびの値しかとらない変数が存在します。設問の定義に過不足なくあてはまるのは，連続変数だけです。

④ 変数の値が，測定される特性の強さや大きさを反映しているのが量的変数です。量的変数の中には，連続変数と離散変数とが存在します。設問では数値がとびとびかどうかには触れられず，特性の量的な違いだけに言及されていますから，正解は量的変

数になります。

【問題 7】

解答 a., c., e. の3つ

解説 サンプルごとに値が変わりうるのは標本統計量です。ある母集団からランダムにサンプルを抽出するということは，その母集団を1つに固定して考えているということです。したがって，母集団標準偏差や母集団回帰係数などの母数や，母集団における周辺分布，条件付き分布などは一定の値や分布のまま固定され，確率的に変動することはありません。

【問題 8】

解答 ①バイアス（偏り）　②不偏性　③頑健性　④データの独立性　⑤ランダム化

解説

① 統計量の期待値が母数と一致していないとき，その統計量を用いて母数の推定を行うと，平均的に母数からずれた値を推定することになります。

② バイアスが0のとき，不偏性 (unbiasedness) があるといいます。一方，バイアスが0でないとき，系統的に母数より大きな値を推定値とすることを過大推定 (over-estimation)，系統的に母数より小さな値を推定値とすることを過小推定 (under-estimation) といいます。

③ 多くの統計的方法は，変数や母集団分布などについて特定の仮定（モデル）をおき，その仮定のもとで数理的に導出されています。データが仮定に反しているとき，モデルにのっとって導いた結果には，どこかにひずみが生じます。それが，どの程度統計的推測の結果に影響するか（つまり頑健性の程度）は，個々の統計的手法によって異なります（【問題 23】の「解答」も参照してください）。

④ データが独立であれば，あるサンプル（観測値の集合）を得る確率は，そこに含まれる個々の観測値を得る確率の単純な積になります。データが独立でないと，観測値間の相関も考慮しなければならないため，サンプル全体を得る確率の計算が非常に複雑になります。多くの統計的手法はデータの独立性を仮定していますから，この仮定が満たされないと，統計的手法を適用した結果が不適切になる恐れがあります。

⑤ ランダム化を行うことで，実験条件間で観測された結果の違いは，局外的な要因によってもたらされたものではなく実験条件間の違いによるものである，と主張できるようになります。刺激の呈示順序についても同様で，結果の違いは何らかの刺激系列効果によるものではないと主張できるようになります。ランダム化は，独立変数の効果を調べる際の有効な手続きです。なお，ランダム化は無作為化または確率化ともよばれます。

【問題 9】

解答

① 不偏性をもつ統計量の例：標本比率，標本平均，標本回帰係数など
不偏性をもたない統計量の例：標本相関係数，（N で割るほうの）標本分散など

② b.

解説

① たいていの統計量は不偏性を備えていますが，標本相関係数 r は期待値が

$$\mu_r = \rho - \frac{\rho(1-\rho^2)}{2N}$$

となり，第 2 項がバイアスとなって，$\rho = 0$ のとき以外は期待値 μ_r が母数 ρ に一致しません。また，標本分散

$$s^2 = \frac{1}{N} \sum_{i=1}^{N} (x_i - \bar{x})^2$$

も不偏性をもたない代表的な例です。

② 例として，あるランダムサンプルから標本相関係数 r を求め，それを母集団相関係数 ρ の推定値とすることを考えます。

a. 推定値と母数とのずれ $r - \rho$ は，サンプルによってずれが正になったり負になったりします。常に固定された大きさだけずれるわけではありません。

b. 推定値と母数とのずれ $r - \rho$ は，ρ が未知のため個々のサンプルにおける具体的な大きさはわかりません。けれども，その期待値を考えることはできます。統計量が不偏性をもたない場合，バイアスの分だけ平均的にずれた値を推定値とすることになります。

c. 不偏性をもつ，もたないにかかわらず，統計量の標本分布は母集団からランダムサンプリングされていることを前提に導かれています。不偏性は標本分布の平均（期待値）に関する性質であり，あるデータが実際にランダムサンプリングされたかどうかとは関係ありません。

d. 不偏性がないということは，データが偏っているという意味ではありません。統計量の期待値が母数と異なる（バイアスがある）という意味です。

【問題 10】

解答

標本統計量	データの母集団分布	標本分布		
		分布	期待値	標準誤差
比率 p	ベルヌイ分布	2項分布	$\mu = \pi$	$\sigma = \sqrt{\dfrac{\pi(1-\pi)}{N}}$
度数 w	ベルヌイ分布	2項分布	$\mu = N\pi$	$\sigma = \sqrt{N\pi(1-\pi)}$
平均 $\bar{x}$	1変数正規分布	1変数正規分布	$\mu = \mu_x$	$\sigma = \dfrac{\sigma_x}{\sqrt{N}}$
相関係数 r	2変数正規分布	(Z 変換後近似的に) 1変数正規分布	(Z 変換後近似的に) $\mu = \tanh^{-1}\rho$	(Z 変換後近似的に) $\sigma = \dfrac{1}{\sqrt{N-3}}$
回帰係数 b	x を所与とした 1変数正規分布	1変数正規分布	$\mu = \beta$	$\sigma = \dfrac{\sigma_\epsilon}{\sqrt{N}s_x}$

解説 比率 p と度数 w はともに2項分布にしたがいますが，比率 p が度数 w を N で割ったものであるために，比率 p の期待値と標準誤差は，度数 w の期待値と標準誤差のそれぞれ $\dfrac{1}{N}$ になります．解答の表で，度数 w 以外の標本統計量では，標準誤差の分母にサンプルサイズ N が含まれている点に注目してください．このことから，N が大きくなるにつれて標準誤差が小さくなることがわかります．つまり，サンプルサイズが大きいほど統計量の標本変動が小さくなり，母数に近い値が安定して得られる傾向があるのです．

【問題 11】

解答 ①正 ②誤 ③正 ④正

解説

① 平均の標準誤差は

$$\sigma_{\bar{x}} = \frac{\sigma_x}{\sqrt{N}}$$

であり，比率の標準誤差は

$$\sigma_p = \sqrt{\frac{\pi(1-\pi)}{N}}$$

です．どちらも分母にサンプルサイズ N が含まれています．母集団における標準偏差 σ_x や母集団比率 π が一定ならば，サンプルサイズ N が大きくなるにつれ分母が大きくなりますから，標準誤差は小さくなります．

② ①とは逆に，サンプルサイズ N が一定のときを考えます．母集団標準偏差 σ_x が小さくなれば，それに比例して標準誤差も小さくなります．

③ 標本比率は2値変数の平均とみなすことができます．たとえば試行数が $N = 5$ で

"成功"度数が $w=3$ とします。このとき標本比率は $p=\dfrac{w}{N}=0.6$ ですが，この数字は"成功"を 1，"失敗"を 0 と 2 値変数化したときの 1, 1, 1, 0, 0 という 5 個の観測値の平均に一致します。

平均の標本分布については，いくつか法則性が知られています。そのうち中心極限定理は，「一定の分散をもつ分布であれば，母集団分布がどのような分布であっても，そこからのランダムサンプルに基づく標本平均の標本分布は，サンプルサイズ N が無限大に近づくにつれて正規分布に近づく」と述べています。比率の標本分布は正確には 2 項分布ですが，この定理により，N が十分大きいときは，正規分布で近似できることになります。これを，2 項分布の正規近似とよびます。

④ 平均の標本分布には，「母集団分布が正規分布なら，サンプルサイズにかかわらず標本分布は正規分布になる」という法則性もあります。

参考として，標本平均の標本分布について要点をまとめました。期待値と標準誤差は，母集団分布が正規分布かどうか，サンプルサイズが大きいかどうかによらず同じです。

平均の標本分布についてのまとめ

母集団分布	期待値	標準誤差	標本分布	
			N が大きい	N が小さい
正規分布	$\mu_{\bar{x}}=\mu_x$	$\sigma_{\bar{x}}=\dfrac{\sigma_x}{\sqrt{N}}$	正規分布	正規分布
正規分布以外			正規分布で近似できる（中心極限定理）	正規分布で近似できない

【問題 12】

解答　①.050　②.866　③.285　④ $-.385$

解説　①から③の解答には巻末の付表 1 を，④の解答には付表 2 を使います。

正規分布のような連続変数（任意の 2 つの値の間に無数の値が存在する変数）の分布では，変数 x がある値に厳密に一致する確率は 0 になります。そこで連続変数では，x がちょうどある値になる確率を考えるかわりに，$Prob(a<x<b)$ のように x がある範囲に収まる確率を考えます。確率密度関数のグラフでいえば，その範囲にはさまれる面積に相当します。このような設問を考えるときは，分布の概略図と横軸の z の値，そして求める確率をあらわす面積を描きながら考えるとよいでしょう。

① 正規分布が左右対称であることと，分布の右半分・左半分の面積がそれぞれ .500 の確率であることを利用します。

$$Prob(z<-1.645)=Prob(1.645<z)$$
$$=.500-Prob(0<z<1.645)=.500-.450=.050$$

② これも分布が左右対称であることを利用して，$Prob(0<z<1.50)$ が 2 つあるこ

とから求めます。

$$Prob(-1.50 < z < 1.50) = 2 \times Prob(0 < z < 1.50) = 2 \times .433 = .866$$

③ 求める確率は，$Prob(0 < z < 1.30)$ から $Prob(0 < z < 0.30)$ を引いたものになります。$1.30 - 0.30 = 1.00$ だからといって，$Prob(0 < z < 1.00)$ にはなりません。

$$Prob(0 < z < 1.30) - Prob(0 < z < 0.30) = .403 - .118 = .285$$

④ ①，②，③の設問は横軸 z の値から確率（面積）を求めましたが，この設問は確率から対応する横軸 z の値を求める設問です。$-\infty$ からの確率 $.35$ は $.5$ より小さいので，z は分布の左半分（負の側）にあります。左右対称であることを利用して，付表2から上側確率 $.35$ に対応する z を読み取り，符号をマイナスにします。

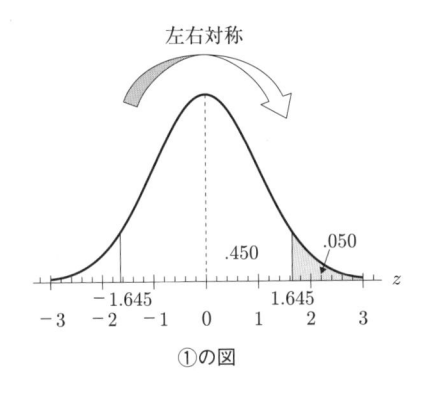

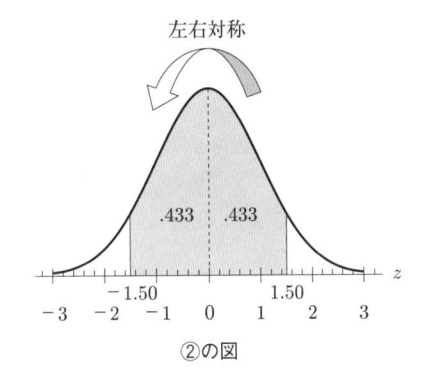

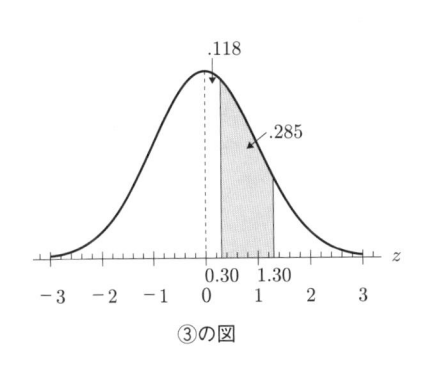

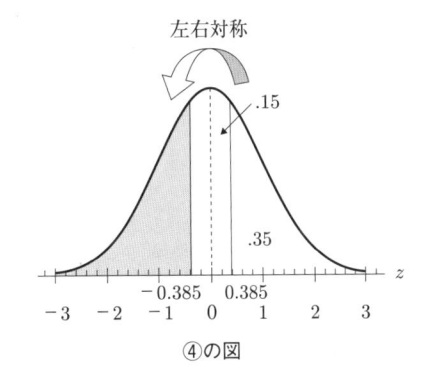

①の図　②の図

③の図　④の図

【問題 13】

解答　① .927　② $a = 0.2$，$b = 19.8$

解説　数表を用いて確率を求める場合，一般の正規分布は，標準正規分布に対応させる必要があります。標準化の操作は，慣れないうちは混乱しやすいものです。元の分布や標準正規分布の概略図，求める確率に対応する面積などを描きながら考えるとよいでしょう。

① 変数 x を標準正規分布に対応させるには，$Prob(30 < x < 62)$ の 3 つの項に，それぞれ平均 50 を引き標準偏差 8 で割るという標準化の変換を施します。

$$Prob(30 < x < 62) = Prob\left(\frac{30-50}{8} < \frac{x-50}{8} < \frac{62-50}{8}\right)$$

ここで中央の項 $\frac{x-50}{8}$ の部分は，変数 x が標準化によって変数 z に変換されたことを意味しますから，式を整理すれば

$$Prob\left(\frac{30-50}{8} < z < \frac{62-50}{8}\right) = Prob(-2.5 < z < 1.5)$$

と書けます。求める確率は，

$$\begin{aligned}Prob(30 < x < 62) &= Prob(-2.5 < z < 1.5) \\ &= Prob(-2.5 < z < 0) + Prob(0 < z < 1.5) \\ &= .494 + .433 = .927\end{aligned}$$

となります。

② ①と同様に変数 y の分布を標準正規分布に対応させ，

$$Prob(a < y < b) = Prob\left(\frac{a-10}{5} < \frac{y-10}{5} < \frac{b-10}{5}\right)$$
$$= Prob(a' < z < b') = .95$$

とおきます。a と b は y の分布において対称の位置にありますから，標準正規分布に変換された後の a' と b' もまた，分布上の対称の位置にあるはずです。したがって a' と b' の外側にはそれぞれ $\frac{1-.95}{2} = .025$ ずつの確率が対応することになります。巻末の付表 2 より $a' = -1.960$，$b' = 1.960$ なので，

$$a' = \frac{a-10}{5} = -1.960, \quad b' = \frac{b-10}{5} = 1.960$$

という 2 つの式が立てられ，それぞれ解いて $a = 0.2$，$b = 19.8$ が得られます。y の分布の平均は 0 ではないので，$a = -0.2$，$b = 0.2$ や $a = -19.8$，$b = 19.8$ にはならないことに注意してください。

①の図

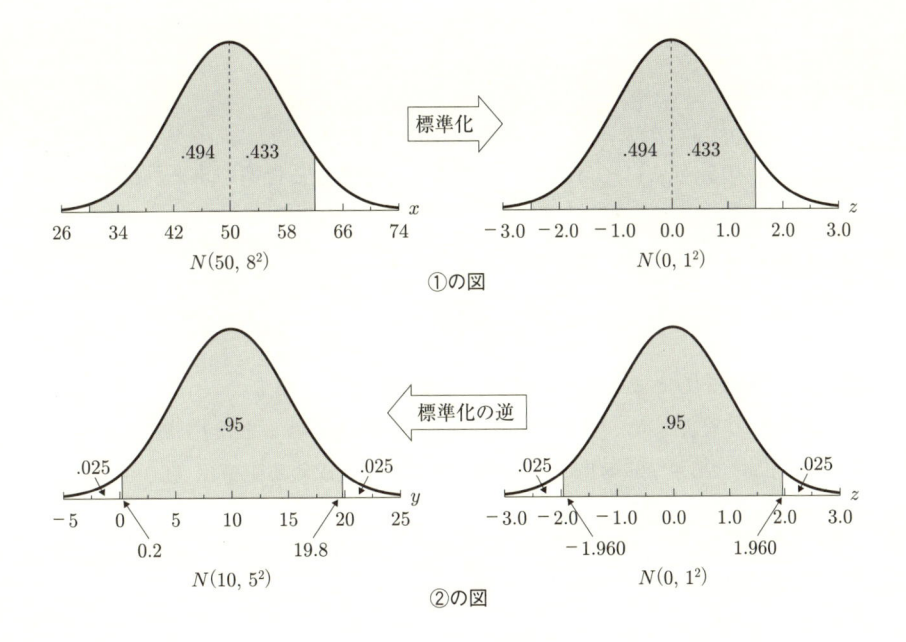

②の図

【問題 14】

解答
① ㋐ $N(100, 2.5^2)$ ㋑ $\dfrac{\bar{x} - 100}{2.5}$ ㋒ -0.8 ㋓ 0.8 ㋔ .576
② d.

解説　標本分布から，統計量の値が確率的にどのくらい母数に近い値になるかが判断できます。標本分布の標準偏差（標準誤差）が小さいとき，統計量の値は母数のまわりに集まって分布しているので，観測される統計量の値は安定して母数に近い値になります。つまり，高い精度で母数の推定が行えるわけです。逆に標本分布の標準偏差が大きいと，観測される統計量は，母数に近い値になることもあれば，大きく離れた値になることもあり，母数の推定が不安定になります。

① このように標本分布を用いれば，推定の誤差がある範囲に収まる確率を求めることができます。また，母数の推定がどの程度不安定なのかも判断することができます。

② 標本分布は，その母集団からのランダムサンプルを前提に組み立てられています。したがって，a. や b. は正解にはなりません。設問の場合，母集団からのランダムサンプルであっても，±2 を超える推定の誤差は，1 − .576 = .424 の確率で発生します。

　母集団平均の値を正確に知ることは，母集団をすべて調べない限り不可能です。私たちがサンプルを使ってできることは，母集団平均の<u>推定値</u>を得ることです。だからこそ，設問①のような検討が重要になってくるといえます。

【問題 15】

解答 .309

解説 統制群のほうが実験群より標本平均が高いので，$\bar{y}_1 - \bar{y}_2 < 0$ とあらわせます。つまり，$\bar{y}_1 - \bar{y}_2$ の分布 $N(1, 2^2)$ において 0 より小さくなる確率を求めればよいのです。$\bar{y}_1 - \bar{y}_2$ の分布を標準正規分布に対応させるには，以下のように $\bar{y}_1 - \bar{y}_2 < 0$ の両辺からそれぞれ分布の平均 1 を引き，標準偏差 2 で割ります。

$$Prob(\bar{y}_1 - \bar{y}_2 < 0) = Prob\left(\frac{(\bar{y}_1 - \bar{y}_2) - 1}{2} < \frac{0 - 1}{2}\right) = Prob(z < -0.5)$$

ここで $\bar{y}_1 - \bar{y}_2$ は，ひとまとまりの変数として扱われています。

標準正規分布の数表（巻末の付表 1）を用いて確率を求めると，$Prob(z < -0.5) = Prob(0.5 < z) = .500 - Prob(0 < z < 0.5)$ ですから，求める確率は $.500 - .191 = .309$ になります。

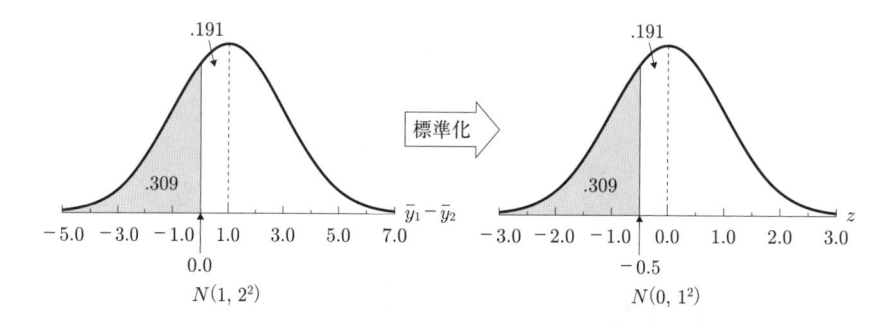

【問題 16】

解答 ① $\hat{\sigma}_{\bar{x}} = 0.87$ ② a．

解説

① 一般に平均の標準誤差 $\sigma_{\bar{x}}$ は，母集団における標準偏差 σ_x の $1/\sqrt{N}$，すなわち

$$\sigma_{\bar{x}} = \frac{\sigma_x}{\sqrt{N}}$$

になります。設問より σ_x の推定値は $s_x = 13.7$ なので，これを代入して

$$\hat{\sigma}_{\bar{x}} = \frac{13.7}{\sqrt{250}} = 0.87$$

が得られます。

② a．標本分布は，標本平均 $\bar{x}$ がその期待値 μ_x のまわりにどのような分布をするかをあらわします。標準誤差はその標準偏差なので，$\bar{x}$ の散らばりの指標となります。$\bar{x}$ の標本分布を，これから $\bar{x}$ を観測するときのデータ発生メカニズムとみなせば，a．の表現が成り立ちます。

b．$\bar{x}$ の標準誤差は，$\bar{x}$ とその期待値 $\mu_{\bar{x}}$ との平均的な隔たりを示す指標です。個々のサンプルについての具体的な隔たりの大きさまではわかりません。

c. 母集団分布が正規分布かどうかによらず，$\bar{x}$ の標準誤差は $\sigma_{\bar{x}} = \sigma_x/\sqrt{N}$ であらわされます。標準誤差の大きさと母集団分布の種類とは無関係です（【問題11】の「解説」に挙げた参考の表も参照してください）。

d. $\bar{x}$ の期待値 $\mu_{\bar{x}}$ が推定したい母数（x の母集団分布の平均）μ_x と隔たっている程度は，偏り（バイアス）という概念で扱われます。それに対して標準誤差は，観測される $\bar{x}$ がその期待値のまわりにどの程度の散らばりをもつかをあらわします。ちなみに $\bar{x}$ の場合，母集団分布が何であれ期待値は μ_x に一致します。つまり $\bar{x}$ では，偏りは必ず 0 になります。

【問題17】

解答　$N \geq 417$

解説　$\bar{x}$ の標準誤差 $\sigma_{\bar{x}} = \sigma_x/\sqrt{N}$ の式を利用します。右辺の分子にある σ_x は母集団分布の標準偏差ですから，$\sigma_x = 20.4$ を代入し，全体が 1.0 以下になるという式を立てます。すると

$$\frac{\sigma_x}{\sqrt{N}} = \frac{20.4}{\sqrt{N}} \leq 1.0$$

となるので，これを解いて $N \geq 20.4^2 = 416.16$，すなわち最低 $N = 417$ のサンプルが必要ということになります。この場合，小数点以下は四捨五入ではなく，切り上げになります。

【問題18】

解答
① ㋐ $\frac{1}{3} \times \frac{1}{3} \times \frac{2}{3} \times \frac{2}{3} \times \frac{2}{3}$　㋑ $r = 5,\ s = 2$　㋒ .329
② 下図参照
③ 平均 1.67，標準偏差 1.05
④ .210

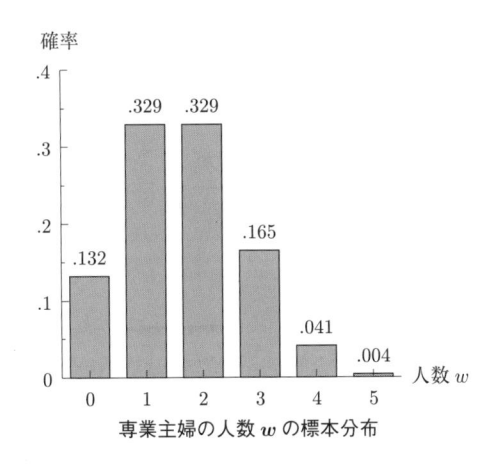

専業主婦の人数 w の標本分布

確率: 0 → .132, 1 → .329, 2 → .329, 3 → .165, 4 → .041, 5 → .004

解説 度数の標本分布は 2 項分布になります（【問題 10】の「解答」の表も参照してください）。

① $w = 2$ となる組合せは全部で 10 通りあるので，$.0329 \times 10 = .329$ です。

② ①と同様にして $w = 0, 1, 3, 4, 5$ となる確率を求めると，それぞれ以下のようになります。

$$Prob(w = 0) = {}_5C_0 \times \left(\frac{1}{3}\right)^0 \times \left(\frac{2}{3}\right)^5 = .132$$

$$Prob(w = 1) = {}_5C_1 \times \left(\frac{1}{3}\right)^1 \times \left(\frac{2}{3}\right)^4 = .329$$

$$Prob(w = 3) = {}_5C_3 \times \left(\frac{1}{3}\right)^3 \times \left(\frac{2}{3}\right)^2 = .165$$

$$Prob(w = 4) = {}_5C_4 \times \left(\frac{1}{3}\right)^4 \times \left(\frac{2}{3}\right)^1 = .041$$

$$Prob(w = 5) = {}_5C_5 \times \left(\frac{1}{3}\right)^5 \times \left(\frac{2}{3}\right)^0 = .004$$

一般には，試行数 N，"成功" 確率 π の 2 項分布において "成功" 度数がある値 w になる確率 $f(w)$ は，$f(w) = {}_NC_w \pi^w (1-\pi)^{N-w}$ で与えられます。ここでは "成功" が "専業主婦である" に該当しています。

なお，「r 個から s 個を取り出す組合せ」は，${}_rC_s$ という表現のほかに，$\binom{r}{s}$ と書く場合もあります。

③ 平均は $\mu_w = N\pi$，標準偏差は $\sigma_w = \sqrt{N\pi(1-\pi)}$ で求められます。設問の値を代入すると，

$$\mu_w = N\pi = 5 \times \frac{1}{3} = 1.67, \quad \sigma_w = \sqrt{N\pi(1-\pi)} = \sqrt{5 \times \frac{1}{3} \times \frac{2}{3}} = 1.05$$

となります。

④ 専業主婦が過半数を占めるのは，専業主婦の人数が 3 人，4 人，5 人の場合です。②で求めた確率の和をとります。

$$Prob(w = 3) + Prob(w = 4) + Prob(w = 5) = .165 + .041 + .004 = .210$$

【問題 19】

解答 ① $x \sim N(4, 2^2)$ ② $\bar{x} \sim N\left(4, \frac{2^2}{81}\right)$ ③ 0.2

解説

① 2 変数正規分布では，周辺分布も正規分布となり，その平均と標準偏差は設問に与えられている μ_x と σ_x です。2 変数，あるいはそれ以上の多変数の同時分布を取り扱う場合でも，そのことによって個々の変数の分布（周辺分布）は何ら変化しない，ということがポイントです（【問題 5】の「解説」②も参照してください）。

② x の母集団分布が $N(\mu_x, \sigma_x^2)$ であるとき，サンプルサイズ N における $\bar{x}$ の標本

分布は
$$N\left(\mu_x, \frac{\sigma_x^2}{N}\right)$$
になります。「$\bar{x}$ の標本分布の平均は母集団分布の平均のまま，分散は母集団分布の N 分の 1」と覚えればよいでしょう。設問では，母集団分布が①で求めた $N(4, 2^2)$ ですから，$\bar{x}$ の標本分布は，
$$N\left(4, \frac{2^2}{81}\right)$$
になります。

③　ここでは母集団平均が与えられていますから，推定の誤差は単純に推定値と母数との差をとったものになります。$\bar{x} - \mu_x = 4.2 - 4.0 = 0.2$ です。

【問題 20】

解答　①a.　②$N \geq 164$

解説

①　標本相関係数 r_{xy} は不偏性をもたない統計量です。$\rho = 0$，もしくは $\rho = \pm 1$ でない限り，r_{xy} の期待値は ρ よりも $\rho = 0$ の方向に少しずれた値になります（【問題 9】の「解説」①も参照してください）。

このことを，式で検討してみましょう。標本相関係数 r_{xy} の期待値は，近似的に
$$\mu_r = \rho - \frac{\rho(1-\rho^2)}{2N}$$
であらわされます。右辺にある
$$\frac{\rho(1-\rho^2)}{2N}$$
は，$\rho > 0$ のとき正の値，$\rho < 0$ のとき負の値になりますから，期待値は $\rho > 0$ のとき ρ より小さい方向，$\rho < 0$ のときは ρ より大きい方向にずれます。設問では $\rho = .6$ ですから，期待値は ρ より小さくなります。実際に計算すると
$$\mu_r = \rho - \frac{\rho(1-\rho^2)}{2N} = .6 - \frac{.6(1-.6^2)}{2 \times 81} = .5976$$
となり，わずかですが母数 $\rho = .6$ より小さくなっていることがわかります。

②　与えられた標準誤差の式に $\rho = .6$ を代入し，それが $.05$ 以下になるという式を立てます。
$$\sigma_r = \frac{1-.6^2}{\sqrt{N}} \leq .05$$
から
$$\sqrt{N} \geq \frac{1-.6^2}{.05} = 12.8$$

です。したがって，$N \geq 12.8^2 = 163.8$ となり，必要なサンプルサイズは最低 164 になります。小数点以下は切り上げて，整数にします。

【問題 21】

解答　①.549　②.693　③.113^2　④標準正規分布　⑤ −1.27　⑥.102

解説　標本相関係数 r の標本分布は複雑な関数であらわされるため，それに基づく確率の計算は非常に煩雑になります。そこで代替手段となるのが，フィッシャーの Z 変換です。フィッシャーの Z 変換は，r の尺度体系から Z の尺度体系へ

$$Z = \tanh^{-1} r \left(= \frac{1}{2} \ln \frac{1+r}{1-r} \right)$$

という非線形変換を行って，複雑な r の標本分布を正規分布で近似します。$\tanh^{-1}$ は逆双曲線正接という関数です。また，ln は自然対数で，$e = 2.71828\cdots$ を底とした対数です（$\ln x = \log_e x$）。$\log_{10} x$ や $\log_2 x$ と区別するため，$\log_e$ ではなく ln で表記されることがよくあります。

この変換は，近似的とはいえ，身近でよく知られている正規分布が使える点で非常に便利です。変換後の正規分布は，平均が母数 ρ を Z 変換したものに，標準偏差はサンプルサイズ N だけで決まる $1/\sqrt{N-3}$ になります。r についての確率を求めるには，この近似した正規分布をさらに標準正規分布に対応させます。

r の標本分布から正規分布へ（フィッシャーの Z 変換），正規分布から標準正規分布へ（標準化），変数の変換が 2 段構えになっている点がポイントです。

【問題 22】

解答　（解答の例）ランダム化とは，異なる実験条件へ実験参加者（被験者）を割り当てるときや，実験参加者への刺激の呈示順序を決めるときなどにおいて，その割り当てかたや順番をランダムに決めることをいう。一方ランダムサンプリングは，母集団から要素（被験者など）をランダムに抜き出すことを指す。どちらの手続きにもランダム性が含まれているが，ランダムサンプリングが母集団と被験者との関係を指しているのに対し，ランダム化は特定のサンプル内でのランダム性を指している。ランダム化を行っても母集団に対してランダムサンプルであることにはならないため，確率モデルとして母集団分布を用いることの根拠という点で問題が生じ，また母集団への一般化についても保証はされない。

解説　略

【問題 23】

解答　（解答の例）頑健性とは，仮定した母集団モデルが真の状態と食い違っていても，そのモデルに基づいて行った統計的推測の結果があまり影響を受けず，結果が妥当である程度のことである。

もし仮定した母集団モデルが真の状態と異なっていたとしても，サンプルサイズが十分大きければ，一般にその影響は小さくなって頑健性が増すことが知られている。しかしサンプルサイズが小さいときや，母集団モデルが真の状態と大きく食い違っているときは，誤ったモデルのもとで導かれた統計的結果が正しい情報をもたらしているとはいえなくなる。

　実際に研究で収集されるデータは，仮定した母集団モデルに厳密にしたがっていることのほうがまれといえる。したがって，データがモデルから多少逸脱していても統計的推測の結果がその影響を受けにくい性質は，統計的推測において重要で望ましいものといえる。

解説）　略

トピック 4-1

合成変数の性質を利用した 2 項分布の平均と分散の導出

2 項分布の平均と分散は，確率変数の平均と分散を求めるための一般公式に，2 項分布の確率の式を代入することによって求めることができます。しかし，その数式展開は簡単ではありません。ここでは，「合成変数の平均と分散」という考え方を使って，もっと簡単に 2 項分布の平均と分散を求める方法を紹介しましょう（第 2 章の【問題 11】参照）。

そのための準備として，確率 π で 1，確率 $1-\pi$ で 0 という値をとる（すなわち，ベルヌイ分布にしたがう）確率変数 x の平均 μ_x と分散 σ_x^2 をまず求めておきます。

離散的な確率変数の平均を求めるには，確率変数がとりうる値にその確率をかけて合計すればよいので，

$$\mu_x = 1 \times \pi + 0 \times (1-\pi)$$
$$= \pi$$

となります。

同様に分散は，確率変数がとりうる値と平均との差の 2 乗に確率をかけて合計するので，

$$\sigma_x^2 = (1-\mu_x)^2 \times \pi + (0-\mu_x)^2 \times (1-\pi)$$
$$= (1-\pi)^2 \times \pi + \pi^2 \times (1-\pi)$$
$$= \pi(1-\pi)$$

となります。

それでは，この結果を利用して，成功確率 π の試行を独立に N 回繰り返したときの成功回数 w の平均と分散（すなわち，2 項分布の平均と分散）を求めましょう。

ここでのポイントは，第 i 回目の試行で成功したら 1，失敗したら 0 という値をとる確率変数を x_i とすると，w は $w = \sum_{i=1}^{N} x_i$ という合成変数だということです。

この合成変数に含まれる変数 x_i の平均は，いま求めた通り π となることから，合成変数 $w = \sum_{i=1}^{N} x_i$ の平均は，合成される変数の平均を同様に合成して

$$\mu_w = \sum_{i=1}^{N} \mu_{x_i}$$
$$= \sum_{i=1}^{N} \pi$$
$$= N\pi$$

となります。

また，x_i の分散は $\pi(1-\pi)$ となること，そして，x_i は互いに独立で，したがって無相

関であることから，合成変数 $w = \sum_{i=1}^{N} x_i$ の分散は，合成される変数の分散の和として，

$$\sigma_w^2 = \sum_{i=1}^{N} \sigma_{x_i}^2$$
$$= \sum_{i=1}^{N} \pi(1-\pi)$$
$$= N\pi(1-\pi)$$

と簡単に求められます。

トピック 4-2

コンピュータ・シミュレーションによる標本分布の近似

　平均などの標本統計量が，サンプリングにともなってどのように変動し，どういう確率でどういう値をとるかをあらわす確率分布が，その統計量の標本分布です。標本分布は，確率モデルとなる母集団分布を設定して，数学的な方法で導かれるものですが，コンピュータ・シミュレーションによって，擬似的にサンプリングを繰り返すことによっても，その近似を得ることができます。

　例として，0から10までの範囲の連続値を同じ確率でとる一様分布を母集団分布としましょう。

　まず，コンピュータ・シミュレーションの例示として，Rを用いて，この母集団から10,000個のデータを発生させ，その度数分布を描いてみます。

　連続的な一様分布から乱数データを発生させるためのRの関数は "runif" という関数です[1]。a から b までの範囲の一様分布から N 個のデータを発生させるには，runif (N,a,b) という指定をします。いま，0から10までの範囲の一様分布から10,000個のデータを発生させ，それを "個々の値" という場所に格納するには，

　個々の値<- runif(10000, 0, 10)

というコマンドを入力します。

　そのデータの度数分布（ヒストグラム）を描くには，

　hist(個々の値, freq=FALSE)

と入力します。ここで freq=FALSE は，確率密度関数のようにグラフ全体の面積が1になるように縦軸を設定するためのオプションです[2]。

---

1) "runif" の最初の "r" は乱数を意味する "random number" の略で，続く "unif" は一様分布を意味する "uniform distribution" の略です。
2) 縦軸を度数そのものとするには freq=TRUE とします。

Histogram of 個々の値

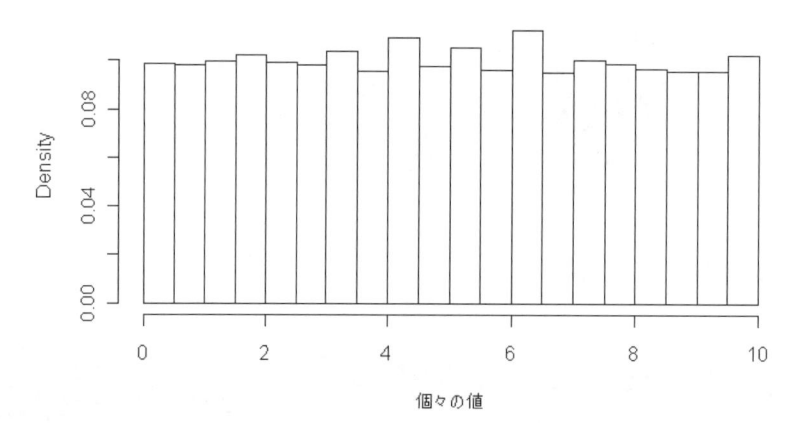

図 4-1　10,000 個の一様乱数データの度数分布

　結果として得られる度数分布は，図 4-1 のようになります。

　この度数分布は，標本分布ではありません。単に，標本におけるデータの分布にすぎません。標本分布は，何らかの統計量について，その確率的な変動をあらわすものであり，このようなデータそのものの度数分布のことではありません。

　それでは，次に，同じ 0 から 10 までの範囲の一様分布を母集団分布として，$N=5$ のデータ（サンプル）を発生させ，その 5 個のデータの平均がいくらになるかを考えてみましょう。その平均は，5 個のデータがどのような値をとるかによっていろいろと変動します。その変動をあらわす分布が平均の標本分布です。

　その標本分布をコンピュータ・シミュレーションで近似するために，「$N=5$ のサンプルを発生させてその平均を計算する」という操作を 10,000 回繰り返してみます。そして，その 10,000 個の平均がどのような分布を示すかをみてみます。

　最初に以下のコマンドで，10,000 個の平均を格納する場所に任意の名前（ここでは "標本平均"）を付けておきます。

```
標本平均 <- numeric(10000)
```

　0 から 10 までの範囲の一様分布から 5 個のデータを発生させ，それを "サンプル" という場所に格納するには，前の例のように "サンプル <- runif(5, 0, 10)" とします。そして，その 5 個のデータの平均を "mean" という関数によって求めます。いまの場合，5 個のデータは "サンプル" に入っているので，"mean(サンプル)" と指定します。

　この操作を 10,000 回繰り返して，10,000 個の平均を先に用意した "標本平均" に格納するには，以下のコマンドを入力します。

```
for(i in 1:10000){ サンプル <- runif(5, 0, 10)
標本平均[i] <- mean(サンプル)}
```

　ここで，for(i in 1:10000) は，それに続く { } 内の処理を，変数 "i" を 1 から

Histogram of 標本平均

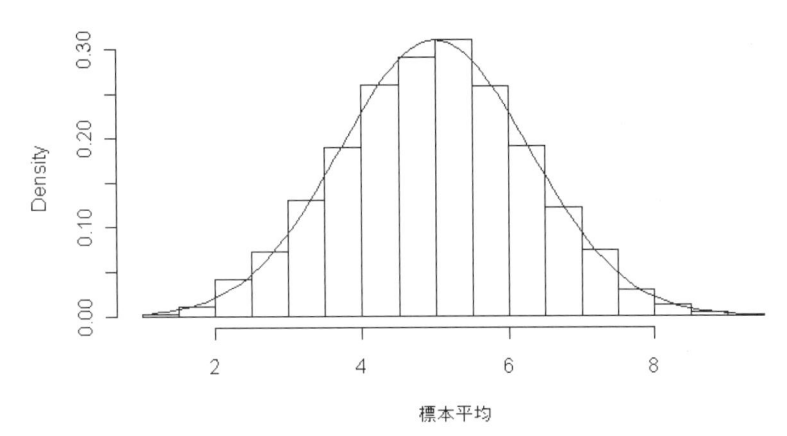

図 4-2 一様乱数データの標本平均のヒストグラム

10,000まで変えながら（10,000回）繰り返すという意味です。{ }内の"標本平均[i]"は，"標本平均"という格納庫のi番目の場所を意味しています。

このコマンドによって得られた10,000個の平均のヒストグラムを

```
hist(標本平均,freq=FALSE)
```

によって描くと，図4-2のようになります。

この図には，参照のために，平均と標準偏差を理論的に計算した正規分布のグラフも描いてあります[3]。これをみると，母集団分布が一様分布という，正規分布とはまったく異なる分布であっても，$N = 5$程度のサンプルの平均の標本分布は，ほぼ正規分布となることがわかります（本章の【問題11】参照）。では，サンプルがもっと小さく，$N = 2$だとしたらどうなるでしょうか。これは読者の演習問題として残しておきます。このようなコンピュータ・シミュレーションは，統計的方法の頑健性（本章の【問題23】参照）を評価する方法としても非常に有用です。

---

3) aからbまでの範囲の一様分布の平均は$(b-a)/2$，分散は$(b-a)^2/12$となることが知られています。したがって，$a = 0$，$b = 10$のとき，$N = 5$のサンプルの平均の標本分布の平均は$(10-0)/2 = 5$，分散は$(10-0)^2/12$の1/5倍で$1.666\cdots$，標準偏差は1.291となります。したがって，curve(dnorm(x, 5, 1.291),add=TRUE)というコマンドで，図の正規分布が描けます。add=TRUEは，その前に作成したグラフに重ねて描くというオプションです。

第5章

推定と検定の考え方

【問題1】〔統計的推測の方法の整理〕
　以下の文章の下線部①から④に該当する統計的推測の方法を答えなさい。

「統計的推測は，大きく2つに分けることができる。①標本統計量に基づいて母数の値の大きさについての推測を行う方法と，②母数の値に関する仮説を立て，データに基づいてその採否を判断する方法である。前者はさらに，③母数の値はこれぐらいだろうと，1つの値を示す方法と，④母数の値はこの範囲に含まれるだろうという，上限と下限の値を示す方法とに分けられる。」

【問題2】〔推定に関する用語〕
　次の定義にあてはまる用語を，それぞれ答えなさい。

① 推定量の標本分布の標準偏差　　　　　　　　　　（　　　　　　　）
② 期待値が推定しようとする母数値に一致する性質を　（　　　　　　　）
　　もった推定量
③ データから求めた推定値と母数との差　　　　　　（　　　　　　　）
④ 観測したデータの発生する確率を最大にする母数値　（　　　　　　　）
　　を推定値とする方法

【問題3】〔統計的検定に関する用語〕
　次の定義にあてはまる用語を，それぞれ答えなさい。

① 帰無仮説の検定に用いられる統計量　　　　　　　（　　　　　　　）
② 棄却域を分布の片側だけに設けた検定　　　　　　（　　　　　　　）
③ 帰無仮説が偽である状態を記述した陳述　　　　　（　　　　　　　）
④ 検定統計量の値がぎりぎり有意になるような有意水　（　　　　　　　）

準の値
⑤ 一定の検定力を確保するのに必要なサンプルサイズ　（　　　　　）を求める手続き

【問題4】〔いろいろな母数とその推定量〕

以下に挙げた4つの母数とその推定量について，回帰係数 β の例にならって表の空欄を埋めなさい。

母数	推定量	不偏推定量かどうか（○か×）	最尤推定量かどうか（○か×）
（例）回帰係数 β	標本回帰係数 b	○	○
① 比率 π			
② 平均 μ			
③ 相関係数 ρ			
④ 分散 σ^2	標本分散 s^2		
	不偏分散 s'^2		

【問題5】〔推定量と推定値の間の関係〕

「推定量」と「推定値」の間の関係は，次の a. から d. のうちどれにあたるか。最も適切なものを1つ選びなさい。

$\begin{cases} \text{a.「推定」と「点推定」の間の関係} \\ \text{b.「母数」と「統計量」の間の関係} \\ \text{c.「母集団分布」と「期待値」の間の関係} \\ \text{d.「確率変数」と「実現値」の間の関係} \end{cases}$

【問題6】〔最小2乗法による推定〕

以下の文章の空欄①から④を適切な語で埋めなさい。

「最小2乗推定法は，（　①　）と（　②　）との距離を全体的に最小にする値を推定値とする方法である。具体的には，①と②との差を（　③　）したうえで全観測値にわたって和をとったものを最小化する。たとえば母集団平均 μ の最小2乗推定量は（　④　）である。」

【問題7】〔最尤推定法と尤度〕
最尤推定法と尤度について，次の各事項が正しいか誤っているかを判断しなさい。

① 最尤推定法とは，観測されたデータにおいて最も度数の多かった観測値を母数の推定値とする方法である。　　　　　　　　　（正・誤）
② 最尤推定量は，母集団分布とは無関係に決まる。　　　　　　（正・誤）
③ 尤度とは，観測されたデータがある母数のもとで発生する確率である。　　　　　　　　　　　　　　　　　　　　　　　　（正・誤）
④ 尤度関数のグラフは，横軸が標本統計量，縦軸が尤度になる。（正・誤）

【問題8】〔最尤推定法の考え方〕
最尤推定法の考え方に最も近いものを，次の中から1つ選びなさい。

a. 名前の記入されていない，ほぼ満点の答案があったので，学力の高い生徒の答案だと考えた。
b. 人の体重は起床直後が最も安定していると聞いたので，自分の体重として起床直後の計測値を用いた。
c. ストレス度を測るある尺度は，状況の影響を受けやすいという。そこで時期を変えて何度も測定し，その平均を用いた。
d. 日本人の血液型の分布はほぼ A：O：B：AB ＝ 4：3：2：1 という。そこで，たまたま電車で隣り合わせた人の血液型を A 型だと考えた。

【問題9】〔相関係数の標準誤差とサンプルサイズ〕
サンプルから標本相関係数 r を求め，その値を母数 ρ の推定値として用いることを考える。このとき以下の問いに答えなさい。

① 仮に $r = .40$ という値が観測されることが予想されたとする。このとき，標準誤差を .1 以内に抑えるために必要なサンプルサイズを求めなさい。
② $N = 49$ のサンプルで，標本相関係数 $r = .30$ という結果を得た。このとき，標準誤差の推定値を求めなさい。
③ 標本相関係数 r がどのような値であっても，標準誤差の推定値が必ず .1 以内に収まるようにしたい。このとき，必要なサンプルサイズを求めなさい。

【問題10】〔検定の考え方と手続き〕
検定に関する以下の文章を読み，下線部についてそれぞれ問いに答えなさい。

「母数の値は通常未知である。その未知の値の大きさを直接的に推測していくのが推定の考え方である。一方検定では，未知の母数の値について暫定的な①仮説を立て，それをデータに照らして妥当かどうかを判断することによって，母数の値をいわば間接的に推測する。具体的な手順としては，まず仮説のもとでの検定統計量の②分布を求める。この分布においてあまり得られないような値の範囲をあらかじめ定め，データから求めた検定統計量の値がこの範囲に入るとき，③仮説を棄却する。そうでないときは，仮説が採択される。このように検定では，仮に想定した母数の値が観測されたデータと整合的かどうかが判断されている。」

① 下線部①は，検定の用語では何とよばれるか。また，一般にどのような記号であらわされるか。

② ここで下線部②の分布を考えるのはどうしてか。その理由として最も適切なものを以下の中から1つ選びなさい。

　　a. データに外れ値が含まれているかどうかを確認するため。
　　b. 母集団を適切に代表するデータになっているかどうかを確認するため。
　　c. 標準誤差を求め，母数の推定が十分な精度を有しているかどうかを明らかにするため。
　　d. その仮説のもとで，検定統計量が偶然の変動によってどのような値をどの確率でとるのかを把握するため。

③ 下線部③のように判断する理由として，最も適切なものを1つ選びなさい。

　　a. まれにしか生じず，しかも瑣末で意味のないことが生じたから。
　　b. もともとこの仮説はデータによって棄却されるべく設定された，形式的なものだから。
　　c. データはその仮説のもとでも生じうるが，むしろその仮説以外の母数のもとで生じたと考える方がさらに整合的だから。
　　d. その仮説とデータとは相反して同時には成立しないのにデータが観測されたということは，仮説の正当性が否定されたことになるから。

【問題11】〔相関の検定と数表利用〕

相関係数の検定（$H_0: \rho = 0$）のための数表を用いて，以下の問いに答えなさい。

① $N = 15$ のデータにおいて $r = .50$ という値を得た。$\alpha = .05$ の両側検定においてこの値は有意になるか。

② $N = 36$ のとき，$\alpha = .05$ の上側検定（分布の右側だけに棄却域を設ける片側検定）における棄却域を求めなさい。

③ $N = 100$ のとき，$\alpha = .05$ の両側検定では有意になるが，$\alpha = .01$ の両側検定では有意にならない r の値の範囲を求めなさい。

④ $N = 90$ のとき，$\alpha = .05$ の両側検定では有意にならないが，$\alpha = .05$ の下側検定（分布の左側だけに棄却域を設ける片側検定）では有意になる r の範囲を求めなさい。

⑤ $\alpha = .05$ の両側検定で $r = .450$ という標本相関係数が有意になるために，必要なサンプルサイズを求めなさい。

【問題 12】〔t 分布における棄却の限界値と棄却域〕

下の図は自由度 26 の t 分布である。データから求めた t 統計量の値が $t = 1.60$，それに対応する p 値が $p = .12$ であった。このとき $\alpha = .05$ の両側検定に対応する棄却の限界値を数表から求め，t 統計量の値，p 値，棄却域とともに図に書き入れなさい。

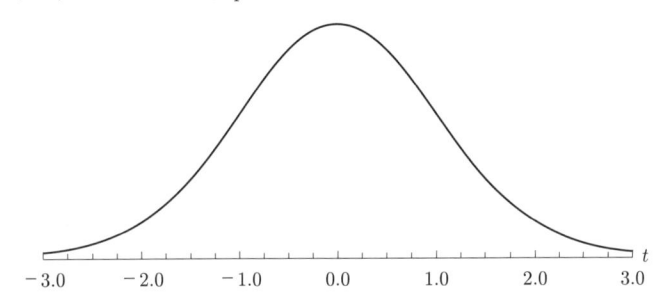

【問題 13】〔検定における判断と確率(1)〕

「母集団平均は 0 である」という帰無仮説の検定を行うとき，事実と判断との組合せは，a. から d. の 4 通り存在する。

a. 母集団平均が 0 のとき，正しく 0 と判断する。
b. 母集団平均が 0 でないとき，誤って 0 と判断する。
c. 母集団平均が 0 でないとき，正しく 0 でないと判断する。
d. 母集団平均が 0 のとき，誤って 0 でないと判断する。

① 上に挙げた a. から d. は，下の表のⒶからⒹのどれに該当するか。それぞれ正しい位置を 1 つ選びなさい。

事実	検定による判断	
	帰無仮説を採択	帰無仮説を棄却
$\mu = 0$（帰無仮説が真）	Ⓐ	Ⓑ
$\mu \neq 0$（帰無仮説が偽）	Ⓒ	Ⓓ

a. (　　) b. (　　) c. (　　) d. (　　)

② a. から d. に対応する条件付き確率をあらわす式として正しいものを，以下の中から 1 つずつ選びなさい。

$$\boxed{\alpha \quad 1-\alpha \quad \beta \quad 1-\beta}$$

a. (　　) b. (　　) c. (　　) d. (　　)

③ a. から d. の判断について，以下の中からあてはまるものをそれぞれ 1 つ選びなさい。同じものを繰り返し使ってもよい。

$$\boxed{\text{正しい判断} \quad \text{第 1 種の誤り} \quad \text{第 2 種の誤り}}$$

a. (　　) b. (　　) c. (　　) d. (　　)

【問題 14】〔検定における判断と確率(2)〕

母集団平均 μ に関する検定を考える。下の図は，$\mu=0$ という帰無仮説のもとでの標本平均 $\bar{x}$ の標本分布と，可能な対立仮説のうち $\mu=-1.5$ という仮説のもとでの $\bar{x}$ の標本分布をあらわしている（母集団分散 σ^2 は既知と仮定し，横軸は帰無分布が標準正規分布になるように標準化してある）。この図に $\alpha=.05$ の両側検定における棄却域を記入したのち，【問題13】の②の枠内に挙げた 4 つの条件付き確率を書き入れなさい。

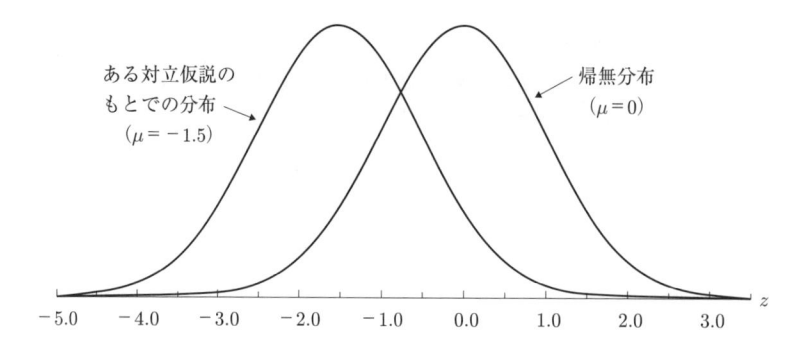

【問題 15】〔有意水準やサンプルサイズの影響〕

標準正規分布や t 分布を用いた検定において，次の各事項が正しいか誤っているかを判断しなさい。

① 他の条件が一定なら，有意水準が小さくなると有意になりにくくなる。　　　　　　　　　　　　　　　　　　　　　　（正・誤）

② 他の条件が一定なら，有意水準が小さくなると第 2 種の誤り　　　　　　　　　　　　　　　　　　　　　　（正・誤）

を犯す確率が大きくなる。

③ 他の条件が一定なら，サンプルサイズが大きくなると有意になりやすくなる。　　　　　　　　　　　　　　　　　　（正・誤）

④ 他の条件が一定なら，サンプルサイズが大きくなると棄却の限界値の絶対値が大きくなる。　　　　　　　　　　　　（正・誤）

【問題16】〔p 値の性質と意味〕

p 値に関して，次の各事項が正しいか誤っているかを判断しなさい。

① p 値が小さいとき，母集団における「効果」は大きい。　（正・誤）
② p 値が小さいとき，帰無仮説が正しい確率は小さい。　　（正・誤）
③ p 値が小さいとき，危険率は小さい。　　　　　　　　　（正・誤）
④ p 値は，データから計算される統計量である。　　　　　（正・誤）

【問題17】〔検定における2種類の誤り〕

対人スキルの向上を目指したトレーニング・プログラムについて，その効果を検定で調べる場面を考える。大学生60名を，何もしない統制群と，考案されたプログラムを実施する実験群とに，30名ずつ無作為に割り付けた。帰無仮説を「新しいプログラムには効果がない」とするとき，第1種の誤りと第2種の誤りの内容を具体的に記述しなさい。

【問題18】〔検定力と検定力分析〕

検定力と検定力分析について，以下の問いに答えなさい。

① 次の各事項のうち，正しい記述をすべて選びなさい。

　　a. 他の条件が一定なら，サンプルサイズが大きくなると検定力も大きくなる。
　　b. 検定力が .6 とは，存在する効果を見逃す確率が .4 あることを意味する。
　　c. 検定力を求めるには，検出したい効果の大きさを仮定する必要がある。
　　d. 検定力とは，標本統計量（$\bar{x}$ や r）が未知母数（μ や ρ）の値と一致する確率である。

② 検定力分析を行う目的は何か。次のうち，最も適切なものを1つ選びなさい。

    a. 帰無仮説がどの程度信頼できるかを評価するため。
    b. 第2種の誤りが生じていないことを証明するため。
    c. その検定がどの程度仮定からの逸脱に対し頑健であるかをみるため。
    d. 本来検出されるべき効果が見逃されることのないよう，適切なサンプルサイズを求めるため。

【問題 19】〔相関係数の検定と結果の意味〕

$N = 40$ のサンプルに対し，語彙判断課題を実施した。その得点と，事前に測定しておいた語彙能力検査の得点との相関係数を求めたところ，$r = .45$ であった。このとき，以下の問いに答えなさい。

① t 統計量を用いて，帰無仮説 $H_0 : \rho = 0$，$\alpha = .05$ の両側検定を行いなさい。
② ①の検定結果は，どのように解釈・記述できるか。次のうち，適切なものをすべて選びなさい。

    a. 母集団において $\rho \neq 0$ ということが証明された。
    b. 母集団において $\rho = 0$ である確率は 5% 以下である。
    c. 母集団において ρ は 0 よりかなり大きな値である。
    d. 母集団において $\rho = .45$ である。
    e. 母集団において $\rho = 0$ であったら，$|r| > .45$ という値が得られる確率は 5% 以下である。

【問題 20】〔フィッシャーの Z 変換と検定力の計算〕

母集団における相関係数を $\rho = .3$ と仮定したとき，$N = 40$，$\alpha = .05$，帰無仮説 $H_0 : \rho = 0$ の両側検定における検定力を，以下の手順にしたがって求めなさい。

① 図 1 は，$\rho = 0$ のときの r の標本分布と，$\rho = .3$ のときの r の標本分布を示している。この検定における棄却の限界値を求め，検定力に相当する部分とともに，図 1 に書き入れなさい。
② 図 1 の分布にそれぞれフィッシャーの Z 変換を行い，図 2 を得たとする。図 2 では，左右のどちらの分布が $H_0 : \rho = 0$ に対応し，どちらの分布が $\rho = .3$ に対応しているかを答えなさい。
③ 図 2 における 2 つの分布の平均と標準偏差をそれぞれ求めなさい。必要なときは，$\tanh^{-1} 0 = 0$，$\tanh^{-1} .3 = .310$ を用いること。
④ 図 2 における棄却の限界値を求め，検定力に相当する部分とともに図 2 に書き入

図1 (ρ=0, ρ=.3 の分布, 横軸 r)

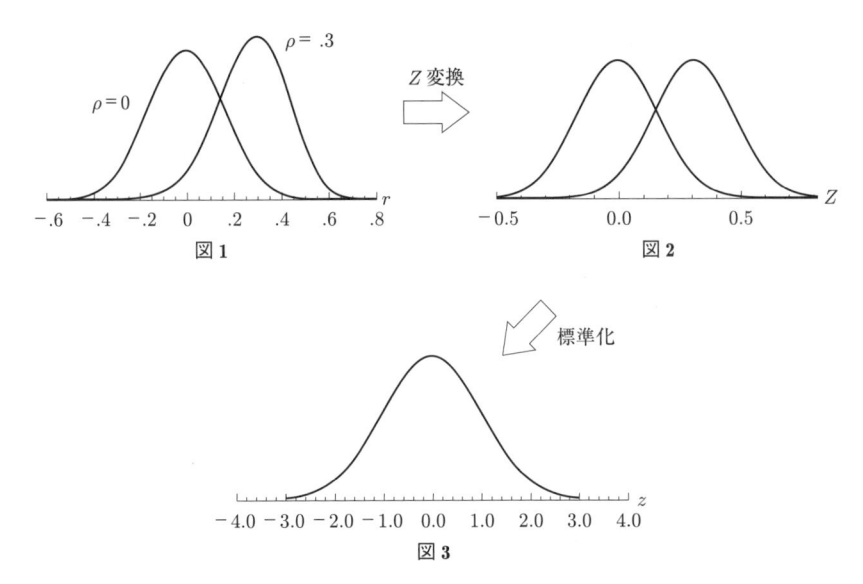

図2 (Z変換後, 横軸 Z)

図3 (標準化後, 横軸 z)

れなさい。必要なときは，$\tanh^{-1} \pm.312 = \pm.323$（複号同順）を用いること。

⑤ 図2から $\rho = .3$ に対応する分布を抜き出し，標準化したものを図3とする。図3における棄却の限界値を求め，数表から検定力を求めなさい。

【問題21】〔検定と信頼区間の関係〕

右の図は，相関係数における $\alpha = .05$ の両側検定および95%信頼区間について示したものである（$N = 25$）。この図に基づいて以下の問いに答えなさい。

① 検定と信頼区間は，それぞれこの図を縦方向，横方向，どちらにみたときに対応するか。

② 帰無仮説を $H_0 : \rho = .5$ とする。このとき $\alpha = .05$ の両側検定において，標本相関係数が有意にならない範囲を図から読み取りなさい。

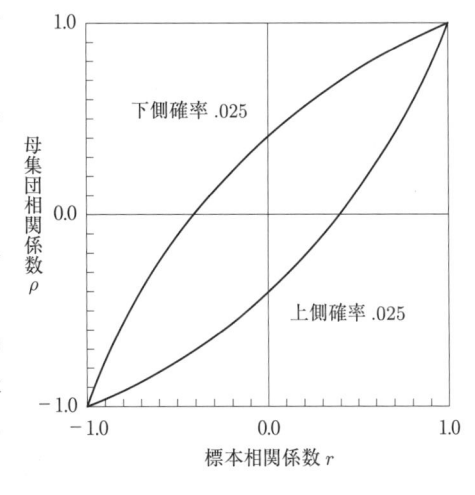

③ データから $r = -.2$ が得られたとする。この値はどの母数を帰無仮説とする検定で有意になるかを図から読み取り，以下の中からあてはまるものをすべて選びなさい。

  a. $H_0 : \rho = -.8$ b. $H_0 : \rho = -.5$ c. $H_0 : \rho = -.3$ d. $H_0 : \rho = 0$
  e. $H_0 : \rho = .3$ f. $H_0 : \rho = .5$ g. $H_0 : \rho = .8$

【問題 22】〔信頼区間の性質(1)〕

信頼区間について，次の各事項が正しいか誤っているかを判断しなさい。

① $\alpha = .05$ の両側検定で有意になったとき，同じデータから求め （正・誤）
た 95% 信頼区間は帰無仮説の母数値を含んでいる。

② 95% 信頼区間とは，母数がその区間内の値である確率が 95% （正・誤）
という意味である。

③ 95% 信頼区間に含まれる値を帰無仮説としたとき，$\alpha = .05$ （正・誤）
の両側検定を行うと有意にならない。

④ 99% 信頼区間と 95% 信頼区間とでは，95% 信頼区間のほう （正・誤）
が幅が広い。

【問題 23】〔信頼区間の性質(2)〕

信頼区間について，次の各事項が正しいか誤っているかを判断しなさい。

① 他の条件が一定なら，標準誤差が小さいほど信頼区間は狭くな （正・誤）
る。

② 他の条件が一定なら，サンプルサイズが大きいほど信頼区間は （正・誤）
狭くなる。

③ 信頼区間は，サンプルごとに区間の上限値や下限値が変動す （正・誤）
る。

④ データから求めた信頼区間が広いということは，母数の値が変 （正・誤）
動しやすいということである。

【問題 24】〔統計的推測の用語〕

以下の用語と同じ意味で使われる用語を，下の枠内からすべて選びなさい。

① p 値　　　　　（　　　　　　　　　　　　　　　　　　　　　　　）
② 有意水準 α　（　　　　　　　　　　　　　　　　　　　　　　　）
③ 検定力　　　　（　　　　　　　　　　　　　　　　　　　　　　　）
④ 信頼水準　　　（　　　　　　　　　　　　　　　　　　　　　　　）

| 第1種の誤りの確率　　第2種の誤りの確率　　検出力　　限界水準　　有意性 |
| 有意確率　　危険率　　棄却域　　棄却の限界値　　信頼係数　　信頼性係数　　信頼区間 |

解答と解説

Answers & Explanations

【問題1】

解答　①推定　②検定　③点推定　④区間推定

解説　略

【問題2】

解答　①標準誤差　②不偏推定量　③標本誤差　④最尤推定法（最尤法）

解説

① 標準誤差は，推定値が標本ごとにどの程度変動するかをあらわす指標です。推定だけでなく，検定においても重要な役割を果たします。

② 推定量の標本分布において，その期待値（平均）が推定しようとする母数値に一致する性質を不偏性といい，その性質をもった推定量を不偏推定量とよびます。

③ サンプルは母集団の一部でしかないため，あるサンプルから求めた推定値は，ふつう母数には一致しません。そのときの推定値と母数との差を標本誤差とよびます。①の「標準誤差」と混同しないよう注意が必要です。

④ 最尤推定法は，観測されたデータが発生する確率（尤度）が最大になるときの母数を推定値とする考え方です（【問題7】の「解説」も参照してください）。

【問題3】

解答　①検定統計量　②片側検定　③対立仮説　④p値　⑤検定力分析

解説

① 帰無分布を求める統計量を検定統計量とよびます。相関係数の検定でいうと，標本相関係数rや，それを変換したt値もしくはZ値，平均の検定の場合は，標本平均$\bar{x}$やそれを変換したz値などが該当します。

② 片側検定には，帰無分布の右裾（上側）だけに棄却域を設ける場合と，左裾（下側）だけに棄却域を設ける場合とがあります。

③ 対立仮説は帰無仮説とは背反の関係にあり，同時に成り立たないこと，帰無仮説と対立仮説を合わせるとすべての事象を尽くしていること，が特徴です。

④ 帰無仮説のもとで，データから求めた検定統計量より極端な値が得られる確率がp値です。逆にその確率を有意水準に設定すれば，得られた検定統計量の値が棄却の限界値になります。p値は限界水準，有意確率ともよばれます。

⑤ データを収集する前にこのような手続きを踏んでおくことが推奨されています。

【問題 4】
解答

母数	推定量	不偏推定量かどうか（○か×）	最尤推定量かどうか（○か×）
（例）回帰係数 β	標本回帰係数 b	○	○
① 比率 π	標本比率 p	○	○
② 平均 μ	標本平均 $\bar{x}$	○	○
③ 相関係数 ρ	標本相関係数 r	×	○
④ 分散 σ^2	標本分散 s^2	×	○
	不偏分散 s'^2	○	×

解説　不偏性に関しては，第4章の【問題9】①も参照してください。

① ある事象が生じたとき1，生じなかったとき0と数値化すると，その事象が生じた比率は，1-0という数値の平均に一致します。このことから，比率も平均の一種であることがわかります。推定量としての性質も，標本平均と一致します。

② 標本平均は，どちらの性質も備えている，すぐれた推定量といえます。

③ $\rho = 0$ のとき，標本相関係数の分布は0を中心に対称になるので，期待値は0すなわち母数 ρ に一致します。また $\rho = \pm 1$ のときも，標本相関係数の分布はそれぞれ1点に集約されるので，期待値は母数に一致します。しかしそれ以外のときは，バイアスが生じて期待値が母数 ρ に一致しなくなります。標本相関係数は一般に不偏性を備えているとはいえません。

④ 標本分散の期待値は母数 σ^2 の $(N-1)/N$ 倍になり，母数に一致しません（N はサンプルサイズ）。そこで標本分散を $N/(N-1)$ 倍してバイアスを修正したものが，不偏分散です。一方，標本分散は最尤推定量ですが，それを $N/(N-1)$ 倍した不偏分散は最尤推定量ではありません。

【問題 5】
解答　d．

解説　具体的なデータを代入する前の，まだどの値にもなりうる段階が「推定量」(estimator)，データを代入して具体的な値が決まった段階が「推定値」(estimate) です。この関係は「確率変数」とその「実現値」と同じです。「推定量」も確率変数であり，その実現値が「推定値」です。

a．「推定」の方法の1つが「点推定」です。この関係は集合とその要素の関係になるので，正答ではありません。

b．「母数」は，未知とはいえ固定された1つの値です。いろいろな値をとりうる確率変数である「推定量」とは異なります。

c．「母集団分布」について，その「期待値」をとるという関係になっています。「期待値」は「母集団分布」の代表値であり，「母集団分布」を要約するものです。たまた

ま得られた1つの実現値である「推定値」とは異なります。

【問題6】

解答　①母数　②観測されたデータ（①と②は逆順でもよい）　③2乗　④標本平均 $\bar{x}$

解説　略

【問題7】

解答　①誤　②誤　③正　④誤

解説　「得られたデータを発生させる母数値として、どの値が最も尤もらしいか」を考えるのが最尤推定法です。まず一定の母集団分布を仮定し、母数がどの値のとき観測データの生起確率（尤度）はどのくらいになるかを求めます。そして、データの生起確率が最大になるときの母数値を推定値とします。

① この記述は観測されたデータしか考えていません。データが生起する確率的な関係が考慮されていませんから、最尤推定法とはいえません。観測されたデータにおいて最も度数の大きい観測値は最頻値（mode）とよばれます。

② データの生起確率を求めるには、母集団における確率分布を仮定する必要があります。この仮定が実態と大きくかけ離れていると、最尤推定値は見当違いな値になる恐れがあります。

③ 尤度も確率の一種です。

④ 尤度関数は、観測したデータの生起確率を母数値の関数としてあらわしたものです。グラフ化するときは、横軸に母数の値、縦軸には尤度がとられます。横軸に標本統計量、縦軸に確率（密度）がとられる標本分布とは区別が必要です。

【問題8】

解答　a.

解説　ほぼ満点の答案というデータを観測したとき、それを発生させる候補として、いろいろな生徒が考えられます。そのうち満点をとる確率が最大になる生徒を選べばよいので、解答は a. になります。

b. いろいろな時期に測定した値による分布を考え、代表値としてどの値を用いればよいかを考えています。

c. 真のストレス度の推定精度を上げるため、N を大きくして標本誤差を小さくする工夫を考えています。

d. データとしてどのような値が観測されやすいかを推測しています。母集団における構成比は固定されたままである点、およびデータを観測していない点に注目してください。最尤推定法であれば、たとえばA型の比率が異なる民族をいろいろ考え、ある人の血液型がA型と知った後に「この人はどの民族出身か」という方向で考えるはずです。

【問題9】

解答 ① $N \geq 71$ ② .13 ③ $N \geq 100$

解説

① 標本相関係数 r の標準誤差の推定値 $\hat{\sigma}_r$ は，近似的に

$$\hat{\sigma}_r = \frac{1-r^2}{\sqrt{N}}$$

で求められます。この式に $r=.40$ を代入し，式全体の値が .1 以下になると考えます。すなわち，

$$\hat{\sigma}_r = \frac{1-r^2}{\sqrt{N}} = \frac{1-.40^2}{\sqrt{N}} \leq .1$$

という式を立て，これを解いて $N \geq 70.6$ を得ます。サンプルサイズは整数なので，繰り上げて $N \geq 71$ となります。

② ①で用いた式に $r=.30$, $N=49$ を代入します。

$$\hat{\sigma}_r = \frac{1-r^2}{\sqrt{N}} = \frac{1-.30^2}{\sqrt{49}} = .13$$

となります。

③ ①で用いた式において，r の値が変化すると $\hat{\sigma}_r$ の値も変化することに着目します。そして，$\hat{\sigma}_r$ が最大になったときでも .1 を超えないという式を立てます。$\hat{\sigma}_r$ が最大値となるのは r^2 が最小，すなわち $r=0$ のときですから，

$$\hat{\sigma}_r = \frac{1-r^2}{\sqrt{N}} \leq \frac{1-.0^2}{\sqrt{N}} \leq .1$$

となり，これを変形すると $\frac{1}{\sqrt{N}} \leq .1$ となるので $N \geq 100$ を得ます。

【問題10】

解答 ①帰無仮説，H_0 ② d. ③ c.

解説

① 対立仮説のほうは H_1 であらわされます。

② これは帰無仮説のもとでの検定統計量の標本分布，すなわち帰無分布を指しています。観測された検定統計量の値が"よくある変動の範囲内"にあるかどうかを判断するときの土台になります。

③ 検定統計量が棄却域にあるからといって，帰無仮説と矛盾することが起こったわけではありません。小さな確率とはいえ，起こりうることなのです。どちらの仮説のもとでも起こりうるのだけれども，帰無仮説より対立仮説のほうがよりデータと整合的なので帰無仮説を退ける，と考えて判断を下します。

 a. まれにしか起こらないのは確かですが，瑣末で意味がないかどうかは研究の文脈によります。

 b. 研究者が主張したい内容は対立仮説になることが多いのですが，モデルとデー

タの適合度を判断する場合など，帰無仮説が棄却されないほうが望ましい場合もあります。帰無仮説だからといって，形式的におかれた棄却されるべき存在とは限りません。

d. 上にも述べたように，棄却域とはいえ帰無仮説とデータが相反しているわけではありません。また，1回の検定では決定的な結論は下せません。第1種の誤りの可能性もあるからです。帰無仮説が棄却されたときは，"今回のデータは帰無仮説を支持しなかった"という程度に解釈しておきましょう。

【問題11】

解答

① ならない
② $r > .279$
③ $.197 < |r| < .256$
④ $-.207 < r < -.174$
⑤ $N \geq 20$

解説　巻末の付表3を使います。

① 数表から読み取った限界値（.514）より観測された相関係数の絶対値が大きければ有意になります。

② 片側検定で $\alpha = .05$ の場合，両側検定ではその2倍の $\alpha = .10$ の列の値を読み取り，棄却域が上側の場合は $+$ の符号，棄却域が下側の場合は $-$ の符号をつけたものを限界値とします。

③ 同じサンプルサイズでも，有意水準が小さくなると限界値の絶対値は大きくなります。このことは，より極端な値が観測されないと有意にならないことを意味します。

④ 同じ有意水準の両側検定と片側検定とでは，両側検定のほうが限界値の絶対値が大きくなります。そのため，片側検定では有意でも両側検定では有意にならない範囲が生じます。とはいえ，両側検定では有意にはならなかったから片側検定に切り替える，という行為は厳に慎むべきです。このような行為は，場合によっては研究上のごまかしとみなされかねません。

⑤ 数表から，$N = 19$ では有意にならず，$N = 20$ では有意になっていることが読み取れます。厳密な検定力分析とは異なりますが，このような検討はサンプルサイズの目安を考えるうえで役に立ちます。

【問題 12】

解答　図を参照。限界値は±2.056，棄却域は横軸上の$|t|>2.056$の領域，p値はグレーの部分の面積である。

解説　検定統計量とp値が対応していること，棄却の限界値と棄却域はそれらと別の存在であること，などを理解してもらうための設問です。p値は，両側検定において観測された検定統計量の値より極端な絶対値の値が得られる確率ですから，±1.60より外側の確率が.12ということになります。これを分布の両裾に2等分して配置します。一方，$\alpha=.05$の両側検定における棄却の限界値は巻末の付表4から±2.056で，棄却域はその外側になります。図において，±1.60，±2.056という値と棄却域は，いずれもtの値やその範囲をあらわしているので，横軸上に書き込む必要があります。一方p値は確率ですから，分布の一部を切り取った面積であらわします。

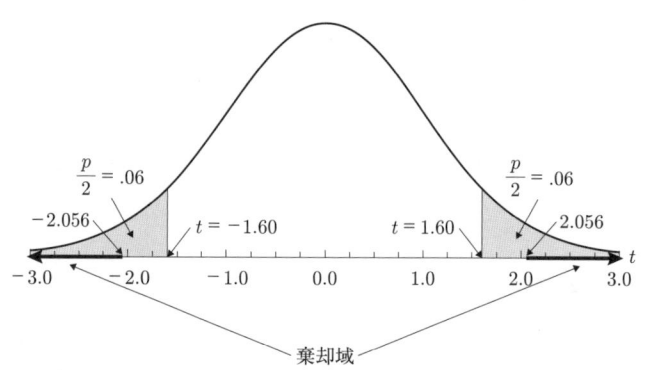

【問題 13】

解答
① a. Ⓐ　b. Ⓒ　c. Ⓓ　d. Ⓑ
② a. $1-\alpha$　b. β　c. $1-\beta$　d. α
③ a. 正しい判断　b. 第2種の誤り　c. 正しい判断　d. 第1種の誤り

解説　全体をまとめると，次の表のようになります。Ⓓの$1-\beta$は，検定力にあたります。

事実	検定による判断	
	帰無仮説を採択	帰無仮説を棄却
$\mu=0$ （帰無仮説が真）	① a. 母集団平均が0のとき，正しく0と判断 ② 条件付き確率は$1-\alpha$ ③ 正しい判断	① d. 母集団平均が0のとき，誤って0でないと判断 ② 条件付き確率はα ③ 第1種の誤り
$\mu\neq 0$ （帰無仮説が偽）	① b. 母集団平均が0でないとき，誤って0と判断 ② 条件付き確率はβ ③ 第2種の誤り	① c. 母集団平均が0でないとき，正しく0でないと判断 ② 条件付き確率は$1-\beta$ ③ 正しい判断

　これら4つのセルの確率はいずれも条件付き確率ですが，表を横方向にみたときの条件付きになっていることに注意してください。伝統的な統計学の考え方では，母数の値は1つしかありえず，その値が未知だけと考えます。ある母数値のもとでデータの発生す

る確率を議論することはできますが，あるデータを得た後に「母数がある値をとる確率」や「仮説が正しい確率」についての議論をすることはできません。母数は確率変数ではないので，その値やそれを掲げた仮説についての確率は考えられないのです。表でいうと，縦方向での条件付き確率は考えられないことになります。統計学の中には母数を確率変数として議論する学派もありますが，それはベイズ統計学という別の学派です（トピック 5-2「最尤法の限界とベイズ推定」も参照してください）。

【問題14】
解答

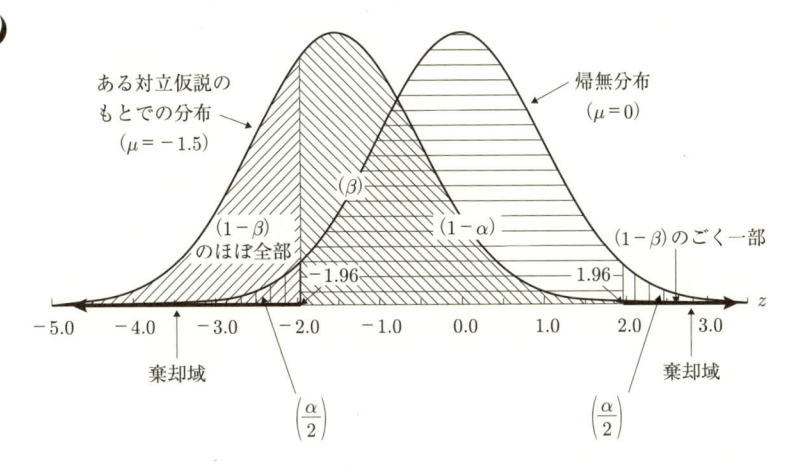

（図：横軸 z，-5.0 から 3.0。2つの正規分布曲線。左側：ある対立仮説のもとでの分布（$\mu = -1.5$），右側：帰無分布（$\mu = 0$）。限界値 -1.96 と 1.96。中央部の領域が (β) と $(1-\alpha)$，左裾が $(1-\beta)$ のほぼ全部，右裾が $(1-\beta)$ のごく一部。-1.96 の外側と 1.96 の外側が棄却域で，それぞれ $\left(\dfrac{\alpha}{2}\right)$。）

解説　【問題13】の表において，上の行は帰無分布，下の行は対立仮説のもとでの分布に対応します。α や $1-\alpha$ は帰無分布だけに基づいて決まり，β や $1-\beta$ は対立仮説のもとでの分布だけに基づいて決まります。2つの仮説を組み合わせないと表現できないものはありません。また，【問題13】の表の左の列は検定統計量が採択域に入るときに，右の列は検定統計量が棄却域に入るときに対応します。

まず図の横軸上に，棄却の限界値を書き入れましょう。両側検定ですから ± 1.96 です。その外側の横軸上に棄却域を設けてください。次に，限界値から上に向かって線を引き，2つの分布を同時に領域分けします。帰無分布だけをみたとき，± 1.96 の内側にはさまれた領域（横線の部分）が $1-\alpha$ で，± 1.96 の外側の領域（縦線の部分）は α になります。両側検定ですから，α は分布の両裾に2等分されます。次に β ですが，対立仮説の分布だけをみたとき，棄却の限界値の内側にはさまれた領域（右下がりの斜線部分）が β になります。β は第2種の誤りの確率ですから，帰無仮説を棄却しない確率です。したがって β に対応する領域は，限界値の内側でなければなりません。対立仮説の分布において，残った領域（右上がりの斜線部分）が $1-\beta$ です。上の解答図において，右側の棄却域に対応する対立仮説の分布部分にも，ごくわずかですが，$1-\beta$ の一部が存在します。

【問題 15】

解答　①正　②正　③正　④誤

解説

① 有意水準が小さくなると棄却の限界値の絶対値が大きくなるため，有意になりにくくなります。ちなみに，第 1 種の誤りの確率を低く抑えようとして有意水準を小さくする検定は，保守的（conservative）と形容されることがあります。

② 【問題 14】の解答の図からもうかがえるように，他の条件が一定なら，$1-\alpha$ と β は同じ検定統計量の範囲に対応しています。α を小さくすれば，足して 1 になる関係の $1-\alpha$ は大きくなります。すると，連動して β も大きくなるのです。

③ 他の条件が同じなら，サンプルサイズが大きくなると標準誤差が小さくなります。z や t という検定統計量は「観測された効果（相関や平均値差）の大きさを標準誤差の大きさに対する比として相対的に評価したもの」と考えられますから，同じ効果の大きさでも検定統計量は大きくなり，有意になりやすくなります。

④ サンプルサイズが大きくなると，検定統計量の分布は 0 のまわりの狭い範囲に集中するようになります。棄却の限界値はその分布上に設定されますから，絶対値は小さくなります。

【問題 16】

解答　①誤　②誤　③誤　④正

解説　p 値は，帰無仮説が正しいときにその検定統計量より極端な値が得られる確率です。

① 母集団における効果が大きいとき，小さな p 値をもたらすようなデータが得られやすくなります。しかし，母集団における効果がごく小さくても，小さな p 値をもたらすデータが得られることがあります。p 値の小ささと母集団における効果の大きさとは必ずしも対応しません。

② p 値は帰無仮説が正しいと仮定したときのデータに関する確率であって，仮説に関する確率ではありません。非ベイズ流の伝統的な検定理論では，仮説や母数に関する確率は考えないことに注意してください（【問題 13】の「解説」も参照してください）。

③ p 値は観測したデータに応じて決まる値ですが，危険率は第 1 種の誤りの確率，すなわち有意水準 α の値であり，観測データとは無関係に研究者が定めるものです。

④ p 値はサンプルごとに変動する統計量で，データが観測されてはじめて決まります。

【問題 17】

解答　第 1 種の誤りは，「本当は新しいプログラムには効果がないのに，（たまたま効果があるようにみえるデータが得られたために）効果があると判断してしまうこと」，第 2 種の誤りは，「本当は新しいプログラムには効果があるのに，（たまたまその効果を示すデータ

が得られなかったために）効果がないと判断してしまうこと」。

解説 略

【問題 18】

解答 ① a., b., c. が正しい　② d.

解説

① a. サンプルサイズが大きくなると，標準誤差が小さくなり，より小さな効果でも検出できるようになります。

　b. 検定力が .6 ということは，母集団において効果が存在するときに，検定で正しくそれを見出す確率が .6 ということです。裏を返せば，効果が存在するにもかかわらずそれを見逃す確率が $1 - .6 = .4$ ということになります。

　c. 検定力を求めるには，対立仮説のもとでの分布を 1 つに定める必要があります。そうしないと，確率が一通りに定まらないからです。そこで検出したい効果の大きさを指定し，それを対立仮説として検定力を求めます。

　d. 母集団において想定した大きさの効果が存在するとき，検定で正しくそれを検出できる確率が検定力です。標本統計量と母数との整合性については何もふれていません。また量的変数の場合，標本統計量が母数に正確に一致する確率はそもそも 0 です。

② 検定力分析には，サンプルが小さすぎて効果を見逃すことがないように，またサンプルが大きすぎて実質的な意味がないような小さな効果まで検出することのないようにサンプルサイズを決める，という目的があります。そのほか，ある効果の大きさとサンプルサイズを仮定すると検定力はどの程度になるかを調べる，という目的もあります。研究をデザインする段階で行う検定力分析は，「事前の検定力分析」とよばれます。ほかに，データを観測した後，データから得られた効果の大きさが母集団における効果の大きさであると仮定して検定力を求めることもあります。こちらは「事後の検定力分析」とよばれます。一般には，事前の検定力分析が推奨されています。

【問題 19】

解答

① 帰無仮説を $H_0: \rho = 0$ とし，$\alpha = .05$ の両側検定を行う。自由度は，$df = N - 2$ より 38 である。巻末の付表 4 より，棄却の限界値は $t = \pm 2.024$ である。

　検定統計量を求めると，

$$t = \frac{r}{\sqrt{1-r^2}} \times \sqrt{N-2} = \frac{.45}{\sqrt{1-.45^2}} \times \sqrt{40-2} = 3.106$$

となる。

　この値は，棄却の限界値を超える。したがって帰無仮説は棄却され，語彙判断課題の得点と事前の語彙能力検査の得点との間には統計的に有意な相関があるといえる。

② e. のみ

解説

① この結果は，論文などでは「$t(38) = 3.106, p < .05$」などと表記されます。

② 検定は，母数値を仮定したもとで成り立つ議論です。母数は定数ですから，その値に関する仮定は正しいか誤っているかの両極端しかなく，その中間的な状態はありません。b. のように「母数がある値である確率」や，「仮説が正しい確率」などの程度を考えることはできないのです。

また検定から引き出せる結論ですが，たかだか1つのデータに基づく検定では，標本変動の影響もあるので断定的なことは主張できません。a. やd. のように，未知の母数値が解明されたかのような表現は不適切です。検定結果を解釈する際には，「帰無仮説（あるいは対立仮説）が証明された」「母数値は……である」「……が明らかになった」などの断定的な表現は避けるべきです。

最後にc. ですが，検定では帰無仮説か対立仮説かの選択しか行われません。c. のような議論がしたい場合は，母集団相関係数の区間推定を行うとよいでしょう。

【問題20】

解答

① 下図1参照。棄却域は横軸上の太い矢印で示した部分（$|r| > .312$），検定力はグレーの部分の面積である。

② 下図2参照。

③ $\rho = 0$ のときの分布は，平均 0，標準偏差 $.164$
$\rho = .3$ のときの分布は，平均 $.310$，標準偏差 $.164$

④ 棄却の限界値は $Z = \pm .323$。棄却域は横軸上の太い矢印で示した部分で，検定力

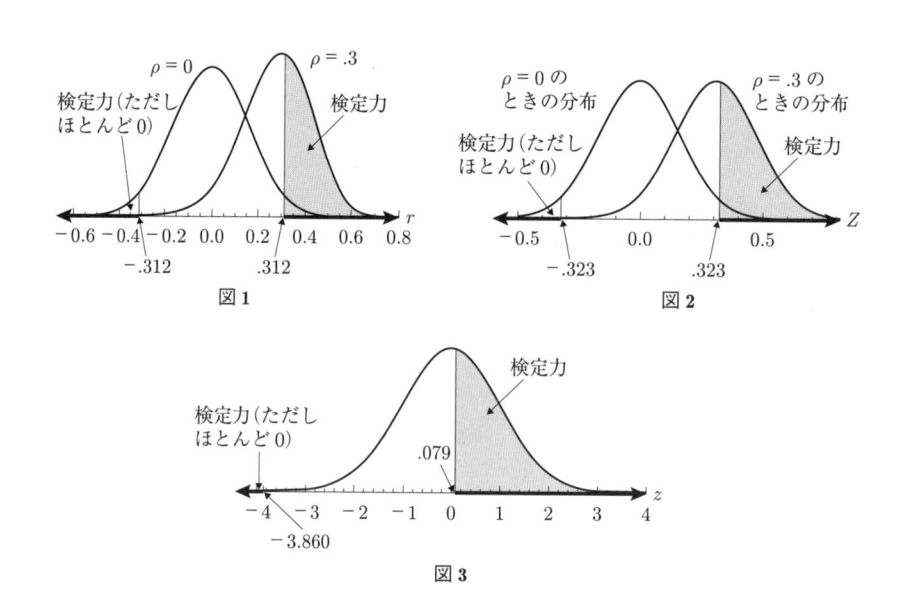

はグレーの部分の面積である。

⑤ 棄却の限界値は $z = -3.860$ と $z = .079$，検定力は $.468$。棄却域は横軸上の太い矢印で示した部分で，検定力はグレーの部分の面積である。

解説

① 無相関仮説の検定のための数表（巻末の付表3），もしくは t 分布の数表（巻末の付表4，自由度 $N - 2 = 38$）に基づいて棄却の限界値を求めます。検定力に相当する領域は，対立仮説（$\rho = .3$）のもとでの分布において，棄却域に対応する部分です。

② 相関係数の標本分布は $\rho = 0$ のとき，0を中心に左右対称になります。このことから，図1における帰無分布（$\rho = 0$）の平均は0であることがわかります。フィッシャーの Z 変換を施すと，$\rho = 0$ は $\tanh^{-1} \rho = \tanh^{-1} 0 = 0$ に変換されますから，変換後の分布においても平均は0です。図2の左側の分布が帰無仮説に対応した分布です。

③ 母集団相関係数が $\rho = \rho_0$ のとき，r の標本分布に Z 変換を施すと，平均 $\tanh^{-1} \rho_0$，標準偏差 $\sigma_Z = 1/\sqrt{N-3}$ の正規分布に近似させることができます。この式にそれぞれ $\rho = 0$ と $\rho = .3$ をあてはめます。$\rho = 0$ のときの分布は平均 $\tanh^{-1} 0 = 0$，標準偏差 $\sigma_Z = 1/\sqrt{N-3} = 1/\sqrt{37} = .164$ となります。$\rho = .3$ のときの分布は，平均 $\tanh^{-1} .3 = .310$，標準偏差は $\rho = 0$ のときと同じく，$\sigma_Z = .164$ です。

④ もとの分布（図1）における棄却の限界値が，それぞれ Z 変換を施した値におきかわります。すなわち，$-.312$ は $\tanh^{-1} -.312 = -.323$ に，$.312$ は $\tanh^{-1} .312 = .323$ になります。

⑤ 図2は一般の正規分布ですから，数表から確率（検定力）を求めるには標準正規分布に対応させる必要があります。それには $\rho = .3$ に対応する分布の平均と標準偏差を使って標準化を行います。式であらわすと $z = \dfrac{Z - .310}{.164}$ です。図2における棄却の限界値も，同じ式によって標準正規分布における値に変換されます。下側の限界値 $-.323$ は

$$z_L = \frac{-.323 - .310}{.164} = -3.860$$

に，上側の限界値 $.323$ は

$$z_U = \frac{.323 - .310}{.164} = .079$$

におきかわります。検定力はこれらの値の外側の確率を求めればよいので，巻末の付表1を用いて，

$$Prob(z < -3.860) + Prob(.079 < z) = .000 + .468 = .468$$

となります。

【問題 21】

解答

① 検定は横方向，信頼区間は縦方向にみる。

② およそ $.13 < r < .75$

③ a., e., f., g. の 4 つ

解説

① 検定では，ある母数値を帰無仮説においたときに整合的/非整合的な標本統計量の値の範囲を考えます。図では，帰無仮説となる母数値を縦軸上に 1 カ所定め，横方向に検定統計量の範囲を考えると検定になります。このとき 2 本の曲線に挟まれた横方向の区間は，帰無仮説と整合的，すなわち帰無仮説が棄却されない標本統計量の範囲になります。

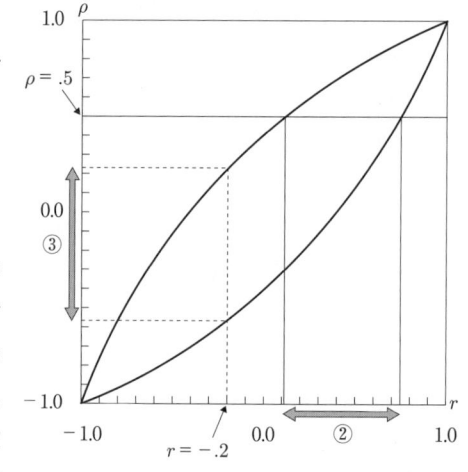

一方，信頼区間は，ある標本統計量の値から未知の母数値を推測するものです。図では，横軸上に観測した標本統計量を位置させ，上方向に母数の範囲を探っていくことになります。2 本の曲線にはさまれた縦方向の区間が 95% 信頼区間です。

② 図において，縦軸上の $\rho = .5$ の位置から横に線を引き，2 つの曲線と交わる点から対応する標本相関係数 r の範囲（図中の②の範囲）を求めます。これが $H_0 : \rho = .5$ が棄却されない r の範囲です。図から，およそ .13 から .75 と読み取れます。

この値を正確に求めるには，フィッシャーの Z 変換を利用します。$\rho = .5$ のとき，Z 変換後の r の分布は，近似的に平均 $\tanh^{-1} \rho = \tanh^{-1} .5 = .549$，標準偏差

$$\frac{1}{\sqrt{N-3}} = \frac{1}{\sqrt{25-3}} = .213$$

の正規分布にしたがいます。この正規分布における両側 5% の限界値は，$.549 \pm 1.96 \times .213$ より .132 と .966 です。この値を Z 変換の逆変換によって r の尺度に戻せば正確な値が得られます。

下限値　$r_1 = \tanh(.132) = .131$

上限値　$r_2 = \tanh(.966) = .747$

です。一般的な公式を示すと，

下限値　$r_1 = \tanh(\tanh^{-1} \rho - 1.96/\sqrt{N-3})$

上限値　$r_2 = \tanh(\tanh^{-1} \rho + 1.96/\sqrt{N-3})$

となります。

③ 標本統計量 $r = -.2$ の点から上方向に線を引き，2 本の曲線と交わる点から ρ の値を読み取ります。帰無仮説の母数値 ρ が図の③の範囲にあるときは，帰無仮説は有意になりません。図からおよそ $-.55$ から $.2$ の範囲と読み取れますので，この範囲

に含まれないものが正解になります。

なお，図の③の範囲は $r = -.2$ が観測されたときの母数 ρ の95%信頼区間です。これを正確に求めるには，②と同様にフィッシャーの Z 変換を用います。Z 変換後の信頼区間は，$\tanh^{-1}(-.2) = -.203$ を中心に上下に

$$1.96 \times \frac{1}{\sqrt{25-3}}$$

の幅をとったものになります。それを Z 変換の逆変換で戻せばよいので，

下限値　$\rho_L = \tanh(-.203 - 1.96/\sqrt{25-3}) = -.552$
上限値　$\rho_U = \tanh(-.203 + 1.96/\sqrt{25-3}) = .212$

となることから，ρ の95%信頼区間は $-.552 < \rho < .212$ であることがわかります。なお，信頼区間の上限と下限は，まとめて信頼限界とよばれます。

【問題22】

解答　①誤　②誤　③正　④誤

解説

① $\alpha = .05$ の両側検定で有意になったとき，その帰無仮説の母数値は，同じデータから構成された95%信頼区間の外側にあります。この対応関係は明確で例外はありません。一般に，有意水準 α の両側検定における棄却の限界値を用いて構成された信頼区間は，$100(1-\alpha)\%$ 信頼区間となります。

② 95%とは，そのように構成された信頼区間のうち95%は母数を含むものになっているという意味です。このとき確率は区間について考えられており，母数値ではない点に注意してください。ここで学んでいる統計学では，母数の値を固定したものと考えているため，母数値が確率変動するような表現は許容されません（【問題13】の「解説」も参照してください）。

③ ①で述べたように，あるデータから95%信頼区間を求めたとき，そこに含まれる値を帰無仮説にとり，同じデータで $\alpha = .05$ の両側検定を行うと，必ず有意になりません。その意味で信頼区間は，「データと整合的な母数の値の集合」と考えることができます。

④ 99%信頼区間で用いられる棄却の限界値は，$\alpha = .01$ の両側検定のものです。一方95%信頼区間では，$\alpha = .05$ の両側検定における棄却の限界値が用いられます。同じサンプルサイズなら，有意水準が小さいほうが棄却の限界値の絶対値が大きくなりますから，信頼区間の幅も広くなります。

【問題23】

解答　①正　②正　③正　④誤

解説

① 正規分布や t 分布に基づく母平均の信頼区間は，一般に「点推定値 ± 棄却の限界

値×標準誤差」という形で表現することができます。標準誤差が小さくなれば，信頼区間の幅は狭くなります。
② サンプルサイズが大きくなると標準誤差が小さくなるため，他の条件が一定なら信頼区間の幅は狭くなります。このことは，大きなサンプルではより精度の高い推定が行えることを意味します。
③ 信頼区間を求めるには，標本統計量が用いられます。サンプルが異なれば，信頼区間の位置や幅も変動します。
④ 信頼区間の幅が広いということは，サンプルごとの違いが大きいために母数の推定が精度よく行えないことを意味します。母数の値は変動しません。変動するのは信頼区間のほうです。

【問題 24】

解答
① 限界水準，有意確率
② 第 1 種の誤りの確率，危険率
③ 検出力
④ 信頼係数

解説 同じ統計的な概念でも，テキストや著者によって異なる用語があてられることは珍しくありません。また同じ著者でも，強調したい意味合いに応じて異なる用語を使い分けることもあります。どの学問分野でもそうですが，統計学では特に用語の正確な理解と使い分けが重要です。新たな用語に出会うたび，その正確な定義と類似した用語との区別，同じ意味をもつ別の用語などを覚えるようにしましょう。たとえば④の解答の信頼係数は，信頼区間における $1-\alpha$ を指す用語で，95% 信頼区間なら 95% もしくは .95 の部分を指します。測定精度の指標である信頼性係数とはまったく関係のない概念ですから，混同しないようにしてください。

トピック 5-1

尤度関数と対数尤度関数

最尤法の原理を理解するには，尤度（得られたデータの生起確率）が母数の値によってどのように変化するかを視覚的にとらえることが役に立ちます。

いま，非常に大きな母集団から 50 人のサンプルをランダムに選んだところ，15 人の人がある特定の番組を視聴していたとします。母集団での視聴率を π とすると，このようなデータが生起する確率は

$$L(\pi) = \pi^{15}(1-\pi)^{35}$$

となります[1]。

これは母数 π の関数として表現された尤度ですので，**尤度関数**ともよばれます。それでは，この尤度関数を最大にする π の値，すなわち最尤推定値はいくらになるでしょうか。

ここではこの問題を，微分の方法を使わずに，グラフを用いて解いてみましょう。

図 5-1 は，Excel で π の値を 0 から 1 まで .01 刻みで変化させた連続データを作成し，その値に対する尤度を計算したものです。グラフが 2 つありますが，このうちの上のほうが尤度関数のグラフです。このグラフから $\pi = .3$ 付近で尤度が最大になっていることがわかりますが，ワークシートの計算結果からも，$\pi = .3$（視聴率 30％）が最尤推定値となっていることが確認できます[2]。

このワークシートの C 列では，尤度の対数，すなわち**対数尤度**（log-likelihood）を計算しています。対数は単調増加関数ですから，たとえば 2 つの母数値 π_1, π_2 について，尤度が

$$L(\pi_1) > L(\pi_2)$$

となるなら，その対数をとった対数尤度についても

$$\log L(\pi_1) > \log L(\pi_2)$$

となります[3]。したがって，対数尤度が最も大きくなる母数値を選べば，それが尤度を最大とする最尤推定値ということになります。

---

1) この確率は，たとえば最初の 15 人が視聴して，後の 35 人が視聴しないというような，特定の結果の確率です。50 人中，どの 15 人が視聴するかという組合せすべての確率を合計するとしたら，この確率に組合せの総数 $_{50}C_{15}$ をかけることになります。しかし，この数は母数 π を含まない定数ですから，これをかけてもかけなくても，π の推定には影響しません。

2) 計算は .01 刻みでしかしていませんので，最尤推定値がちょうど .3 になるということはこの計算だけからはいえませんが，刻みをもっと細かくしていっても，結果は変わりません。

3) 統計学で用いる対数は，特に断らない限り，底をネイピア数とよばれる定数 $e = 2.71828\cdots$ とする自然対数 $\log_e$ です。Excel では LN() という関数になります（N は natural logarithm の頭文字）。

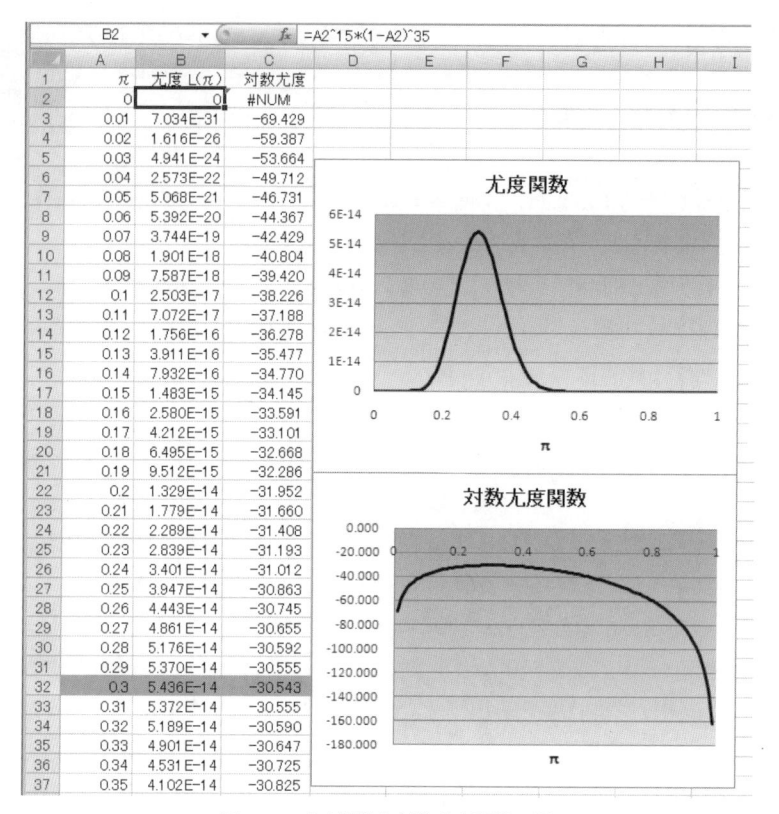

図 5-1　尤度関数と対数尤度関数の例

　一般に，尤度は複雑な確率の式を多数（サンプルサイズの分だけ）かけ合わせた形になり，それを最大化する母数を数学的に求めるのは困難を伴います。それに対し対数尤度は，かけ算の式である尤度を，対数をとることによって足し算の式に変えますので，最大値の問題を解くことが簡単になります。統計ソフトウェアでも，実際には対数尤度を最大化することで最尤推定値を求めています。図5-1のもう1つの図は，対数尤度関数を描いたもので，尤度関数と同じく $\pi = .3$ で最大値をとることがわかります。

R を用いる場合

　R を用いる場合は連続データを生成する必要はなく，

```
尤度 <- function(x) {x^15 * (1-x)^35}
対数尤度 <- function(x) {log(尤度(x))}
```

という形で尤度関数と対数尤度関数を直接作成します。そして，

```
curve(尤度, 0, 1)
curve(対数尤度, 0, 1)
```

によってグラフを描くことができます[4]。

トピック 5-2

最尤法の限界とベイズ推定

「尤度（得られたデータの生起確率）が最大になるような母数の値を推定値とする」という最尤法の原理は，「なるほど」という納得感が得られるものといえるでしょう。しかし，最尤法は，条件によっては適切とは考えられない推定値を与えてしまうことがあります。

例として，ここでもある番組の視聴率 π を推定する問題を考えてみます。対象者をランダムに選んでいくとき，2人選んだ時点で，その2人ともその番組を見ていたとしましょう。その時点での π の最尤推定値はいくらになるでしょうか。

この場合，尤度は

$$L(\pi) = \pi^2$$

ですから，これを最大化する π の値は1となります。すなわち，視聴率の最尤推定値は100％となるのです。この結果は，明らかに常識，あるいは私たちのもっている知識や経験と矛盾するものであり，誤りであることが明確なものです。

では，なぜそのような常識や知識・経験に反する推定値が得られたのでしょうか。それは，最尤法という推定法が，当該のデータ以外の常識や知識・経験といったもの（これをまとめて**事前情報**とよびます）をまったく利用しない方法だからです。

これに対し，事前情報を積極的に利用する推定法があり，**ベイズ推定**とよばれています。ベイズ推定の考え方を説明するために，次のような単純化した状況を考えてみます。

① 番組の視聴率は，$\pi = .1$（視聴率10％）か $\pi = .2$（視聴率20％）かのいずれかである。

② 当該の番組については，これまでの類似の番組の視聴率（事前情報）から，$\pi = .1$ である可能性が高く，

$$Prob(\pi = .1) = .9$$
$$Prob(\pi = .2) = .1$$

と考えられる。

③ 2人の対象者を選んだところ，2人ともその番組を見ていた。

ここで，視聴率が $\pi = .1$ であるということを仮説 H_1 とし，$\pi = .2$ ということを仮説 H_2 とすると，この問題は，「2人ともその番組を見ていた」というデータ（D とします）

---

[4] 尤度が0のときは対数尤度は計算することができません。Excelのワークシートでも尤度0のときの対数尤度は計算されていませんので，グラフ化の際にはそのセルは除くことになります。Rの場合は，グラフ化の範囲を0〜1としても特に支障は生じませんでした。

に基づいて，2つの仮説のどれを選択するか，どの仮説が真である確率が高いかを判断することです。

上記②より，それぞれの仮説が真である確率は，データ D を得る前の段階では，

$$Prob(H_1) = .9$$
$$Prob(H_2) = .1$$

です。これを各仮説の事前確率とよびます。また，それぞれの仮説が真であるときに，「2人ともその番組を見ていた」というデータ D が生起する確率（すなわち，尤度）は，

$$Prob(D|H_1) = .1^2 = .01$$
$$Prob(D|H_2) = .2^2 = .04$$

です（ここで，$Prob(A|B)$ という形の記号は，B という条件のもとでの A の条件付き確率をあらわします）。

これだけの材料を用いて求めるべきものは，データ D が得られたという条件のもとでの各仮説の事後確率 $Prob(H_1|D)$，$Prob(H_2|D)$ です。この確率を求めるために必要なのがベイズの定理です。

ベイズの定理

ベイズの定理を導くために，2つの事象 A，B の同時確率 $Prob(A\&B)$ と条件付き確率についての次の関係を確認しておきます。

$$Prob(A\&B) = Prob(A)\,Prob(B|A) = Prob(B)\,Prob(A|B)$$

つまり，2つの事象の同時確率は，一方の事象の確率と，その事象を条件としたときの他方の事象の条件付き確率の積となるということです。

これをいまの問題の仮説 H_1 とデータ D に適用すると，

$$Prob(H_1\&D) = Prob(H_1)\,Prob(D|H_1) = Prob(D)\,Prob(H_1|D)$$

となります。そして，この式から事後確率 $Prob(H_1|D)$ をあらわす式が，

$$Prob(H_1|D) = \frac{Prob(H_1)\,Prob(D|H_1)}{Prob(D)}$$

と導かれます。

この式の分子にある確率はすでに定義され，値も与えられていますが，分母の $Prob(D)$ はどういう確率でしょうか。これは，どの仮説が真であるかに関係なく，要するに今回のデータ D が得られる，全体としての確率です。いいかえれば，「仮説 H_1 が真で，D が得られる」という事象と，「仮説 H_2 が真で，D が得られる」という事象の確率の合計であり，

$$Prob(D) = Prob(H_1 \& D) + Prob(H_2 \& D)$$
$$= Prob(H_1)\,Prob(D|H_1) + Prob(H_2)\,Prob(D|H_2)$$

とあらわすことができます。これを上の式の分母に代入すると，ベイズの定理が次のように導かれます。

$$Prob(H_1|D) = \frac{Prob(H_1)\,Prob(D|H_1)}{Prob(H_1)\,Prob(D|H_1) + Prob(H_2)\,Prob(D|H_2)}$$

それでは，この公式に，すでに確認した値を代入して，仮説 H_1，すなわち，視聴率が 10% であるという仮説の事後確率を求めてみましょう。計算の結果は，

$$\begin{aligned} Prob(H_1|D) &= \frac{.9 \times .01}{.9 \times .01 + .1 \times .04} \\ &= \frac{.009}{.009 + .004} \\ &= .692 \end{aligned}$$

となります。もう一方の仮説 H_2，すなわち，視聴率が 20% であるという仮説の事後確率は，この値を 1 から引いて，

$$Prob(H_2|D) = 1 - .692 = .308$$

となります。

ベイズ推定の特徴

　やや長い道のりでしたが，ここで得られた結果は，「2 人ともその番組を見ていた」という，高視聴率を示唆するデータが得られたとき，視聴率は 10% という低い値である可能性（.692）のほうが，20% という高い値である可能性（.308）よりもずっと高いということです。なぜそうなるかというと，事前情報から，もともと視聴率が 20% という高い値である可能性が非常に低かった（事前確率が .1 しかなかった）ためです。最尤法であれば，このような事前情報を無視して，単に尤度の高いほう（仮説 H_2）を選ぶことになります。また，仮説として，視聴率が 0% から 100% までの広い範囲のものを設定するとしたら，はじめに述べたように，最尤推定値は「視聴率 100%」という非現実的なものとなります。

　ベイズ推定はこのように，ベイズの定理に基づいて，事前情報を利用した推測を可能にします。

　もう 1 つ，ベイズ推定の重要な特徴は，仮説が真である確率とか，母数がある値である確率，というように，仮説や母数値についての確率を問題にしている点です。これに対し，通常の，伝統的な仮説検定では，確率が問題にできるのはランダムに変動するデータについてだけであり，たとえば「帰無仮説が真である確率」とか「対立仮説が真である確率」などという考え方はしません（本章の【問題 13】【問題 16】【問題 19】【問題 22】参照）。

これは非常に大きな立場の違いです．仮説や母数値に関する確率を直接扱う流派はベイズ統計学とよばれ，一方，データの確率のみを扱う伝統的な流派は頻度論的統計学などとよばれて区別されています．ベイズ統計学における仮説や母数値の確率は，試行の繰り返しによってその真値に迫っていける性質のものではなく，基本的に主観確率です．この主観性のゆえにベイズ統計学の適用をためらう研究者も少なくなかったのですが，近年，さまざまな分野でベイズ統計学の有用性が認識されてきています[5]．

なお，ここで例としたのは $N=2$ という非常に小さなサンプルでしたが，十分に大きなサンプルをとれば，最尤推定値が常識外れの結果を与える可能性は低くなり，ベイズ的な方法による結果とのずれも小さくなります．

トピック 5-3

有意水準 5% はいつ誰が決めたのか

帰無仮説の検定では，帰無仮説のもとでは"まれ"にしか生じない事象が得られたときに帰無仮説を棄却します．そして，その"まれ"という基準，すなわち有意水準を 5% として運用するのが慣例となっています．それでは，その慣例はいつどのようにしてできてきたのでしょうか．

Cowles & Davis (1982) は，検定が最初に提案された時代まで遡って，有意水準 5% のルーツを探っています．ここではその論文に依拠して，有意水準の歴史を少し紹介したいと思います．

最初に開発された検定法は，相関係数など記述統計でも有名なピアソン (Karl Pearson) によるカイ 2 乗検定で，ちょうど 1900 年に発表されています．その論文の中でピアソンは，.1 という水準では"非常にまれ"とはいえないとし，.01 であれば"非常にまれ"といえるとしています．5%（.05）は，そのちょうど中間あたりの値となります．

その後，1908 年に t 分布を発表したゴセット (William S. Gosset, ペンネームは "Student") が，その論文の中で，正規分布の平均から確率誤差 (probable error, 公算誤差ともいう) の 3 倍以上離れた結果は有意と考えられると述べています．確率誤差というのは，「平均 ± その値」の範囲に入る確率がちょうど 50% となる値のことで，正規分布の場合，標準偏差の .6745 倍となります．したがって，確率誤差の 3 倍ということは，標準偏差の $3 \times .6745 = 2.02$ 倍ということで，正規分布において平均からその大きさ以上離れた値の確率は，巻末の付表 1 より .044 となります．これも 5% に近い値です．

このように，ピアソンやゴセットら，検定法の基礎を作った統計学者ら自身が，5% あたりの確率を"十分にまれ"な値として考えていたわけですが，それを決定的にしたのが，フィッシャー (Ronald A. Fisher) です．フィッシャーは，1925 年に刊行された

---

5) ベイズ統計学については，たとえば渡部 (1999) が参考になります．

"*Statistical Methods for Research Workers*" という非常に影響力の大きかった著書の中で，正規分布において平均から標準偏差の 2 倍以上離れた値の確率にほぼ等しい .05 という基準を用いるのが "便利である"（convenient）と述べています。

有意水準を 5% とすることは，このように長い歴史をもつ慣例ですが，フィッシャーがその基準を用いるのが "便利である" と述べているように，これは統計学的または数学的な根拠に基づく基準ではありません。したがって，検定を行う目的等に応じて別の有意水準を用いることも，理論的にはもちろん許容されます。その一方で，特別の理由がないときは有意水準を 5% にするという慣例にしたがうことは，文字通り，便利なことではあります。

トピック 5-4

検定か区間推定か

信頼区間による区間推定は，帰無仮説の検定と裏腹の関係にあります。たとえば，標本相関係数 r のある値が 5% 水準で有意とならず，帰無仮説 $H_0: \rho = 0$ と整合的であると判断されたとします。このとき，その r と整合的な母数値は $\rho = 0$ 以外にも無数にあり，その無数の母数値の集合が，ρ の 95% 信頼区間となります。いいかえれば，ρ の 95% 信頼区間は，5% 水準の検定において，得られた r によって棄却されない ρ の値の集合ということです（本章の【問題 21】【問題 22】参照）。

実際の研究において，検定と区間推定のどちらがより豊かな，より有用な情報を与えるかを考えてみましょう。図 5-2 はその目的のために，6 つのケースについて，母集団相関係数 ρ の 95% 信頼区間を求めたものです。

ケース 1 やケース 2 のようにサンプルサイズが小さいときは，ρ の任意の値に対して r は広い範囲の値をとりうるため，得られた r と整合的な ρ の値の集合，すなわち信頼区間も広くなります。

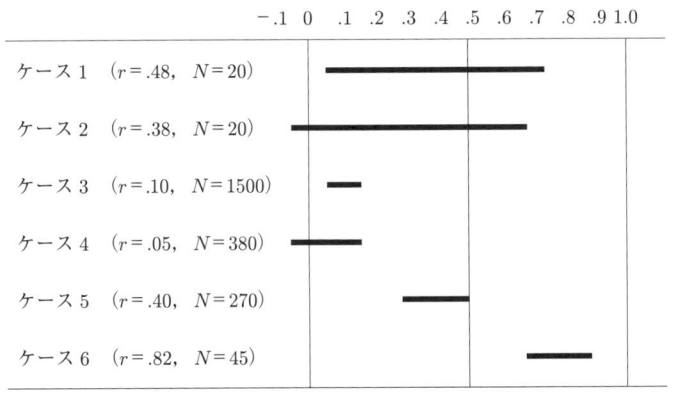

図 5-2　相関係数に関する信頼区間の例

この2つのケースのうち，ケース1では信頼区間に0が含まれていません。つまり，$\rho = 0$は得られた結果とは整合的でないということであり，帰無仮説 $H_0 : \rho = 0$ は棄却されます。これに対し，ケース2では信頼区間に0が含まれていて，$\rho = 0$は得られた結果と整合的であるということで，帰無仮説 $H_0 : \rho = 0$ は棄却されません。このように，信頼区間をみれば，検定結果もわかることになります。

　ここで，図5-2の6つのケースを互いに類似した結果群に分類してみましょう。ケース1とケース2はどちらもサンプルサイズが小さく相関は中程度ということで類似しています。また，ケース3とケース4はどちらもサンプルサイズが大きく相関がほとんどないということで類似しています。

　しかし，これら6つのケースを帰無仮説の検定の観点から分類すると，信頼区間が0を含まない（相関が有意になる）ケース1, 3, 5, 6の4つが同じ結論を与えるものとして一緒にされ（ケース3とケース6も！），ケース2とケース4が信頼区間が0を含む（相関が有意でない）ということで同じ扱いを受けることになります。

　このように，結果を有意か否かだけで評価する手法である検定は，データからの情報の取り出しと伝達という点で，きわめて粗いものであるといわざるをえません。それに対し，信頼区間による区間推定は，検定結果に関する情報を含み，かつ，得られた相関係数の大きさと，その値に対して付与できる信頼度の両方を的確に伝える方法であるといえます。

第6章

平均値差と連関に関する推測

【問題1】〔研究法に関する用語〕
次の各用語の定義を，それぞれ簡単に述べなさい。

① ブロック
② カテゴリ変数
③ 対応のある群
④ メタ分析

【問題2】〔平均値差と連関の検定に関する用語〕
次の各用語の定義を，それぞれ簡単に述べなさい。

① t 検定
② 非心 t 分布
③ カイ2乗検定
④ 中心極限定理

【問題3】〔検定で用いられる式の整理〕

下の表に挙げた検定の方法について，以下の各問に答えなさい。

検定の場面	群間の対応	帰無仮説	検定統計量	標準誤差	自由度
2群の平均値差（母集団分散は未知）	なし	$H_0 : \mu_1 - \mu_2 = 0$	⑦	Ⓐ	$df = n_1 + n_2 - 2$
	あり	$H_0 : \mu_1 - \mu_2 = 0$ $(H_0 : \mu_v = 0)$	④	Ⓑ	$df = N - 1$
2群の比率の差	なし	$H_0 : \pi_1 - \pi_2 = 0$	⑦	Ⓒ	
	あり	$H_0 : \pi_1 - \pi_2 = 0$	$z = \dfrac{n_{12} - m/2}{\sqrt{m}/2}$ $(m = n_{12} + n_{21})$	Ⓓ	
2つのカテゴリ変数間の連関		(行変数と列変数は独立)	㊀		$df = (a-1)(b-1)$

① 各検定における検定統計量の式として正しいものを，下のa.からe.までの中から1つずつ選び，表の空欄⑦から㊀を埋めなさい。

a. $z = \dfrac{p_1 - p_2}{s_{p_1 - p_2}}$

b. $t = \dfrac{\bar{y}_1 - \bar{y}_2}{s_{\bar{y}_1 - \bar{y}_2}}$

c. $t = \dfrac{\bar{v}}{s_{\bar{v}}}$ （ただし $v = y_1 - y_2$）

d. $t = \dfrac{r}{\sqrt{1-r^2}} \times \sqrt{N-2}$

e. $\chi^2 = \sum\limits_{i=1}^{a} \sum\limits_{j=1}^{b} \dfrac{(n_{ij} - e_{ij})^2}{e_{ij}}$

② 各検定で用いられる標準誤差の推定値の式として正しいものを，下のf.からj.までの中から1つずつ選び，表の空欄Ⓐ からⒹ を埋めなさい。

f. $\sigma_Z = \dfrac{1}{\sqrt{N-3}}$

g. $s_{\bar{y}_1 - \bar{y}_2} = \sqrt{\dfrac{n_1 s_1^2 + n_2 s_2^2}{n_1 + n_2 - 2}} \sqrt{\dfrac{1}{n_1} + \dfrac{1}{n_2}}$

h. $s_{\bar{v}} = \dfrac{s'_v}{\sqrt{N}} = \dfrac{1}{\sqrt{N}} \sqrt{\dfrac{1}{N-1} \sum\limits_{i=1}^{N} (v_i - \bar{v})^2}$

i. $s = \dfrac{\sqrt{m}}{2}$

j. $s_{p_1-p_2} = \sqrt{p(1-p)\left(\dfrac{1}{n_1} + \dfrac{1}{n_2}\right)}$ （ただし $p = \dfrac{n_1 p_1 + n_2 p_2}{n_1 + n_2}$）

【問題 4】〔検定における仮定〕
統計的検定における仮定について，以下の各問に答えなさい。

① 検定の仮定が満たされていないとき，検定の結果がそれによって影響されない程度を何とよぶか。
② 独立な 2 群の平均値差の検定には，データに関して「2 群の間に対応がない」ということのほか，3 つの仮定がおかれている。それをすべて挙げなさい。

【問題 5】〔独立な 2 群の平均値差の検定〕
下の表は，ある大学における「授業時間外における学生の学習時間調査」の結果である。今年と 20 年前とでは，授業時間外の学習時間に差があるといえるか。独立な 2 群の平均値差の検定を，有意水準 .05 の両側検定で行いなさい。

授業時間外の学習時間（分）

	今年 ($n_1 = 120$)	20 年前 ($n_2 = 120$)
平均	87.5	92.8
標準偏差	20.2	19.5

【問題 6】〔独立な 2 群の平均値差の標本分布〕
独立した 2 つの群があり，各群における従属変数 y の母集団分布が，それぞれ $N(\mu_1, \sigma_1^2)$，$N(\mu_2, \sigma_2^2)$，サンプルサイズがそれぞれ n_1，n_2 であるとする。このとき，以下の各問に答えなさい。

① 次の文章は，標本平均値差 $\bar{y}_1 - \bar{y}_2$ の標本分布を求める手順を示したものである。文章中の空欄㋐から㋒に入る式をそれぞれ答えなさい。

　　i. 第 1 群の平均値 $\bar{y}_1$ と第 2 群の平均値 $\bar{y}_2$ の標本分布は，それぞれ（　㋐　）と（　㋑　）である。
　　ii. 一般に，正規分布にしたがう 2 つの変数 x, y の差 $x - y$ の分布は，2 つの変数が互いに独立ならば，平均 $\mu_x - \mu_y$，分散 $\sigma_x^2 + \sigma_y^2$ の正規分布になる。この法則に i. で求めた $\bar{y}_1$ と $\bar{y}_2$ の分布をあてはめると，$\bar{y}_1 - \bar{y}_2$ の分布は（　㋒　）になる。

iii. 母集団における分散が未知なので，$\sigma_1^2 = \sigma_2^2$という仮定をおいてその値を$\sigma^2 (= \sigma_1^2 = \sigma_2^2)$であらわすことにする。この$\sigma^2$を用いて㋒の分布を整理すると，（　㋔　）と書ける。

iv. 未知の母数σ^2の推定値として，

$$s^{*2} = \frac{n_1 s_1^2 + n_2 s_2^2}{n_1 + n_2 - 2}$$

を用いることにする。これを㋔に適用すると，$\bar{y}_1 - \bar{y}_2$の標準誤差の推定値$s_{\bar{y}_1 - \bar{y}_2}$は（　㋕　）になる。検定統計量を

$$t = \frac{\bar{y}_1 - \bar{y}_2}{s_{\bar{y}_1 - \bar{y}_2}}$$

とすると，その標本分布は自由度$n_1 + n_2 - 2$のt分布になる。

② 上のiv.で示した母集団分散σ^2の推定値s^{*2}について，次のa.からd.のうち正しい記述をすべて選びなさい。

　　a. 2群の標本分散を足して2で割った値に一致する。
　　b. 2群の観測値を一緒にし，全体で求めた分散に一致する。
　　c. 母集団における群内分散の不偏推定値である。
　　d. どちらか一方の群の分散を推定値に用いるよりも，より正確な推定値になることが期待されている。

【問題7】〔平均値差の標本分布が正規分布にならない理由〕
検定統計量

$$t = \frac{\bar{y}_1 - \bar{y}_2}{s_{\bar{y}_1 - \bar{y}_2}}$$

の正確な標本分布が正規分布でなくt分布になる理由について，以下の中から正しいものを1つ選びなさい。

$$\begin{cases} \text{a. 2群のサンプルサイズが異なるため。} \\ \text{b. 2群の標本分散が異なるため。} \\ \text{c. サンプルサイズが小さいため。} \\ \text{d. 母集団分散の推定値を用いたため。} \end{cases}$$

【問題8】〔検定結果に基づく信頼区間の計算(1)〕
ある研究で，「課題失敗後の自尊心の高さを測定したところ，学習目標高群（$n_1 = 32$）で平均5.4点，学習目標低群（$n_2 = 30$）で平均4.8点であった。この差は統計的に有意で

あった（$t(60) = 2.738, p < .01$）。」と報告されていた。この情報に基づいて，母集団における平均値差の 95% 信頼区間を求めなさい。

【問題 9】〔信頼区間の性質と意味〕

独立な 2 群の平均値差に関する 95% 信頼区間について，以下の記述のうち正しいものをすべて選びなさい。

a. データから求めた 95% 信頼区間に 0 が含まれるとき，そのデータで有意水準 .05 の両側検定を行うと，平均値差は有意にならない。
b. データから求めた 95% 信頼区間に 0 が含まれるとき，母集団における平均値に差がないことが証明される。
c. 95% 信頼区間の幅は，広いほうが母集団における平均値差を推定する精度が高い。
d. 母集団における平均値差は，20 回データをとるうち 1 回はこの区間外に存在する。

【問題 10】〔平均値差と効果量〕

ある実験で，料理の写真と同時に香りも嗅がせると，「おいしそう」と感じる度合いが強まるかどうかを調べた。実験参加者は男女 20 人ずつで，写真と同時に料理の香りを嗅がせる群と，写真のみの群とに，それぞれ 10 人ずつランダムに割り当てた。実験の結果，「おいしそう」という評定の平均値は下の表のようになった。香りの効果が男女で異なるかどうか，男女別々に群間の効果量（標準化された平均値差）を求めて比較しなさい。

	男性			女性	
	香りあり群 ($n = 10$)	香りなし群 ($n = 10$)		香りあり群 ($n = 10$)	香りなし群 ($n = 10$)
平均	15.5	14.4	平均	16.4	15.3
標準偏差	2.64	2.58	標準偏差	2.33	2.28

【問題 11】〔効果量と検定力，サンプルサイズ〕

独立な 2 群があり，母集団における効果量は $\delta = 0.4$ という。このとき，以下の各問に答えなさい。

① 2 群のサンプルサイズを $n_1 = n_2 = 20$ としたときに，有意水準 .05 の両側検定における検定力を巻末の付図 3 から読み取りなさい。
② 検定力を .8 にするために必要なサンプルサイズを，同じく付図 3 から読み取りな

さい。ただし，2群のサンプルサイズは等しいものとする。

【問題 12】〔効果量に基づく平均値差の検定〕
　記憶の実験で，妨害課題がない群と妨害課題がある群とで，再認テストの結果を比較した。その結果，妨害課題がない群の平均得点は $\bar{y}_1 = 25.7$ ($n_1 = 14$)，妨害課題がある群は $\bar{y}_2 = 23.6$ ($n_2 = 12$) となり，その効果量（標準化された平均値差）は $d = 0.834$ であった。この情報に基づいて，両群の間に平均値差があるかどうかについて，有意水準 .05 の両側検定を行いなさい。

【問題 13】〔群間の対応関係の判断〕
　次の a. から e. のうち，2群の間に対応があると考えられるものはどれか。あてはまるものをすべて選びなさい。

a. 生活満足度を夫婦 100 組に尋ね，夫と妻とで差があるかを調べる。
b. ある 1 カ月に A 保健所に予防接種に訪れた 36 カ月児全員に対し，獲得語彙数の検査を行って，男児と女児とで語彙数に差があるかどうかを調べる。
c. B 大学に在籍する 1 年生と 3 年生とで大学図書館の年間利用回数に学年差があるかどうかを，それぞれ 100 人ずつ抽出して調べる。
d. あるカウンセリングプログラムを受けた 40 人のクライエントに対し，プログラムの前後に抑うつ尺度を実施し，その得点差からプログラムの効果があるかどうかを調べる。
e. 身長・体重・生活習慣が同等で喫煙習慣の有無だけが異なる男性の対を 50 組作り，喫煙群と非喫煙群とで将来健康に差が生じるかどうかを調べる。

【問題 14】〔マッチングの利点〕
　マッチングを行って対応のある 2 群を構成する研究デザインは，独立な 2 群を用いた研究デザインと比べて，どのような強みがあると考えられるか。次の a. から e. のうち，あてはまるものをすべて選びなさい。なお，どちらの研究デザインにおいても，各群への割り当てはランダムに行われるものとする。

a. 必要な研究参加者の数が半分になる。
b. 群内における観測値間の独立性が高まる。
c. 正規性の仮定に対する頑健性が高まる。
d. 標本平均値差 $\bar{y}_1 - \bar{y}_2$ が偶然によって変動する幅を小さくできる。
e. 2 群の母集団平均が異なるとき，検定で有意差が得られる確率が高まる。

【問題15】〔検定結果に基づく信頼区間の計算(2)〕

ある研究に,「集団討議のプロセスが個人の意見変容に影響したかどうかを,事前テストと事後テストとの差によって検討した。その結果,集団討議後は集団討議前に比べて,平均値が20点満点で3.7点上昇した。この差は統計的に有意であった($t(14) = 2.340$, $p<.05$)。」と報告されていた。この情報に基づいて,母集団における平均値差の95% 信頼区間を求めなさい。

【問題16】〔群間の相関と検定力との関係〕

以下の文章は,群間の対応関係を利用することで検定力が高まる仕組みを述べたものである。この文章に基づいて,次の各問に答えなさい。

「対応のある2群について,第1群の従属変数 y_1 の母集団分布を $N(\mu_1, \sigma_1^2)$,第2群の従属変数 y_2 の母集団分布を $N(\mu_2, \sigma_2^2)$ とおく。

ここで,対になった観測値間の差 $v = y_1 - y_2$ を考える。これによって,対応のある2群の平均値差の検定は,v という1変数の平均の検定で行えることになる。差 v の標本平均 $\bar{v}$ は(Ⓐ)である。

$\bar{v}$ の標準誤差は

$$\sigma_{\bar{v}} = \frac{\sigma_v}{\sqrt{N}}$$

である。ここで分母にある N は,(㋐)である。また分子にある σ_v は,差 v の標準偏差である。一般に,2つの変数 x, y の差 $x-y$ の分散は,$\sigma_{x-y}^2 = \sigma_x^2 - 2\sigma_{xy} + \sigma_y^2$ であらわされる。この公式に $v = y_1 - y_2$ をあてはめると,(Ⓑ)が導ける。ここで σ_{12} は群間の共分散なので,もし(㋑),$\sigma_{12} = 0$ になって,$\sigma_v = \sqrt{\sigma_1^2 + \sigma_2^2}$ になる。一般に,マッチングや反復測定が行われたときは,群間の共分散は正になると考えられる。したがって対応のある2群の場合は,(㋒)σ_v の平方根の中が小さくなり,σ_v も小さくなって,標準誤差

$$\sigma_{\bar{v}} = \frac{\sigma_v}{\sqrt{N}}$$

が小さくなることがわかる。

標準誤差は,$\bar{v} = \bar{y}_1 - \bar{y}_2$ が偶然によって変動する大きさをあらわす。標準誤差が小さければ,母集団に存在する平均値差がより正確に標本平均値差に反映されることになる。そのため,母集団平均値差を検出する確率,すなわち検定力が高くなるのである。」

$$
\begin{array}{llll}
\text{a. } v = y_1 - y_2 & \text{b. } \bar{v} = \bar{y}_1 - \bar{y}_2 & \text{c. } \bar{v} = 0 & \text{d. } \sigma_{\bar{v}} = \dfrac{\sigma_v}{\sqrt{N}} \\
\text{e. } \sigma_v = \sqrt{\sigma_1^2 + 2\sigma_{12} + \sigma_2^2} & & & \text{f. } \sigma_v = \sqrt{\sigma_1^2 - 2\sigma_{12} + \sigma_2^2}
\end{array}
$$

① 文章中の空欄（ Ⓐ ）に入る式を，上の枠内から1つ選びなさい。

② 文章中の空欄（ ㋐ ）に入るものを，次の中から1つ選びなさい。

$$\begin{cases} \text{a. 2群の観測値数の和} \\ \text{b. 自由度} \\ \text{c. 対の数} \\ \text{d. 対の数 } -1 \end{cases}$$

③ 文章中の空欄（ Ⓑ ）に入る式を，上の枠内から1つ選びなさい。

④ 文章中の空欄（ ㋑ ）に入る表現として正しいものを，次の中から1つ選びなさい。

$$\begin{cases} \text{a. 2群の間に対応がなければ} \\ \text{b. 2群がそれぞれ正規分布にしたがえば} \\ \text{c. 2群の母集団において分散が等しければ} \\ \text{d. 2群の母集団において平均値差がなければ} \end{cases}$$

⑤ 文章中の空欄（ ㋒ ）に入る表現として正しいものを，次の中から1つ選びなさい。

$$\begin{cases} \text{a. } \sigma_1^2 \text{ や } \sigma_2^2 \text{ が小さくなるほど} \\ \text{b. } \bar{v} = 0 \text{ になる分だけ} \\ \text{c. } N \text{ が大きくなるほど} \\ \text{d. } 2\sigma_{12} \text{ を引く分だけ} \end{cases}$$

【問題17】〔質的変数に関する用語〕

次の各定義にあてはまる用語を，それぞれ答えなさい。

① クロス集計表（連関表）における，行ごとあるいは　　（　　　　　）
　列ごとの合計度数

② 2つの2値変数をそれぞれ 1-0 と数値化したときの　　（　　　　　）
　積率相関係数

③ 質的変数間の関連性（量的変数間の関連性と対比して）　（　　　　　）

【問題 18】〔独立な 2 群の比率差の検定〕

下の表は，学生相談室を利用したことがある学生とそうでない学生をランダムに選び，学生生活に適応しているかどうかを尋ねた結果である。

学生生活に適応していると答えた学生の比率は，学生相談室の利用の有無によって違いがあるか。独立な 2 群の比率差の検定を，有意水準 .05 の両側検定で行いなさい。

		学生生活への適応		計
		している	していない	
学生相談室	利用あり	21	21	42
	利用なし	42	14	56
	計	63	35	98 人

【問題 19】〔カイ 2 乗検定〕

下の表は，学生相談室を利用したことがある学生とそうでない学生をランダムに選び，学生生活に適応しているかどうかを尋ねた結果である（ここまで【問題 18】と共通）。

学生相談室の利用の有無と学生生活への適応との間には連関があるといえるか。有意水準 .05 のカイ 2 乗検定を行いなさい。また，その結果を【問題 18】の結果と比較しなさい。

		学生生活への適応		計
		している	していない	
学生相談室	利用あり	21	21	42
	利用なし	42	14	56
	計	63	35	98 人

【問題 20】〔ファイ係数〕

下の表は，留学生に対し，大学の授業が面白いかどうかと，部活動に参加しているかどうかを尋ねた結果である。この表におけるファイ係数を求めなさい。

		部活動への参加		計
		している	していない	
大学の授業	面白い	39	15	54
	面白くない	21	15	36
	計	60	30	90 人

【問題 21】〔クラメルの連関係数の計算〕

ある学部の3年生125人に卒業後の進路希望を尋ね，住居が"親と同居"か"それ以外"かに分けてクロス集計表にまとめた。住居と進路希望との間に連関があるかどうかについて検定を行ったところ，$\chi^2(2) = 6.355$，$p < .05$ で有意であった。このときクラメルの連関係数を求めなさい。

		進路希望			
		就職	進学	未定	計
住居	親と同居	22	16	39	77
	それ以外	23	11	14	48
	計	45	27	53	125人

【問題 22】〔連関の大きさを示す3つの統計量の性質〕

カテゴリ変数間の連関の大きさを示す3つの統計量（ファイ係数，クラメルの連関係数，カイ2乗統計量）について，次の各事項が正しいか誤っているかを判断しなさい。

① サンプルサイズが一定のとき，カテゴリ変数間の連関が強まるほど，カイ2乗統計量の値は小さくなる。 （正・誤）

② 3つの統計量のうち，2×2のクロス集計表にしか適用できないのはファイ係数とクラメルの連関係数である。 （正・誤）

③ 3つの統計量のうち，負の値をとりうるのはファイ係数とクラメルの連関係数である。 （正・誤）

④ ファイ係数がわかれば，もとのクロス集計表がなくてもクラメルの連関係数がわかる。 （正・誤）

⑤ クラメルの連関係数の上限は1である。 （正・誤）

【問題 23】〔検定方法の選択〕

以下の①から④の状況では，どの検定方法を用いるのが適当か。下の枠内に挙げた検定方法から最も適切なものを，それぞれ1つ選びなさい。

① ある植物の発芽率が環境Aと環境Bとで異なるかどうかを調べるため，それぞれの環境下で500粒ずつ種をまき，発芽率を比較する。

② 夫婦の育児分担に関して，「子どものしつけ」と「学校対応」の2項目は，それぞれ「父親の役割」「母親の役割」「両方同じ程度」のうちどれにあてはまると思うかを大学生100人に尋ね，両項目への回答のあいだに関連があるかどうかを調べる。

③ 全国英語学力試験の受験者から中学3年生200人分の成績を無作為に選び，それ

を，所属中学校にネイティブの補助教員がいるかどうかで群分けし，群間で平均値を比較する。

④ 20人の実験参加者に対し，ある注意力課題を1週間の間隔をおいて2回実施する。2回目は1回目と同じ内容・状況であるが，新たに課題遂行の様子がビデオで撮影される。ビデオ撮影の有無で注意力課題の得点に違いが生じるかどうかを調べる。

> a. 独立な2群の平均値差の検定
> b. 対応のある2群の平均値差の検定
> c. 独立な2群の比率差の検定
> d. 対応のある2群の比率差の検定
> e. 2つのカテゴリ変数間の連関の検定

【問題24】〔平均値差や比率差の検定〕

2群の平均値差や比率差の検定について，次の各事項が正しいか誤っているかを判断しなさい。

① 対応のある群を独立な群とみなして平均値差の検定を行うと，一般に検定力は高くなる。　　　　　　　　　　　　　　　　（正・誤）

② サンプルサイズが大きいとき，独立な2群の比率差の検定としては t 検定が適切である。　　　　　　　　　　　　　　　（正・誤）

③ 独立な2群の平均値差の検定では，2群のサンプルサイズの和 $n_1 + n_2$ が一定ならば，$n_1 = n_2$ のとき検定力が最大になる。（正・誤）

④ 他の条件が一定のとき，母集団における平均値差が正に大きくなるほど，データから求めた信頼区間は確率的により正に大きい位置にくる。　　　　　　　　　　　　　　　　　　　　　　　（正・誤）

【問題25】〔検定方法の選択と実行(1)〕

下のデータは，10人の小論文の答案をAさんとBさんの2人がそれぞれ別々に10点満点で採点した結果である。2人の採点の平均値に違いがあるかどうかについて，有意水準 .05 の両側検定を行いなさい。

答案番号	①	②	③	④	⑤	⑥	⑦	⑧	⑨	⑩
Aさんの採点	4	6	5	5	1	6	6	5	4	3
Bさんの採点	6	8	6	4	4	6	7	5	5	5

【問題 26】〔検定方法の選択と実行(2)〕

ある学部の 1 年生を対象に，入学直後とその半年後に，対人関係に悩みがあるかどうかの調査を行った．下の表はその結果をまとめたものである．この半年間で対人関係に悩みがあると答えた学生の比率に変化があったかどうかについて，有意水準 .05 の両側検定を行いなさい．

		半年後		
		悩みがある	悩みがない	計
入学直後	悩みがある	74	24	98
	悩みがない	12	30	42
	計	86	54	140 人

【問題 27】〔検定方法の選択と実行(3)〕

ある高校の 2 年生 180 人に，信頼できる大人が身近にいるかどうかを尋ねた．その結果，男子生徒 90 人中 36 人，女子生徒 90 人中 54 人が「いる」と答えた．「いる」と答えた比率に性差があるかどうかについて，有意水準 .05 の両側検定を行いなさい．

【問題 28】〔検定方法の選択と実行(4)〕

ある小論文課題が実施され，「論述力」という観点から 20 点満点の採点が行われた．文系の学生の答案から 15 人分，理系の学生の答案から 15 人分をそれぞれランダムに抜き出したところ，文系の学生の得点は $\bar{y}_1 = 10.7$，$s_1 = 1.58$，理系の学生の得点は $\bar{y}_2 = 9.6$，$s_2 = 1.05$ であった．文系の学生と理系の学生の間で得点に差があるかどうかについて，有意水準 .05 の両側検定を行いなさい．

【問題 29】〔検定方法の選択と実行(5)〕

友人に相談して「しっかりしなよ」と言われたとき，その言葉に逆に傷ついたことがあるかどうかを大学生に尋ねた．下の表は，その結果を男女別にまとめたものである．性別と傷ついたかどうかとの間に関連があるかどうかについて，有意水準 .05 の検定を行いなさい．

	「しっかりしなよ」という言葉に		
	傷ついた	傷つかなかった	計
男性	11	16	27
女性	17	11	28
計	28	27	55 人

解答と解説

Answers & Explanations

【問題1】

解答

① マッチングによって構成された研究参加者の対や組。
② 質的変数や量的差異を反映したカテゴリからなる変数に対する総称。
③ ある群に属する観測値が，他の群の特定の観測値と対などの対応関係にあること。
④ 別々に行われた複数の研究結果を統計的に統合するための方法。

解説

① 従属変数の値には，独立変数以外の要因も影響を与えている可能性があります。このような局外的な要因は剰余変数とよばれます。そのうち特に影響を排除したい剰余変数について，値が同等になる研究参加者のブロックを作り，各群に均等に割り当てます。これにより標準誤差が小さくなり，母集団に存在する効果がより正確に標本平均値差に反映されるようになります。
② 質的な差異しかあらわさない名義変数や，「上位群・中位群・下位群」のような順序性のある数個の分類カテゴリからなる変数を，カテゴリ変数とよびます。数値化されていても，数値にはラベルとしての意味しかありませんので，量的変数とは異なる扱いになります。
③ 群間に対応があるかないかで，選ぶべき検定の方法が異なります。どのような場合に対応があるかについては，【問題13】を参照してください。
④ たとえば先行研究をレビューして，群間に差があるかどうかを総合的に判断したいとします。このとき，「有意な効果がみられた研究が p 件で，みられなかった研究 q 件より数が多かった。したがって群間に差があるといえる」，のように"多数決"で効果の有無を判断するのは危険です。検定で有意な効果が得られるかどうかは，サンプルサイズや集団の等質性に影響されます。個々の研究の状況を無視して有意かどうかだけを評価してはいけません。このようなときメタ分析では，各研究で観察された効果の大きさを共通の量的指標であらわし，それらを統合して検討するといったアプローチがとられます。

【問題2】

解答

① t 分布を用いた平均値差の検定。独立な2群の平均値差の検定と，対応のある2群の平均値差の検定の2通りがある。
② 母集団において効果量が0でない（すなわち $\mu_1 - \mu_2 \neq 0$）ときの t 統計量の分布。

③ カイ 2 乗分布を用いたカテゴリ変数間の連関の検定。
④ 標本平均の標本分布はサンプルサイズが大きくなるにつれ正規分布に近づく，ということを述べた法則。

解説

① 広義には t 分布に基づく検定全般を t 検定とよぶこともありますが，通常は 2 群の平均値の差の検定を指します。

② 母集団において $\mu_1 - \mu_2 \neq 0$ のときの t 統計量の分布は，非心 t 分布とよばれます。この分布は，母集団効果量 δ の大きさに応じて分布の位置が正または負の方向にずれ，形もやや歪みを帯びます。非心 t 分布は，検定力や第 2 種の誤りの確率を求めるときに用いられます。一方，母集団において $\mu_1 - \mu_2 = 0$ のときの t 統計量の分布は，0 を中心とした左右対称の形をしています。非心 t 分布と区別して，中心 t 分布とよばれることがあります。

③ 広義にはカイ 2 乗分布に基づく検定全般を指しますが，通常はクロス集計表におけるカテゴリ変数間の連関の検定をカイ 2 乗検定とよびます。後者の場合は，しばしば独立性の検定ともよばれます。

④ たとえば独立な 2 群の比率差の検定は，サンプルサイズが大きければ正規分布で近似して行うことができます。その理論的根拠となっているのが中心極限定理です（第 4 章【問題 11】の「解説」③も参照してください）。

【問題 3】

解答

検定の場面	群間の対応	検定統計量	標準誤差	自由度
2 群の平均値差（母集団分散は未知）	なし	㋐ b. $t = \dfrac{\bar{y}_1 - \bar{y}_2}{s_{\bar{y}_1 - \bar{y}_2}}$	Ⓐ g. $s_{\bar{y}_1 - \bar{y}_2} = \sqrt{\dfrac{n_1 s_1^2 + n_2 s_2^2}{n_1 + n_2 - 2}} \sqrt{\dfrac{1}{n_1} + \dfrac{1}{n_2}}$	$df = n_1 + n_2 - 2$
	あり	㋑ c. $t = \dfrac{\bar{v}}{s_{\bar{v}}}$	Ⓑ h. $s_{\bar{v}} = \dfrac{s'_v}{\sqrt{N}}$	$df = N - 1$
2 群の比率の差	なし	㋒ a. $z = \dfrac{p_1 - p_2}{s_{p_1 - p_2}}$	Ⓒ j. $s_{p_1 - p_2} = \sqrt{p(1-p)\left(\dfrac{1}{n_1} + \dfrac{1}{n_2}\right)}$	
	あり	$z = \dfrac{n_{12} - m/2}{\sqrt{m/2}}$ $(m = n_{12} + n_{21})$	Ⓓ i. $s = \dfrac{\sqrt{m}}{2}$	
2 つのカテゴリ変数間の連関		㋓ e. $\chi^2 = \sum_{i=1}^{a} \sum_{j=1}^{b} \dfrac{(n_{ij} - e_{ij})^2}{e_{ij}}$		$df = (a-1)(b-1)$

解説　式をすべて覚えるのが難しくても，どの式がどの検定で用いられるのかの見分けはつくようにしておきたいものです。

いろいろな検定の式を一覧にすると，たとえば表の上から4つの検定では，検定統計量が

$$\frac{標本における値 - 帰無分布における母数}{標準誤差}$$

という形をしていることがわかります。帰無分布における母数とは，この4つの検定では母集団において「差がない」ときの期待値で，$\bar{y}_1 - \bar{y}_2$ や $\bar{v}$，$\bar{p}_1 - \bar{p}_2$ に対しては 0，n_{12} に対しては $\frac{m}{2}$ になります。これらは帰無仮説で，$\mu_1 - \mu_2 = 0$ や $\pi_1 - \pi_2 = 0$ などとして示されます。つまり検定統計量は，標本における値が帰無仮説のもとでの期待値から隔たっている程度を，その標準誤差を単位としてあらわしていることになります。こうした共通の形がつかめると，検定の仕組みが理解しやすくなりますし，他の検定手法への応用もきくようになります。

【問題4】

解答

① 頑健性

② a. 観測値の独立性：各観測値は，互いに影響を与えたり関連をもったりしないこと

　　b. 正規性：2群の母集団分布はそれぞれ正規分布であること

　　c. 等分散性（分散の等質性）：2群の母集団分布の分散が等しいこと

解説

① 現実に得られるデータには，ランダムサンプリングされていることも，特定の確率分布に正確にしたがうことも，ほとんど期待できません。検定が頑健であるということは，現実のデータ解析場面では非常に重要なことです。

② 独立な2群の平均値差の検定においてこれら3つの仮定が満たされないとき，t 統計量は理論上の標本分布である t 分布に正確にしたがわなくなります。たとえば観測値の独立性の仮定が満たされないとき，母集団において $\mu_1 = \mu_2$ であるのに検定で有意差が"見出される"確率（第1種の誤りの確率）は名目上の有意水準より大きくなり，条件しだいではその確率が40%を超えることもあります（群内の観測値が独立でない場合については，トピック6-2も参照してください）。t 検定をはじめ，ほとんどの検定は，観測値の独立性に関してあまり頑健ではありません。一方，正規性の仮定と等分散性の仮定については，サンプルサイズが比較的大きく，かつ2群のサンプルサイズが大きく異ならないならば，t 検定は比較的頑健であるとされています。

量的変数の中には，反応時間のように，はじめから正規分布を仮定しにくいものがあります。そのような変数の平均値を比較するときは，数学的な変換を施して正規分布にしたがうようにするか，ノンパラメトリック法という，分布に対する仮定がより

緩やかな検定方法を用いることが考えられます（ノンパラメトリック法については，トピック 6-1 に解説があります）。

【問題 5】

解答　帰無仮説を $H_0 : \mu_1 - \mu_2 = 0$，$\alpha = .05$ として，独立な 2 群の平均値差の検定を両側検定で行う。$df = 120 + 120 - 2 = 238$ より，棄却の限界値は $t_c = \pm 1.97$ となる。検定統計量は，

$$t = \frac{\bar{y}_1 - \bar{y}_2}{\sqrt{\frac{n_1 s_1^2 + n_2 s_2^2}{n_1 + n_2 - 2}}\sqrt{\frac{1}{n_1} + \frac{1}{n_2}}} = -2.059$$

であり，棄却の限界値の外側になる。よって帰無仮説は棄却され，今年と 20 年前とでは，授業時間外の学習時間に統計的に有意な差があるといえる。

解説　検定統計量の計算は，以下のようになります。

$$t = \frac{\bar{y}_1 - \bar{y}_2}{\sqrt{\frac{n_1 s_1^2 + n_2 s_2^2}{n_1 + n_2 - 2}}\sqrt{\frac{1}{n_1} + \frac{1}{n_2}}} = \frac{87.5 - 92.8}{\sqrt{\frac{120 \times 20.2^2 + 120 \times 19.5^2}{120 + 120 - 2}}\sqrt{\frac{1}{120} + \frac{1}{120}}}$$

$$= \frac{-5.3}{\sqrt{\frac{1}{119}(20.2^2 + 19.5^2)}} = -2.059$$

自由度が大きいので，t 分布の数表（巻末の付表 4）にちょうど該当する値がありません。このようなときは，前後の値から判断して限界値を決めます。

検定の結果，今年と 20 年前とで授業時間外の学習時間に有意な差がみられました。ただし，平均値そのものは 5 分程度しか違いません。学生の生活時間の中で，5 分というのはどのくらいの意味をもつでしょうか。一般にサンプルサイズが大きいときは，わずかな差も有意になる傾向があります。結果の解釈においては，有意かどうかだけでなく，平均値の差が実質的にも意味があるかを考慮する必要があります。

【問題 6】

解答

① ㋐ $\bar{y}_1 \sim N\left(\mu_1, \frac{\sigma_1^2}{n_1}\right)$　㋑ $\bar{y}_2 \sim N\left(\mu_2, \frac{\sigma_2^2}{n_2}\right)$

㋒ $\bar{y}_1 - \bar{y}_2 \sim N\left(\mu_1 - \mu_2, \frac{\sigma_1^2}{n_1} + \frac{\sigma_2^2}{n_2}\right)$

㋓ $\bar{y}_1 - \bar{y}_2 \sim N\left(\mu_1 - \mu_2, \sigma^2\left(\frac{1}{n_1} + \frac{1}{n_2}\right)\right)$

㋔ $s_{\bar{y}_1 - \bar{y}_2} = s^*\sqrt{\frac{1}{n_1} + \frac{1}{n_2}} = \sqrt{\frac{n_1 s_1^2 + n_2 s_2^2}{n_1 + n_2 - 2}}\sqrt{\frac{1}{n_1} + \frac{1}{n_2}}$

② c. と d.

解説
① ⑦と⑦：一般に標本分布の平均は母集団分布の平均と一致し，分散は n 分の 1 になります。また母集団分布が正規分布なら，平均値の標本分布も正規分布になります。

⑦：文中で与えられた一般的な法則の x に $\bar{y}_1$ を，y に $\bar{y}_2$ を対応させます。以下，それぞれ μ_x を μ_1 に，μ_y を μ_2 に，σ_x^2 を σ_1^2/n_1 に，σ_y^2 を σ_2^2/n_2 におきかえます。平均値の分布なので，分散は n 分の 1 になります。

⑤：$\sigma_1^2 = \sigma_2^2 = \sigma^2$ なので，共通項としてくくり出します。

⑦：$\bar{y}_1 - \bar{y}_2 \sim N\left(\mu_1 - \mu_2,\ \sigma^2\left(\dfrac{1}{n_1} + \dfrac{1}{n_2}\right)\right)$

における σ^2 の位置に

$$s^{*2} = \frac{n_1 s_1^2 + n_2 s_2^2}{n_1 + n_2 - 2}$$

を代入して，分散全体の平方根をとります。

② a. 独立な 2 群の検定では一般に $n_1 \neq n_2$ ですし，$n_1 = n_2$ だとしても分母が $n_1 + n_2$ ではないので，2 群の標本分散の平均とは一致しません。

b. 観測値全体で求めた分散には，群内の分散に加えて群間の標本平均値の違いも反映されます（第 2 章【問題 12】の「解説」②を参照してください）。

c. s^{*2} の期待値をとると，共通と仮定した 2 群の母集団分散 σ^2 に一致することが知られています。

d. 母集団分散が等しいと仮定したので，第 1 群だけで求めた不偏分散も，第 2 群だけで求めた不偏分散も，ともに σ^2 の推定値になります。同じ値を推定しているのであれば，2 群をまとめて推定値を求めたほうが，より多くの観測値を用いる分，精度が高くなると期待されます。

【問題 7】

解答 d.

解説 未知の母集団分散を推定値で代用したために，正確には正規分布にしたがわなくなります。t 分布は，サンプルサイズ（正確には自由度）が無限大のとき正規分布に一致します。したがって，サンプルサイズが十分大きいときは正規分布で近似した検定が行えますが，サンプルサイズが小さいことが，正規分布に正確にしたがわないことの理由ではありません。また，2 群のサンプルサイズや標本分散が異なることと，標本分布が t 分布になることとは，関係ありません。

【問題 8】

解答 (0.162, 1.038)

解説 検定の結果は報告されていても，信頼区間までは報告されていないことがあります。けれども検定に関する情報があれば，このように信頼区間を計算することができます。

2群のサンプルサイズが異なることから，「独立な2群の平均値差の検定」と判断されます。このときの信頼区間は，「標本平均値差 $\pm t_c \times$ 標準誤差」という形をしています。t_c は両側検定における棄却の限界値で，95% 信頼区間では両側 5% 点が対応します。$df = 60$ の t 分布における両側 5% 点は ± 2.000 です（巻末の付表 4 より）。また，標本平均値差は $5.4 - 4.8 = 0.6$ です。

標準誤差は検定統計量から求めることができます。検定統計量は

$$t = \frac{\bar{y}_1 - \bar{y}_2}{\text{標準誤差}}$$

という形をしていますから（より正確な式は，【問題 3】の「解答」の表を参照してください），設問の情報を代入すれば，

$$t = \frac{5.4 - 4.8}{\text{標準誤差}} = 2.738$$

となり，標準誤差は $\frac{0.6}{2.738} = 0.219$ とわかります。

以上の情報から，信頼区間の下限値は $0.6 - 2.000 \times 0.219 = 0.162$，上限値は $0.6 + 2.000 \times 0.219 = 1.038$ です。

【問題 9】

解答 a. のみ

解説 95% 信頼区間とは，「95% の確率で母数を含む区間」のことです。データから求めた信頼区間の中心的な位置は標本平均値差によって決まり，その幅は標準誤差の大きさに影響を受けます。これらの統計量はサンプリングによって確率的に変動するので，信頼区間全体が確率的に変動します。その中で母数を含んだ区間が生じる確率が 95% なのです。一方，母数は，その具体的な値が未知なだけで，値そのものは固定された定数です（第 5 章の【問題 21】，【問題 22】も参照してください）。

a. 信頼区間は，「同じデータで対応する（95% 信頼区間なら 5% の）両側検定を行ったときの，棄却されない帰無仮説の集合」でもあります。95% 信頼区間に 0 が含まれていれば，その値を帰無仮説 $H_0 : \mu_1 - \mu_2 = 0$ として $\alpha = .05$ の両側検定を行うと，帰無仮説は棄却されません。

b. a. で述べたように，信頼区間内の他の値を帰無仮説としても，対応する両側検定においてその帰無仮説は棄却されません。信頼区間に 0 が含まれているからといって，母集団における値を 0 と断定ことはできません。

c. 母数を含む確率が同じ 95% でありながら信頼区間の幅が広いということは，標準誤差が大きいということです。つまり，標本変動が大きくて精度の低い推定しか行えないことになります。

d. この記述は，固定した値であるはずの母数が確率的に変動するような表現になっているので，正しい表現とはいえません。

【問題10】

解答 　男性における効果量は 0.400，女性における効果量は 0.453 なので，女性における香りの効果のほうがやや大きいといえる。

解説 　群間の平均値差は男女とも 1.1 と同じですが，標準偏差が小さい分，女性の効果量のほうが大きくなります。男女間で個人差のありかたが異なるため，同じ平均値差でも相対的な意味が異なってくるのです。この例でわかるように，群間の平均値差を解釈するときは，平均値の差だけでなく，群内の散らばりも合わせて評価する必要があるといえます。

効果量（標準化された平均値差）は

$$d = \frac{\bar{y}_1 - \bar{y}_2}{s^*} \quad \left(\text{ただし } s^* = \sqrt{\frac{n_1 s_1^2 + n_2 s_2^2}{n_1 + n_2 - 2}}\right)$$

という式で求められます。s^* は群内の標準偏差の推定量で，2群の群内分散の重み付き平均をもとにしています。男性における s^* の値は

$$s^* = \sqrt{\frac{10 \times 2.64^2 + 10 \times 2.58^2}{10 + 10 - 2}} = \sqrt{\frac{136.260}{18}} = 2.751$$

ですから，男性における効果量は

$$d = \frac{\bar{y}_1 - \bar{y}_2}{s^*} = \frac{15.5 - 14.4}{2.751} = 0.400$$

です。一方，女性における効果量は

$$s^* = \sqrt{\frac{10 \times 2.33^2 + 10 \times 2.28^2}{10 + 10 - 2}} = \sqrt{\frac{106.273}{18}} = 2.430$$

ですから，

$$d = \frac{16.4 - 15.3}{2.430} = 0.453$$

です。

【問題11】

解答
① およそ .23
② 各群およそ 100 人以上

解説 　母集団において効果量が 0 でないことから，真の状態で対立仮説 $H_1 : \mu_1 - \mu_2 \neq 0$ が正しい状況です。このとき検定力を求めるには非心 t 分布が必要になりますが，非心 t 分布に基づく確率の計算は複雑です。付図3のように与えられていると便利です。

① 付図3の横軸上に $\delta = 0.4$ の位置をとり，そこから上にたどってサンプルサイズが

"20"と記されている曲線との交点を求め，その縦軸上の値を読み取ります。

② 同様に横軸上に $\delta = 0.4$ の位置をとり，そこから上にたどって，縦軸上の値が .8 になるサンプルサイズを探します。

【問題12】

解答 妨害課題がない群とある群との再認テストの結果には，統計的に有意な差があるといえる（$t(24) = 2.120, p < .05$）。

解説 このように効果量しかわからない場合でも，自分で検定を行うことができます。

設問では群間の対応の有無が明示されていませんが，両群のサンプルサイズが異なることから，対応はないと判断できます。検定統計量の式は

$$t = \frac{\bar{y}_1 - \bar{y}_2}{s_{\bar{y}_1 - \bar{y}_2}} = \frac{\bar{y}_1 - \bar{y}_2}{\sqrt{\frac{n_1 s_1^2 + n_2 s_2^2}{n_1 + n_2 - 2}}\sqrt{\frac{1}{n_1} + \frac{1}{n_2}}}$$

になります。この式において

$$s^* = \sqrt{\frac{n_1 s_1^2 + n_2 s_2^2}{n_1 + n_2 - 2}}$$

とおいてさらに変形すると，

$$t = \frac{\bar{y}_1 - \bar{y}_2}{s^*} \times \frac{1}{\sqrt{\frac{1}{n_1} + \frac{1}{n_2}}} = \frac{\bar{y}_1 - \bar{y}_2}{s^*} \times \sqrt{\frac{n_1 n_2}{n_1 + n_2}}$$

となり，効果量をくくり出すことができます。ここで設問の値を代入すると，t 統計量の値は

$$t = \frac{\bar{y}_1 - \bar{y}_2}{s^*} \times \sqrt{\frac{n_1 n_2}{n_1 + n_2}} = 0.834 \times \sqrt{\frac{14 \times 12}{14 + 12}} = 2.120$$

になります。一方，巻末の付表4より棄却の限界値は $t_c = \pm 2.064$（$df = 14 + 12 - 2 = 24$）ですから，検定統計量の値は棄却の限界値の外側になり，帰無仮説は棄却されます。

【問題13】

解答 a., d., e. の3つ

解説 群間の対応関係は，大きく3つのタイプに分けられます。

(1) マッチングによりブロックが構成された場合。

(2) 「事前テスト―事後テスト」デザインなど，同じ対象に反復測定が行われた場合。

(3) 夫婦や双子，親子など，はじめから自然発生的な組になっている場合。

設問では，a. は(3)のタイプ，d. は(2)のタイプ，e. は(1)のタイプに該当します。b. は，男児と女児がバラバラに来所していますから，群間の観測値に対応がありません。c. は，同じ大学なので観測値が似る可能性はありますが，マッチングが行われたわけで

はないので，やはり群間の観測値に対応はありません。

【問題 14】

解答　d., e. の 2 つ

解説
a. 同じ研究参加者が複数の測定を受ける反復測定デザインとは異なり，マッチングの場合は"同等とみなせる別の研究参加者"が各群に割り当てられるので，必要な研究参加者の数は半減しません。
b. マッチングの有無は 群間の対応関係 に影響しますが，群内における 観測値間の独立性には関与しません。設問では群への割り当てはどちらもランダムに行われていますから，群内の観測値間の独立性は同等と考えられます。
c. 正規性の仮定は，群内における観測値の分布について述べたものです。観測値を群間で対応づけることとは関係ありません。
d. マッチングを行うと，マッチング変数に関する変動が標本平均値差の変動に混入するのを防ぐことができます。
e. d. に通じる点ですが，一般にマッチングによって平均値差の標準誤差を小さくすることができるので，検定力が高まります（その仕組みについては，【問題 16】を参照してください）。

【問題 15】

解答　(0.309, 7.091)

解説　「事前テスト―事後テスト」という記述から，「対応のある 2 群の平均値差の検定」と判断できます。平均値差の信頼区間は「標本平均値差 $\pm t_c \times$ 標準誤差」という形をしています。t_c は棄却の限界値で，95% 信頼区間なので両側 5% 点が対応します。巻末の付表 4 から，自由度 14 の t 分布における両側 5% 点は ± 2.145 です。標準誤差 $s_{\bar{v}}$ は検定統計量の式

$$t = \frac{\bar{v} - \mu_v}{s_{\bar{v}}}$$

から求めます。ここで μ_v が帰無仮説から 0 になることと，設問の値を代入すれば，

$$t = \frac{\bar{v} - \mu_v}{s_{\bar{v}}} = \frac{3.7 - 0}{s_{\bar{v}}} = 2.340$$

より $s_{\bar{v}} = 1.581$ が得られます。以上から，信頼区間の下限値は $3.7 - 2.145 \times 1.581 = 0.309$，上限値は $3.7 + 2.145 \times 1.581 = 7.091$ です。

この設問では，母集団における変化の大きさは 20 点満点中 0.3 点から 7.1 点までという，幅の広い推定結果になりました。母集団における平均値差が下限値の 0.3 点であれば，意見の変化はごく小さいといえます。一方，上限値の 7.1 点であれば，母集団における意見の変化は非常に大きいといえます。このように信頼区間の下限と上限とでは研究に

おける意味合いが異なることがありますから，差の大きさを評価するときは，観測された平均値差だけでなく，信頼区間も合わせて解釈することが望まれます。

【問題16】

解答　①b.　②c.　③f.　④a.　⑤d.

解説
① 差の平均は，平均の差になります。
② 対応がある場合は，$n_1 + n_2$ ではなく，対の数を基本に考えます。
③ 一般的な公式の x に y_1，y に y_2 をあてはめます。$\sigma_v^2 = \sigma_1^2 - 2\sigma_{12} + \sigma_2^2$ となることから，$\sigma_v = \sqrt{\sigma_1^2 - 2\sigma_{12} + \sigma_2^2}$ を選びます。
④ 2群の間の共分散 σ_{12} が0になるということは，群間に相関がない，すなわち独立だということです。
⑤ $\sigma_v = \sqrt{\sigma_1^2 - 2\sigma_{12} + \sigma_2^2}$ と $\sigma_v = \sqrt{\sigma_1^2 + \sigma_2^2}$ を見比べると，$2\sigma_{12}$ を引いていることがわかります。通常は $\sigma_{12} > 0$ と考えられるので，その分だけ平方根の中身が小さくなります。

【問題17】

解答　①周辺度数　②ファイ係数（四分点相関係数）　③連関

解説
① クロス集計表において，他の変数への分類を無視してまとめた度数が「周辺度数」です。表の各セルに入る度数の「セル度数」，データ全体の度数の「総度数」と合わせて覚えておきましょう。
② ファイ係数は，四分点相関係数ともよばれます。2つの2値変数をそれぞれ1-0と数値化して積率相関係数の式に代入し，それを変形していくと，ファイ係数の

$$\phi = \frac{n_{11}n_{22} - n_{12}n_{21}}{\sqrt{n_{1.}n_{2.}n_{.1}n_{.2}}}$$

という式になります。なお積率相関係数の値は変数の平均や標準偏差の影響を受けませんから，1-0以外の数値を用いても，ファイ係数の絶対値は同じになります。
③ 統計学では，質的変数間の関連性を連関（association），量的変数間の関連性を相関（correlation）とよんで区別するのが一般的です。

【問題18】

解答　$z = -2.556, p < .05$ で，学生相談室の利用の有無によって，学生生活に適応していると答えた学生の比率に統計的に有意な差があるといえる。

解説　サンプルサイズが大きい場合，独立な2群の比率差の検定は，正規分布で近似して行うことができます。棄却の限界値は $z_c = \pm 1.960$ です（巻末の付表2より）。
まず，両群に共通の母集団比率を

によって推定します。設問の値を代入すると，

$$p = \frac{n_1 p_1 + n_2 p_2}{n_1 + n_2} = \frac{21 + 42}{42 + 56} = .643$$

となります。この値を標準誤差を推定する式に代入します。

$$s_{p_1 - p_2} = \sqrt{p(1-p)\left(\frac{1}{n_1} + \frac{1}{n_2}\right)} = \sqrt{.643 \times (1 - .643) \times \left(\frac{1}{42} + \frac{1}{56}\right)} = 0.0978$$

この値を使うと，検定統計量は

$$z = \frac{p_1 - p_2}{s_{p_1 - p_2}} = \frac{\dfrac{21}{42} - \dfrac{42}{56}}{0.0978} = -2.556$$

となります。-2.556 は棄却の限界値の外側にありますから，帰無仮説は棄却され，学生生活に適応していると回答した比率には統計的に有意な差があるといえます。

【問題19】

解答　$\chi^2(1) = 6.533, p < .05$ で，学生相談室の利用の有無と学生生活への適応との間に連関があるといえる。この結果は，【問題18】で比率の差が有意になったことと整合的である。

解説　$df = (2-1)(2-1) = 1$ なので，巻末の付表8から，棄却の限界値は $\chi_c^2 = 3.841$ です。また，各セルの推定期待度数は次のようになります。

利用あり・適応：$e_{11} = \dfrac{42 \times 63}{98} = 27$　　利用あり・不適応：$e_{12} = \dfrac{42 \times 35}{98} = 15$

利用なし・適応：$e_{21} = \dfrac{56 \times 63}{98} = 36$　　利用なし・不適応：$e_{22} = \dfrac{56 \times 35}{98} = 20$

したがってカイ2乗統計量は，

$$\chi^2 = \sum_{i=1}^{a} \sum_{j=1}^{b} \frac{(n_{ij} - e_{ij})^2}{e_{ij}}$$
$$= \frac{(21-27)^2}{27} + \frac{(21-15)^2}{15} + \frac{(42-36)^2}{36} + \frac{(14-20)^2}{20} = 6.533$$

です。この値は棄却の限界値を超えますから，2つの変数間には連関があるといえます。なお上の式において $\sum_{i=1}^{a} \sum_{j=1}^{b}$ の部分は，クロス集計表のすべてのセルに関して和をとるという操作をあらわします。

独立な2群の比率差の検定が対象とするデータは，2つの母集団があり，それぞれからサンプルを得て1つのカテゴリ変数を測定した形をしています。一方カイ2乗検定が対象とするデータは，1つの母集団から得た1つのサンプルに対し，2つのカテゴリ変数を

測定した形です。

ただし，比率差の検定に適したデータにカイ2乗検定を適用しても，検定結果は常に一致します。これは，z統計量を2乗すると自由度1のカイ2乗分布にしたがうという統計学的事実によっても裏付けられます。設問のデータでも $z^2 = 2.556^2 = 6.533$ となり，【問題18】における z 統計量の2乗が【問題19】におけるカイ2乗統計量に一致していることがわかります。意味的に考えても，母集団ごとに比率が異なるということは，どの群に属するかということによって従属変数における度数の分布が違ってくることを意味しますから，群分けを示す変数と従属変数との間に関連性があるといえます。

結果的にいえば，独立な2群の比率差の検定をカイ2乗検定で代用してもよいといえます。またカイ2乗検定なら，母集団が3つ以上に増えた場合の比率差の検定にも対応できます。このときのカイ2乗検定は，比率の等質性の検定とよばれることがあります。

【問題20】

解答 $\phi = .144$

解説 ファイ係数の式

$$\phi = \frac{n_{11}n_{22} - n_{12}n_{21}}{\sqrt{n_{1.}n_{2.}n_{.1}n_{.2}}}$$

に表の数値を代入すると，

$$\phi = \frac{39 \times 15 - 15 \times 21}{\sqrt{54 \times 36 \times 60 \times 30}} = \frac{270}{1870.6} = .144$$

が得られます。分子には表のセルにおける"たすきがけ"の積の差，分母には4つの周辺度数の積の平方根が入ります。

設問の場合，大学の授業が面白いと回答した比率は，部活動に参加している学生では65%ですが，部活動に参加していない学生では50%です。比率の差としてはそれなりに大きいのですが，ファイ係数の値は .144 という比較的小さな値です。一般にカテゴリ変数間の連関の指標は，特にカテゴリ数が少ないときに，値が小さめになる傾向があります。

設問のようにファイ係数は手計算でも簡単に求められますが，ソフトウェアを用いるなら，面白い = 1，面白くない = 0，している = 1，していない = 0 など，それぞれ2値に数値化して積率相関係数を求めるとよいでしょう（【問題17】②の「解説」も参照してください）。

【問題21】

解答 $V = .225$

解説 検定では，統計的に有意な連関があるかどうかしかわかりません。具体的な連関の強さを知りたいときは，クラメルの連関係数（やファイ係数）を求めましょう。

クラメルの連関係数は

$$V = \sqrt{\frac{\chi^2}{(\min(a, b) - 1)N}}$$

で計算されます。分母にある $\min(a, b) - 1$ は，"行の数 a と列の数 b のうち値の小さいほうを選び，さらに1を引く"という操作をあらわします。設問では $a = 2, b = 3$ ですから，$\min(a, b) - 1 = 2 - 1$ です。また，N には総度数の125が入ります。以上よりクラメルの連関係数を求めると，

$$V = \sqrt{\frac{6.355}{(2-1) \times 125}} = .225$$

になります。

この値を通常の相関係数の基準で考えると，弱い相関にあたります。けれども【問題20】の「解説」で述べたように，カテゴリ変数間の連関係数は値が小さめになりがちです。連関の大きさを評価するときは，このことに注意しつつ，クロス集計表も参照しながら総合的に解釈してください。

【問題 22】

解答 ①誤 ②誤 ③誤 ④正 ⑤正

解説

① カイ2乗統計量

$$\chi^2 = \sum_{i=1}^{a} \sum_{j=1}^{b} \frac{(n_{ij} - e_{ij})^2}{e_{ij}}$$

は，2つのカテゴリ変数間が独立であるというモデルのもとでの推定期待度数 e_{ij} と，実際に観測された度数 n_{ij} との乖離をもとに構成されています。観測された度数がすべてのセルで推定期待度数と一致したとき，すなわち独立というモデルに一致したときに0となり，推定期待度数から離れるほど，すなわち連関が強まるほど，カイ2乗統計量は大きくなります。

② ファイ係数は 2×2 のクロス集計表にしか適用できませんが，クラメルの連関係数は，それ以外のサイズのクロス集計表に広く適用できます。

③ ファイ係数の式

$$\phi = \frac{n_{11} n_{22} - n_{12} n_{21}}{\sqrt{n_{1 \cdot} n_{2 \cdot} n_{\cdot 1} n_{\cdot 2}}}$$

をみると，分母は基本的に正の値しかとりませんが，分子は負になる可能性があります。一方，カイ2乗統計量は2乗したものを加えた形をしていますから，負の値はとりません。クラメルの連関係数も，

$$V = \sqrt{\frac{\chi^2}{(\min(a,\ b)-1)N}}$$

として正の平方根で定義されていますから，負の値はとりません。

④　ファイ係数とクラメルの連関係数との間には，$V = |\phi|$ という関係があります。ファイ係数がわかれば，クラメルの連関係数もわかります。逆に 2×2 のクロス集計表でクラメルの連関係数がわかっても，ファイ係数の符号まではわかりません。

⑤　クラメルの連関係数 V は $0 \leq V \leq 1$ の範囲の値をとり，まったく連関がないときに 0，最大の連関を示したときに 1 になります。ただし「最大の連関」とは，「どの行の度数も，そのすべてがどれか 1 つの列に集中する」ということです。言い換えれば，どの行に属するかがわかれば，どの列に属するかが完全にわかるという状態が「最大の連関」です。なお，この説明の「行」と「列」は入れ替えても同じですが，下の表のように行数が列数より多いときは，$V = 1$ であっても，ある列の度数は必然的に複数の行に分散することになります。

		変数 y	
		1	2
変数 x	1	4	0
	2	0	8
	3	4	0

【問題 23】

解答　①c.　②e.　③a.　④b.

解説

①　環境 A と環境 B という 2 群が設けられていること，種について何もブロック化がされていないこと，発芽率という比率を比較していること，などから「独立な 2 群の比率差の検定」になります。

②　3 つの回答カテゴリからなる変数が 2 つ（ここでは「子どものしつけ」と「学校対応」の 2 項目）あり，その間に連関があるかどうかを考えているので，「2 つのカテゴリ変数間の連関の検定」と判断できます。

③　群間でマッチングが行われていないこと，平均値を比較していることから，「独立な 2 群の平均値差の検定」と判断できます。

④　同一対象者が反復測定を受けるタイプのデータです。得点の変化が問題になっていることから，比率差ではなく平均値差の検定と判断できます。「対応のある 2 群の平均値差の検定」です。

【問題 24】

解答　①誤　②誤　③正　④正

解説

① 群間に対応があるときの検定では，対になったデータ間の相関関係を考慮することで誤差の変動が減り，標準誤差が小さくなって検定力が上がります。また，群間に対応があるのに独立な群とみなして差の検定を行うのは，分析法として誤りといえます（【問題16】も参照してください）。

② 独立な2群の比率差の検定は，各群のサンプルサイズが大きい場合，z 統計量による近似的な検定ができます。また，クロス集計表の形にしてカイ2乗検定を行うことも可能ですが，一般に t 検定は適用されません。

③ 2群のサンプルサイズが等しい場合，検定力が最大になるという利点のほかに，母集団分散の等質性という仮定に対しても頑健性が高まるという利点があります。

④ 信頼区間は，母数の推定値を1つの値ではなく区間で示すものです。データから求めた信頼区間の中心的な位置は，確率的・平均的には母数の位置に重なります。推定の対象となる母数 $\mu_1 - \mu_2$ の値が正に大きければ，求めた信頼区間は確率的に正に大きいほうに位置します。

【問題25】

解答　帰無仮説を $H_0 : \mu_v = 0$ として，対応のある2群の平均値差の検定を $\alpha = .05$ の両側検定で行う。$df = 10 - 1 = 9$ より，棄却の限界値は $t_c = \pm 2.262$ である。

2人の採点結果の差の平均 $\bar{v}$ と不偏分散の標準偏差 s'_v は，それぞれ $\bar{v} = -1.10$，$s'_v = 1.197$ である。これらの値を用いると，検定統計量は

$$t = \frac{\bar{v}}{\frac{s'_v}{\sqrt{N}}} = \frac{-1.10}{\frac{1.197}{\sqrt{10}}} = -2.906$$

となり，棄却の限界値を超える。したがって帰無仮説は棄却され，2人の平均値には統計的に有意な差があるといえる。

解説　同じ答案を2人が採点しているので，反復測定データの一種といえます。また，得点差が問題になっていますから，「対応のある2群の平均値差の検定」になります。棄却の限界値は巻末の付表4で調べます。

この検定では，まず答案ごとに得点差 v を求め，その差を1つの変数とみなして平均 $\bar{v}$ や不偏分散の標準偏差 s'_v を求めます。差 v の平均と標準偏差は次のようになります。また，自由度は（答案の数 -1）です。

	答案番号											
	①	②	③	④	⑤	⑥	⑦	⑧	⑨	⑩	$\bar{v}$	s'_v
Aさんの採点	4	6	5	5	1	6	6	5	4	3		
Bさんの採点	6	8	6	4	4	6	7	5	5	5		
差 v	-2	-2	-1	1	-3	0	-1	0	-1	-2	-1.10	1.197

【問題 26】

解答 帰無仮説を $H_0: \pi_1 - \pi_2 = 0$ として，対応のある 2 群の比率差の検定を $\alpha = .05$ の両側検定で行う．棄却の限界値は $z_c = \pm 1.960$ である．データより，2 回の調査で回答が変化した人数は $m = n_{12} + n_{21} = 24 + 12 = 36$ である．このことから検定統計量は，

$$z = \frac{n_{12} - \frac{m}{2}}{\frac{\sqrt{m}}{2}} = \frac{24 - \frac{36}{2}}{\frac{\sqrt{36}}{2}} = 2.000$$

となる．

この値は棄却の限界値の外側にある．よって帰無仮説は棄却され，対人関係に悩みがあると答えた学生の比率には，この半年間で統計的に有意な変化があったといえる．

解説 この設問の状況は，独立な 2 群の比率差の検定やカイ 2 乗検定と区別が難しいかもしれません．見分けるポイントは，行側と列側の 2 つの変数がマッチングや反復測定された対応のある関係になっているかどうかです．いいかえれば，2 つのカテゴリ変数間の差をとることに意味があるかどうかともいえます．n_{11} や n_{22} のセルが「変化や違いがない」ことを意味し，n_{12} や n_{21} のセルが「変化や違いがある」ことを意味するなら，行側と列側の変数には対応があるといえます．ここでは半年後に同じ対象者に測定を繰り返しているので，「対応のある 2 群の比率差の検定」が該当します．この検定は，「マクニマーの検定」とよばれるものと基本的に同等です．

【問題 27】

解答 帰無仮説を $H_0: \pi_1 - \pi_2 = 0$ として，独立な 2 群の比率差の検定を $\alpha = .05$ の両側検定で行う．サンプルサイズが大きいことから，正規近似による検定とする．棄却の限界値は $z_c = \pm 1.960$ である．

両群に共通の母集団比率の推定値は

$$p = \frac{n_1 p_1 + n_2 p_2}{n_1 + n_2} = \frac{36 + 54}{90 + 90} = .500$$

である．

これにより標準誤差の推定値は

$$s_{p_1 - p_2} = \sqrt{p(1-p)\left(\frac{1}{n_1} + \frac{1}{n_2}\right)} = \sqrt{.500 \times (1 - .500) \times \left(\frac{1}{90} + \frac{1}{90}\right)} = 0.0745$$

となるので，検定統計量は

$$z = \frac{p_1 - p_2}{s_{p_1 - p_2}} = \frac{\frac{36}{90} - \frac{54}{90}}{0.0745} = -2.685$$

である。

　この値は棄却の限界値の外側にある。よって帰無仮説は棄却され，「信頼できる大人が身近にいる」と答えた生徒の比率には，性別によって統計的に有意な差があるといえる。

解説　　調査対象となった男子生徒と女子生徒の人数は同じですが，対が構成されたわけではないので，群間に対応はありません。ここでは比率の差が問題にされていますから，「独立な2群の比率差の検定」になります。ただし，ここでカイ2乗検定を行っても基本的に同等の結果が得られますし，間違いではありません（理由については【問題19】の「解説」を参照してください）。棄却の限界値は巻末の付表4で調べます。

【問題28】

解答　　帰無仮説を $H_0 : \mu_1 - \mu_2 = 0$ として，独立な2群の平均値差の検定を $\alpha = .05$ の両側検定で行う。$df = 15 + 15 - 2 = 28$ より，棄却の限界値は $t_c = \pm 2.048$ である。検定統計量を求めると，

$$t = \frac{\bar{y}_1 - \bar{y}_2}{\sqrt{\frac{n_1 s_1^2 + n_2 s_2^2}{n_1 + n_2 - 2}}\sqrt{\frac{1}{n_1} + \frac{1}{n_2}}} = \frac{10.7 - 9.6}{\sqrt{\frac{15 \times 1.58^2 + 15 \times 1.05^2}{15 + 15 - 2}}\sqrt{\frac{1}{15} + \frac{1}{15}}}$$

$$= \frac{1.1}{\sqrt{\frac{1}{14}(1.58^2 + 1.05^2)}} = 2.170$$

となる。この値は棄却の限界値の外側にある。よって帰無仮説は棄却され，文系の学生と理系の学生とで論述力の得点に統計的に有意な差があるといえる。

解説　　文系の学生15人と理系の学生15人は，それぞれの群ごとにランダムサンプリングされています。【問題27】と同じく独立な2群のデータですが，比率ではなく平均値が問題になっていることから，「独立な2群の平均値差の検定」になります。棄却の限界値は巻末の付表4で調べます。

【問題29】

解答　　性別と傷ついたかどうかとは互いに独立であるという帰無仮説を置き，$\alpha = .05$ のカイ2乗検定を行う。$df = (2-1)(2-1) = 1$ より，棄却の限界値は $\chi_c^2 = 3.841$ である。検定統計量の値は $\chi^2 = 2.201$ であり，棄却の限界値を超えない。したがって帰無仮説は棄却されず，性別と傷ついたかどうかとの間に連関があるとはいえない。

解説　　一方の変数と他方の変数との全体的な関連性が問われているので，「2つのカテゴリ変数間の連関の検定（カイ2乗検定）」を行います。ただしここで「独立な2群の比率の差の検定」を行っても基本的に同等の結果が得られますし，間違いではありません（【問題19】や【問題27】の「解説」も参照してください）。棄却の限界値は巻末の付表8で調べます。

　各セルの推定期待度数の計算は，以下の通りです。

男性・傷ついた：$e_{11} = \dfrac{27 \times 28}{55}$
$= 13.75$

男性・傷つかなかった：$e_{12} = \dfrac{27 \times 27}{55}$
$= 13.25$

女性・傷ついた：$e_{21} = \dfrac{28 \times 28}{55}$
$= 14.25$

女性・傷つかなかった：$e_{22} = \dfrac{28 \times 27}{55}$
$= 13.75$

これらを用いてカイ2乗統計量を求めると，

$$\chi^2 = \sum_{i=1}^{a} \sum_{j=1}^{b} \frac{(n_{ij} - e_{ij})^2}{e_{ij}}$$

$$= \frac{(11 - 13.75)^2}{13.75} + \frac{(16 - 13.25)^2}{13.25} + \frac{(17 - 14.25)^2}{14.25} + \frac{(11 - 13.75)^2}{13.75} = 2.201$$

になります。

　表のデータだけ眺めると「男性は傷つかなかったが，女性は傷ついた」ようにみえますが，検定を行ってみると統計的に有意な連関は認められません。検定を行うことで，早まった結論を下さないで済んだといえます。

トピック 6-1

ノンパラメトリック法

トピック 2-1 でも述べたように，間隔尺度より低い水準の尺度に適用できる分析法をノンパラメトリック法とよびます。たとえば，順序尺度の場合，値の大小関係を変えない限り，どのような変換をしてもかまわないわけですが，通常の t 検定などの場合，対数変換のような非線形の単調変換をすると結果が変わってしまいます。そのような変換をしても結果が不変であるのがノンパラメトリック法です[1]。

データの値に任意の単調変換を施しても結果が不変となるようにするには，データを順位に変換し，その順位に基づいて分析を進めればよいわけです。

具体例を挙げましょう。いま同じ年齢の男児 4 人，女児 8 人について，物語を聴いて理解する力の評定値が得られたとします。ここで，

H_0：評定値の母集団分布は男児と女児で同じである。

という帰無仮説を検定するとしましょう。全部で 12 人の子どもの評定値に，値の低いほうから順位をつけたとき，帰無仮説が正しいとしたら，男児 4 人の順位はどんな確率でどんな値になるでしょうか。

この問いの答えは「どのような順位（の組）も同じ確率で得られる」というものです。帰無仮説は男女の母集団分布が同じだというものですから，それが正しいならば，男児の順位が 4 人ともたまたま高めになる確率も，4 人ともたまたま低めになる確率も，また 4 人ばらばらになる確率もすべて等しいということです。全体で 12 人のうち，男児 4 人がとりうる順位の組合せは $_{12}C_4 = 495$ 通りありますが，これらの組合せが帰無仮説のもとでは，すべて等しい確率で生じるということです。

たとえば，いま，4 人の男児が得た評定値の順位が，1 位，2 位，4 位，5 位だったとしましょう。かなり順位の小さいところに集中していますが，この結果と同等以上に順位の小さい組合せがいくつあるか数えてみます。順位の和を基準にすることとし，いまの結果の順位和を計算してみると，$1 + 2 + 4 + 5 = 12$ となります。これと同等以上に順位の小さい組合せは以下の通りです。

---

1) 「ノンパラメトリック」という言葉はパラメタすなわち母数という言葉に由来しています。母平均のような母数に関する推論を行う t 検定などはパラメトリック法とよばれます。これに対し，ノンパラメトリック法は，ここでも紹介するように「2 群の母集団分布が等しい」というような，母数に言及しない仮説を検定することができます。ただし，「ノンパラメトリック法とは何か」については統計学者の間でも見解は一致しておらず，母数に関する仮説を扱うか否かで決まるとするのはいろいろな見解のうちの 1 つです。

$$1, 2, 3, 4 \quad 順位和 = 10$$

$$1, 2, 3, 5 \quad 順位和 = 11$$

$$1, 2, 3, 6 \quad 順位和 = 12$$

つまり，今回の結果を含め，今回の結果と同等以上に順位の小さい組合せは，全495通りのうち4通りだけということです。

帰無仮説が正しいときにこのようなことが起こる確率は，それぞれの組合せの確率が等しいことから，

$$確率 = \frac{4}{495} = .008$$

となります。もしも男児の順位の小さいほうだけに棄却域を設ける片側検定を行うとしたら，この .008 という値が p 値となります。もしも両側検定を行うのであれば，p 値はその値を2倍して，$p = .008 \times 2 = .016$ となり，いずれの場合も，5%水準では有意な男女差を示すことになります。この順位和に基づく検定法はマン・ホイットニー（Mann-Whitney）の検定とよばれています。

この方法が，もとの評定値に任意の単調変換を施しても不変の結果を与えることは明らかです。検定に実際に用いるのは順位であり，順位は単調変換によって変わらないからです。

また，この方法は，同じ目的のために用いられる t 検定とは異なり，母集団分布について正規分布など特定の分布を仮定していないことにも注意しましょう。そもそもデータの単調変換を許容する順序尺度において，母集団分布の形を問題にすること自体が意味のないことです。

一般に統計的方法は，前提とする仮定が弱いほど適用範囲が広がりますが，その一方で，前提とする仮定が強いほど，（その仮定が成り立っているときには）検定力などにおいて有利であるという特徴があります。マン・ホイットニーの検定も，正規分布の仮定が成り立っている場合には検定力において t 検定よりわずかに劣ります。しかし，母集団分布によっては t 検定以上の検定力をもつことが知られています。

トピック6-2

階層的データの取り扱い

心理学の研究では，個人単位ではなく，集団単位でデータを収集することが少なくありません。たとえば，担任教師のタイプが「教師主導型」か「生徒主導型」かによって，その学級の生徒の「連帯意識」がどのように異なるかを調べる場合，表6-1のようにそれぞれのタイプの教師を何人かずつ選び，その教師が担任する学級の生徒をサンプルとするというのが典型的なやり方です。

表 6-1　サンプル構成の例

教師主導型		生徒主導型	
学級	生徒数	学級	生徒数
A	30	F	37
B	38	G	26
C	35	H	32
D	40	I	35
E	27	J	40
合計	170	合計	170

　この例の場合，教師主導型の教師と生徒主導型の教師が5人ずついて，それらの教師が担任する学級の生徒170人ずつの連帯意識の得点が比較されることになります。このとき，$n_1 = n_2 = 170$ として，通常の独立な2群の t 検定を適用していいでしょうか。

　ここで，たとえば教師主導型については5つの学級が選ばれていますが，その中には全体として連帯意識の比較的高い学級とそうでない学級があるでしょう。そして，全体として連帯意識の高い学級では，生徒個人個人の連帯意識得点も比較的高い水準でまとまってくるでしょう。ということは，担任教師が教師主導型である170人の生徒のデータは，学級ごとにある程度のまとまりをもっていて，ある学級の多くの生徒の得点が高ければ，その学級の残りの生徒の得点も高い傾向があるという，一種の相関（級内相関という）を生じることになります。いいかえれば，170人のデータは全体として互いに独立ではないということになり，t 検定の前提条件を満たしていないことになります（本章の【問題4】参照）。

　170人のデータの間に相関があるということは，情報の重複，あるいは冗長性があるということであり，正味170人分の情報量はないということになります。このようなデータに通常の t 検定を適用するということは，あたかも正味170人分の情報量があるかのように扱うということであり，データの重みを過大評価してしまうことになります。そのため，有意な結果が不当に出やすくなってしまいます。

　このように集団単位で収集されるデータは，集団の水準でサンプリングされた後，個人の水準でサンプリングされるという2段抽出のデータであり，**階層的データ**とよばれます。上の水準（いまの例では学級）に下の水準（いまの例では生徒）が組み込まれている（「ネストされている」ともいう）のが特徴です。

　階層的データの場合，取り扱う変数にもよりますが，しばしば上記のように級内相関が生じて，データの独立性が欠如します。その場合，データの独立性を前提とした通常の検定法を適用することは適切ではなく，階層的データのために工夫された方法を用いることが必要になってきます。

階層的線形モデル

　もしも教師のタイプが同じでも，その中の学級ごとに連帯意識の平均的な水準に違いが

あるとしたら，それは，学級ごとの連帯意識の平均は教師のタイプだけでは説明ができないということです。そこで，次のようなモデルを考えます。

まず，学級 j の連帯意識得点の平均を母数 μ_j であらわし，学級 j の生徒 i の連帯意識得点 y_{ij} を，その平均 μ_j とそこからの偏差（残差）r_{ij} の和として，

$$y_{ij} = \mu_j + r_{ij}$$

とあらわします。これは個人レベルのモデルです。そして，学級ごとの平均をあらわす μ_j に関して，それを学級 j の教師のタイプ（$TYPE_j$；教師主導型なら1，生徒主導型なら0）によって説明するモデル

$$\mu_j = \gamma_0 + \gamma_1(TYPE_j) + u_j$$

を考えます。これは集団レベルのモデルです。

ここで，γ_0 と γ_1 はそれぞれ μ_j を従属変数とする回帰直線の切片と傾き（回帰係数）をあらわす母数です。このうち，切片の γ_0 は $TYPE_j = 0$ のときの，すなわち生徒主導型の教師をもつ学級の平均的な連帯意識得点をあらわし，傾き（回帰係数）γ_1 は，$TYPE_j = 1$ のときと $TYPE_j = 0$ のときの平均的な連帯意識得点の差，すなわち，教師主導型の学級と生徒主導型の学級の平均的な連帯意識得点の差をあらわします。最後の項 u_j は，学級 j の平均的な連帯意識得点のうち，教師のタイプでは説明できない部分をあらわす残差です。学級間でのこの残差の違い（分散）が大きいほど，同一のタイプの教師のもとでも，学級ごとに連帯意識得点の水準に違いがあり，級内相関があるということになります。

いまの例では，教師のタイプ（$TYPE_j$）にかかる回帰係数（＝教師のタイプの違いによる平均的な連帯意識得点の差）γ_1 の大きさに関心がもたれます。そこで，その回帰係数の推定値を求め，その統計的有意性を検定することが，このモデルによる分析の主な目標となります。

この例のように複数のレベルにおける線形モデルで表現されるのが階層的線形モデル（Hierarchical Linear Model）とよばれるものです。上記の例は単純なモデルの例であり，このほかにも，目的に応じて階層的データを分析するための種々のモデリングが可能です。階層的線形モデルの分析ソフトウェアとしては，この分野の代表的なテキストである Raudenbush & Bryk（2002）の著者らによる HLM があります[2]。

---

2) Scientific Software International 社のサイトから Student Edition が無料でダウンロードできます。

第7章

線形モデルの基礎

【問題1】〔分散の分割〕
　従属変数 y を独立変数 x によって予測するときの予測値を $\hat{y}$, 残差（予測の誤差）を e とすると, 従属変数は $y = \hat{y} + e$ のように, 2つの成分 $\hat{y}$, e の和として表現できる。このとき, 以下の問いに答えなさい。

① 従属変数 y の2つの成分 $\hat{y}$, e の間の相関係数 $r_{\hat{y}e}$ はいくらか。
② $y = \hat{y} + e$ の式を, 従属変数 y を2つの成分に分解する式とみたとき, その分解は何とよばれるか。
③ 従属変数の分散 s_y^2 は, 2つの成分の分散 $s_{\hat{y}}^2$, s_e^2 とどのような関係があるか。
④ 従属変数の分散 s_y^2 に対する予測値の分散 $s_{\hat{y}}^2$ の割合は何とよばれるか。
⑤ 上記の割合 $s_{\hat{y}}^2/s_y^2$ は, 独立変数と従属変数の間の相関係数 r_{xy} とどのような関係にあるか。

【問題2】〔平方和とその分割〕
　【問題1】における y, $\hat{y}$, e の分散 s_y^2, $s_{\hat{y}}^2$, s_e^2 のそれぞれにデータの総数 N をかけたものを, それぞれ SS_y, $SS_{\hat{y}}$, SS_e とする。このとき, 以下の問いに答えなさい。

① 一般に分散を N 倍したものを平方和とよぶ。その理由は何か。
② 従属変数の平方和 SS_y は, 予測値の平方和 $SS_{\hat{y}}$, 残差の平方和 SS_e とどのような関係があるか。
③ 予測値の平方和は「モデルの平方和」とよぶこともできる。その理由は何か。

【問題3】〔平方和とその自由度〕
　4人の生徒の5段階評定の評定値 y_i $(i = 1, 2, 3, 4)$ の平均が $\bar{y} = 3.5$ であるとする。このとき, 次の文章の空欄を埋めなさい。

「4人の生徒のうち，最初の3人の評定値が $y_1 = 5, y_2 = 2, y_3 = 3$ だとすると，平均が3.5となるためには，4人目の生徒の評定値は $y_4 = $（ ① ）でなければならない。このとき，$y$ の平方和 SS_y の値を求めると（ ② ）となる。このように，平方和の計算に用いられる4人の生徒の値のうち，3人の生徒の値がわかった時点で4人目の生徒の値も決まってしまうため，平均 $\bar{y}$ が与えられたときに自由な値をとりうるデータは3個だけである。よって，この平方和の自由度は（ ③ ）となる。平方和を自由度で割って得られる「1自由度あたりの平方和の大きさ」は（ ④ ）とよばれる。SS_y をその自由度 df_y で割った（ ④ ）は，（ ⑤ ）分散とよばれる。」

【問題4】〔自由度〕
自由度について，以下の各文が正しいか誤っているかを判断しなさい。

① 自由度は母数の検定・推定の際に必要となることがある。　　　　（ 正・誤 ）
② 自由度はサンプルで得られた数値から計算される統計量である。　（ 正・誤 ）
③ 回帰分析において，全体の自由度が87，モデルの自由度が1ならば，残差の自由度は88である。　　　　　　　　　　　（ 正・誤 ）
④ 自由度は「平方の数 − 推定される母数の数」で求めることもできる。　　　　　　　　　　　　　　　　　　　　　　（ 正・誤 ）
⑤ カイ2乗検定では，サンプルサイズによって自由度が異なる。　　（ 正・誤 ）

【問題5】〔独立変数の効果の検定〕
回帰分析における独立変数の効果の検定（回帰係数の検定）について，以下の各文が正しいか誤っているかを判断しなさい。

① 検定統計量 F はモデルの平方和を全体の平方和で割った比である。　　　　　　　　　　　　　　　　　　　　　　（ 正・誤 ）
② 検定統計量 F はモデルの平方和を残差の平方和で割った比である。　　　　　　　　　　　　　　　　　　　　　　（ 正・誤 ）
③ 検定統計量 F は，他の条件が一定なら，サンプルサイズが大きいほど大きくなる。　　　　　　　　　　　　　　　（ 正・誤 ）
④ 検定統計量 F は相関係数の検定の t 統計量の2乗に一致する。　（ 正・誤 ）
⑤ 検定統計量 F の分子の自由度は，相関係数の検定の t 統計量の自由度に一致する。　　　　　　　　　　　　　　（ 正・誤 ）

【問題 6】〔2 値変数の効果の検定と 2 群の平均値差の検定の関係〕

独立変数が 2 値変数のときの回帰分析と，独立な 2 群の平均値差の検定の関係について，次の文章の空欄を埋めなさい。

「回帰分析のモデル $y = \alpha + \beta x + \epsilon$ は，独立変数 x が 2 値変数のときでも適用できる。いま，実験群に属する被験者は $x = 1$，統制群に属する被験者は $x = 0$ であらわすとする。この x のように，被験者の分類をあらわす 2 値変数を（ ① ）変数とよぶ。線形モデルでは一般に，x のどの値でも，残差 ϵ の条件付き分布は，平均が（ ② ）となることが仮定される。したがって，従属変数 y の期待値（母集団平均）は，モデル式から，実験群では（ ③ ）となり，統制群では（ ④ ）となる。これらの式から，両群の従属変数の期待値の差（母集団平均値差）は β，すなわち x にかかる母集団回帰係数に等しくなることがわかる。したがって，独立な 2 群間の平均値差の検定は，その群分けをあらわす（ ① ）変数を独立変数としたときの回帰係数の検定と同じである。」

【問題 7】〔線形モデルのバリエーション〕

p 個 $(p \geq 1)$ の独立変数 $x_1, \cdots, x_p$ をもつ線形モデル $y = \alpha + \beta_1 x_1 + \cdots + \beta_p x_p + \epsilon$ において，独立変数が以下の①から⑥であった場合，何という検定や分析方法に対応するか。下の枠内からあてはまるものをすべて選びなさい。

① 1つの量的変数のとき　　　　　　　　　（　　　　　）
② 複数の量的変数のとき　　　　　　　　　（　　　　　）
③ 1つのダミー変数のとき　　　　　　　　（　　　　　）
④ 1つあるいは複数の質的な変数のとき　　（　　　　　）
⑤ 量的変数と質的変数が混在しているとき　（　　　　　）
⑥ 潜在変数のとき　　　　　　　　　　　　（　　　　　）

| 相関係数の検定　　　　回帰係数の検定　　　独立な 2 群の平均値差の検定 |
| 対応のある 2 群の平均値差の検定　　　　クロス表における連関の検定 |
| 単回帰分析　　　重回帰分析　　　分散分析　　　共分散分析　　　因子分析 |

【問題 8】〔ベクトルによる変数と統計量の表現〕

変数 x の N 人分のデータを平均からの偏差の形で並べたベクトルを

$$\boldsymbol{x} = (x_1 - \bar{x}, x_2 - \bar{x}, \cdots, x_N - \bar{x})$$

とし，同様に変数 y の偏差データのベクトルを

$$\boldsymbol{y} = (y_1 - \bar{y}, y_2 - \bar{y}, \cdots, y_N - \bar{y})$$

とするとき，以下のベクトルによる表現はどの統計量をあらわすか。下の枠内からあてはまるものを選びなさい。ただし，$\|\boldsymbol{x}\|$ はベクトル $\boldsymbol{x}$ の長さ（大きさ）をあらわし，$(\boldsymbol{x}, \boldsymbol{y})$ はベクトル $\boldsymbol{x}$ とベクトル $\boldsymbol{y}$ の内積をあらわす。

① $\|\boldsymbol{x}\|^2$ （　　　　　）

② $\dfrac{\|\boldsymbol{x}\|}{\sqrt{N}}$ （　　　　　）

③ $\dfrac{(\boldsymbol{x}, \boldsymbol{y})}{N}$ （　　　　　）

④ $\dfrac{(\boldsymbol{x}, \boldsymbol{y})}{\|\boldsymbol{x}\|\,\|\boldsymbol{y}\|}$ （　　　　　）

⑤ $\boldsymbol{x}$ と $\boldsymbol{y}$ のなす角度のコサイン （　　　　　）

平均	標準偏差	分散	共分散	相関係数	平方和

【問題 9】〔回帰分析のベクトル表現〕

【問題 8】の変数 x を独立変数，変数 y を従属変数とし，新たに予測値 $\hat{y}$ のベクトルを

$$\hat{\boldsymbol{y}} = (\hat{y}_1 - \bar{y}, \hat{y}_2 - \bar{y}, \cdots, \hat{y}_N - \bar{y})$$

とし，残差 $e = y - \hat{y}$ のベクトルを

$$\boldsymbol{e} = (e_1, e_2, \cdots, e_N)$$

としたとき，下の図を参照して，次の文章の空欄を埋めなさい。

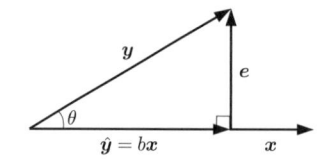

「回帰分析をベクトルで表現すると，予測値は $\hat{\boldsymbol{y}} = b\boldsymbol{x}$ となって，切片 a を含まない。それは，ベクトル表現においては，素データではなく（　①　）データを用いてい

るため，独立変数も従属変数も平均が0になり，それによって切片も0になるためである。予測値のベクトル$\hat{\boldsymbol{y}}$は（ ② ）のベクトルと同じ方向（または逆方向）となり，（ ③ ）のベクトルとは直交していることから，予測値および（ ② ）と（ ③ ）との相関係数は0となる。従属変数が予測値と（ ③ ）とに直交分解されるという表現は，ここからきている。一般に，独立変数と従属変数の間の相関係数（の絶対値）が大きいほど，残差が全体として小さくなるが，そのことは図で（ ④ ）が小さいほど，（ ⑤ ）が短くなることからわかる。」

【問題10】〔ベクトルによる平方和の分割の導出〕

【問題9】の図を参照し，下の枠内からあてはまるものを選んで，次の文章の空欄を埋めなさい。

「従属変数yの平方和SS_yは，ベクトルの式で表現すると（ ① ）となる。この値は，図中の三角形に三平方の定理を適用すると，（ ② ）＋（ ③ ）とあらわすことができる。（ ② ）と（ ③ ）はそれぞれ，（ ④ ）の平方和と（ ⑤ ）の平方和をあらわすから，従属変数yの平方和が，これら2つの平方和の和に分解できることがわかる。」

$$\|\boldsymbol{x}\| \quad \|\boldsymbol{y}\| \quad \|\hat{\boldsymbol{y}}\| \quad \|\boldsymbol{e}\| \quad \|\boldsymbol{x}\|^2 \quad \|\boldsymbol{y}\|^2 \quad \|\hat{\boldsymbol{y}}\|^2 \quad \|\boldsymbol{e}\|^2 \quad 全体 \quad 予測値（モデル） \quad 残差$$

解答と解説

Answers & Explanations

【問題1】

解答

① 0
② 直交分解
③ $s_y^2 = s_{\hat{y}}^2 + s_e^2$
④ 分散説明率（または決定係数）
⑤ $s_{\hat{y}}^2/s_y^2 = r_{xy}^2$

解説 この問題は第3章の回帰分析の復習です。①については第3章の【問題16】も参照してください。従属変数を，独立変数 x を反映する成分と，それとは完全に無相関な成分に直交分解するというアプローチは，重回帰分析や分散分析など，線形モデルに基づく分析法の基本です。直交分解であるため，従属変数の分散も2つの成分の分散の和になり，全体の分散のうち独立変数で説明される分散の割合（分散説明率，決定係数）を，独立変数の効果の大きさの指標として求めることができます。「直交」という言葉を用いる理由については【問題9】を参照してください。

【問題2】

解答

① たとえば変数 x の分散は $\frac{1}{N}\sum_{i=1}^{N}(x_i-\bar{x})^2$ であり，これを N 倍した $\sum_{i=1}^{N}(x_i-\bar{x})^2$ は，2乗（平方）の和となっているから。
② $SS_y = SS_{\hat{y}} + SS_e$
③ 従属変数は同じでも，その予測値および予測値の平方和は，どのような独立変数を予測に用いるかによって変化する。どのような独立変数を予測に用いるかということは，従属変数に関してどのようなモデルを設定するかということだから。

解説 平方和を N で割れば分散ですから，【問題1】で確認した分散の分割と同じことが平方和の分割でも成り立ちます。線形モデルにおける独立変数の効果の検定では，平方和を N ではなく自由度とよばれる値で割る必要が出てくるので，分割の式も N で割らず，そのまま平方和の分割の式として扱っておくほうが便利です。

【問題3】

解答 ①4 ②5 ③3 ④平均平方 ⑤不偏

解説 ②の計算は，$(5-3.5)^2+(2-3.5)^2+(3-3.5)^2+(4-3.5)^2=5$ です。ここで，平方する前の偏差を合計すると，$(5-3.5)+(2-3.5)+(3-3.5)+(4-3.5)=0$ とな

ります。合計が0になるというのは，平均からの偏差の基本的な性質です。全部で4個のデータがあっても，偏差の合計が0になるという性質から，平均が与えられているときに自由な値をとりうるのはそれより1個少ない3個まで，ということになります。このように，平方和の計算に必要な統計量（いまの場合，平均）を与えたときに，自由な値をとりうるデータの個数という観点から自由度をとらえることができます。

【問題4】

解答　①正　②誤　③誤　④正　⑤誤

解説

① 自由度は，t統計量，F統計量，χ^2統計量などを用いて検定や推定を行う際に，検定統計量や信頼区間を求めたり，数表を引いたりする際に必要になる数値です。

② 自由度は，サンプルサイズや独立変数の数などであらかじめ決まるもので，得られた結果によって変動するものではありません。

③ 平方和の分割と同様に，自由度についても，「全体の自由度＝モデルの自由度＋残差の自由度」という関係が成り立ちますので，全体の自由度が87でモデルの自由度が1ならば，残差の自由度は $87 - 1 = 86$ となります。

④ 【問題3】の解説で，自由度を「平方和の計算に必要な統計量（【問題3】の例では平均）を与えたときに，自由な値をとりうるデータの個数」ととらえて，SS_y の自由度が $N-1$ になることの説明をしました。「平方和の計算に必要な統計量」を与えるということは，その統計量に対応する母数（【問題3】の例では母平均）を推定するということでもあります。その例では，1個の母数を推定したことになり，合計した平方の数である N からその1を引いた $N-1$ が自由度になっています。自由度を「平方の数－推定される母数の数」として計算するのは，因子分析や共分散構造分析など，さまざまな統計的方法に適用できる汎用性のある方法です。

⑤ カイ2乗検定における自由度はクロス集計表の行数と列数から，(行数－1)(列数－1)によって求められますので，サンプルサイズは関係ありません。カイ2乗統計量の計算においては，周辺度数を求めておく必要がありますが，自由度の値は，「周辺度数を与えたときに，自由な度数をとりうるセルの数」として求めることも，「全体のセルの数（＝χ^2統計量に含まれる平方の数）－推定される母数（周辺比率）の数」として求めることもできます。

【問題5】

解答　①誤　②誤　③正　④正　⑤誤

解説　検定統計量 F は，モデルの平均平方を残差の平均平方で割ったものです。分母にくる残差の平均平方は，残差の平方和 SS_e をその自由度 df_e で割ったものですが，その自由度 df_e は独立変数が1個の場合 $N-2$ です。F の分母の平均平方の分母に $N-2$ があるので，サンプルサイズが大きいほど F の値は大きくなります。

独立変数が1個の単回帰分析の場合，平方和の分割に基づくF統計量は，相関係数の検定におけるt統計量を2乗した値と同じになります。したがって，$F=t^2$が大きければ有意とする前者の方法と，tの絶対値が大きければ有意とする後者の方法は，実質的に同一の検定法ということになります。その際のt統計量の自由度は，F統計量の分母のほうの自由度$df_e=N-2$と同じになります。

【問題6】

解答　①ダミー　②0　③$\alpha+\beta\times 1=\alpha+\beta$　④$\alpha+\beta\times 0=\alpha$

解説　ダミー（dummy）変数は，その変数がとる1とか0とかの数値そのものには意味がなく，被験者の分類をあらわすために形式的にそのような値を与えられた変数であることから，その名称がついています。ダミー変数は，質的な独立変数を線形モデルに組み込むうえで，なくてはならない重要なものです。

【問題5】では，相関係数の検定が，単回帰分析における平方和の分割に基づく検定と同一であることを確認し，この問題では，2群の平均値差の検定もまた，単回帰分析における平方和の分割に基づく検定と同一であることを確認しました。すなわち，相関係数の検定と2群間の平均値差の検定という2種類の検定は，いずれも線形モデルにおける独立変数の効果の検定という同じ検定としてまとめられるということです。第8章で取り扱う重回帰分析は単回帰分析の拡張，そして第9章で取り扱う分散分析は2群間の平均値差の検定の拡張ですから，これらを含めてすべて，線形モデルにおける独立変数の効果の検定としてとらえることができることになります。

【問題7】

解答
① 相関係数の検定，回帰係数の検定，単回帰分析
② 重回帰分析
③ 独立な2群の平均値差の検定（回帰係数の検定，単回帰分析，分散分析を加えても正解）
④ 分散分析
⑤ 共分散分析
⑥ 因子分析

解説　これらの方法がすべて，線形モデルのバリエーションとして統合的にとらえることができます。本章の【問題5】，【問題6】，そして第1章のトピック1-2を参照してください。これらの方法のうち，重回帰分析は第8章，分散分析と共分散分析は第9章，因子分析は第10章で取り上げます。

【問題8】

解答　①平方和　②標準偏差　③共分散　④相関係数　⑤相関係数

解説　ベクトルの基本公式を問題文に示されたベクトルの成分に適用すると，

① $\|\boldsymbol{x}\|^2 = \sum_{i=1}^{N}(x_i - \bar{x})^2 = SS_x$

② $\dfrac{\|\boldsymbol{x}\|}{\sqrt{N}} = \sqrt{\dfrac{1}{N}\sum_{i=1}^{N}(x_i - \bar{x})^2} = s_x$

③ $\dfrac{(\boldsymbol{x},\boldsymbol{y})}{N} = \dfrac{1}{N}\sum_{i=1}^{N}(x_i - \bar{x})(y_i - \bar{y}) = s_{xy}$

となります。したがって，

④ $\dfrac{(\boldsymbol{x},\boldsymbol{y})}{\|\boldsymbol{x}\|\|\boldsymbol{y}\|} = \dfrac{Ns_{xy}}{\sqrt{N}s_x\sqrt{N}s_y} = \dfrac{s_{xy}}{s_x s_y} = r_{xy}$

となります。また，④の分子の内積は $(\boldsymbol{x},\boldsymbol{y}) = \|\boldsymbol{x}\|\,\|\boldsymbol{y}\|\cos\theta$（$\theta$ は $\boldsymbol{x}$ と $\boldsymbol{y}$ のなす角度）と書くことができるので，④の比は $\cos\theta$ となり，⑤と同じになります。

2つの変数をあらわすベクトルのなす角度のコサインが相関係数を与えるという関係は，さまざまな場面で役に立ちます。たとえば，3つの変数 x, y, z について，$r_{xy} = r_{yz} = .5$ だとしたら，もう1つの相関係数は $r_{xz} \geq -.5$ の範囲の値しかとりえないことが簡単にわかります。なぜなら，図のように，これらの変数をあらわすベクトル間の角度が，$\theta_{xy} = \theta_{yz} = \cos^{-1}.5 = 60°$ となるので，x と z をあらわすベクトル間の角度は，$60° + 60° = 120°$ 以上に開くことができないため，これらの変数間の相関は $\cos 120° = -.5$ より低くなることがないからです。

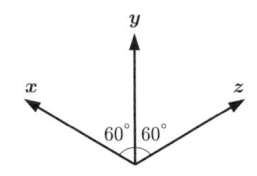

【問題9】

解答

① 偏差

② 独立変数

③ 残差

④ ベクトル $\boldsymbol{x}$ とベクトル $\boldsymbol{y}$ のなす角度 θ

⑤ 残差のベクトル $\boldsymbol{e}$ の長さ

解説　残差のベクトルの長さの2乗は $\|\boldsymbol{e}\|^2 = \sum_{i=1}^{N} e_i^2$ であり，最小2乗法によって最小化したい量そのものです。図において，回帰係数 b の値をもっと大きくして $\hat{\boldsymbol{y}}$ を長くしても，逆に b を小さくして $\hat{\boldsymbol{y}}$ を短くしても，残差のベクトルの長さは，図の場合よ

りも明らかに長くなります。つまり，最小2乗法によって得られる回帰係数bの値は，図のように，残差のベクトルが独立変数のベクトルと直交するような値ということです（トピック7-1および第3章のトピック3-1参照）。

この図において，独立変数のベクトルxに垂直な方向に図の上のほうから光をあてることを考えてみてください。そうすると，独立変数のベクトルの線上に従属変数のベクトルyの影ができ，それが予測値のベクトル$\hat{y}$となることがわかります。この幾何学的な操作は，線形モデルにおいて従属変数を独立変数系の成分と非独立変数系の成分に直交分解するもので，数学用語で「射影」とよばれています。

【問題10】

解答　① $\|y\|^2$　② $\|\hat{y}\|^2$　③ $\|e\|^2$　④ 予測値（モデル）　⑤ 残差

解説　【問題2】の平方和の分割，そして【問題1】の分散の分割が，ベクトルを用いるとこのように簡単に導かれます。

ここで，分散説明率（決定係数）$SS_{\hat{y}}/SS_y$ はベクトルでは $\|\hat{y}\|^2/\|y\|^2$ となりますが，これが $\|\hat{y}\|/\|y\| = \cos\theta$ の2乗，すなわち r_{xy}^2 に等しくなることもわかります。

トピック 7-1

ベクトル表現を用いて回帰係数を導く

最小2乗法によって求められる回帰係数 b の式を，図 7-1 に示したベクトル表現を用いて導いてみましょう。

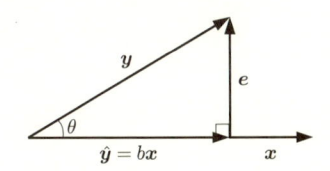

図 7-1 回帰分析のベクトル表現

【問題 9】の解説で述べたように，最小2乗基準 $Q = \sum_{i=1}^{N} e_i^2$ を最小化することは，ベクトル表現では，残差のベクトル e の長さを最小化することと同じです。これを実現する予測値のベクトル $\hat{y}$ は，図のように，ベクトル y および e とともに直角三角形を構成します。このとき，予測値のベクトル $\hat{y}$ の長さについて，

$$\|\hat{y}\| = \|b\,x\|$$
$$= \|y\| |\cos\theta|$$

という関係が成り立ちます。

これより，

$$|b| = \frac{\|y\| |\cos\theta|}{\|x\|}$$
$$= |r_{xy}| \frac{s_y}{s_x} \tag{7.1}$$

が導けます（【問題 8】参照）。回帰係数の符号が $\cos\theta$ の符号，すなわち r_{xy} の符号に一致することは図からも明らかなので，

$$b = r_{xy} \frac{s_y}{s_x} \tag{7.2}$$

となります。

最小2乗解を代数的に求めるには，一般には微分の計算が必要となります（第3章の【問題 10】参照）。しかし，ベクトル表現を用いることによって，より簡単に回帰係数の最小2乗解が導出できることがわかります。

第8章

偏相関と重回帰分析

【問題1】〔疑似相関〕
疑似相関について以下の問いに答えなさい。

① 疑似相関とはどのようなものか説明しなさい。
② 疑似相関の例を説明しているものをすべて選びなさい。

    a. 小学生の身長と語彙量の間には正の相関がみられるが，これは年齢が身長と語彙量に共通して影響しているために生じたものであり，年齢が影響しない限り身長と語彙量には直接の関係はない。

    b. ある集団の中で，不安の強い人ほど抑うつ傾向が強かったとしても，ある個人に注目したときに不安感が強くなったときに抑うつ状態になるとは限らない。

    c. あるクラスで反復横跳びの記録をとったところ，体重が重い生徒ほど回数が少ない傾向があった。

    d. 測定の信頼性が低いデータを用いて外向性と適応感の相関係数を計算したところ，本来得られると期待されていた値よりもかなり小さい値であった。

【問題2】〔変数の影響を除いた成分〕
「ある変数の影響を除く」ということについて以下の問いに答えなさい。

① ある2つの変数 x, y について，「y から x の影響を除いた成分」とはどのようなものであるか説明しなさい。
② 以下の指標のうち，「y から x の影響を除いた成分」といえるのはどれか。最も適切なものを1つ選びなさい。ただし，$\hat{y}, \hat{x}$ はそれぞれ「x から y を予測したときの予測値」，「y から x を予測したときの予測値」をあらわすものとする。

$$\begin{cases} \text{a. } x - y \\ \text{b. } y - x \\ \text{c. } y - \hat{y} \\ \text{d. } y - \hat{x} \end{cases}$$

【問題 3】〔変数の影響を除いた相関係数・回帰係数〕

次の表は，変数 x, y, z に関する $N = 5$ のデータである。

番号	x	y	予測値 $\hat{y}$	残差 $y\|x$	z	予測値 $\hat{z}$	残差 $z\|x$
1	8	3			5		
2	4	6			8		
3	3	5			3		
4	5	4			6		
5	7	6			7		

y の x への回帰直線および，z の x への回帰直線はそれぞれ，

$$\hat{y} = 6.24 - 0.27x$$
$$\hat{z} = 4.73 + 0.20x$$

となる。このデータについて以下の問いに答えなさい。

① x から y を予測したときの予測値 $\hat{y}$ とそのときの予測の残差 $y|x$ を計算し，表中の対応する空欄を埋めなさい。

② x から z を予測したときの予測値 $\hat{z}$ とそのときの予測の残差 $z|x$ を計算し，表中の対応する空欄を埋めなさい。

③ y と $z|x$ との間の相関係数は何とよばれるか。以下の空欄を埋めなさい。

「（　　）から（　　）の影響を除いたときの（　　）との（　　　）」

④ $y|x$ と $z|x$ との間の相関係数は何とよばれるか。以下の空欄を埋めなさい。

「（　　）の影響を除いたときの（　　）と（　　）との（　　　）」

⑤ $z|x$ から y を予測する回帰分析における回帰係数を何とよぶか。

「（　　）の影響を除いたときの（　　）の（　　）への（　　　）」

⑥ $z|x$ から $y|x$ を予測する回帰分析における回帰係数を何とよぶか。

「（　　）の影響を除いたときの（　　）の（　　）への（　　　）」

【問題 4】〔偏相関係数の計算〕

ある知能テストと，数理能力テスト，言語能力テストの 3 つの得点間の相関係数を調べたところ，以下の表のようになった。

	知能	数理	言語
知能	1.0		
数理	.7	1.0	
言語	.7	.5	1.0

以上から，知能の影響を取り除いたときの，数理能力と言語能力との偏相関係数の値を求めなさい。

【問題 5】〔重回帰分析〕

重回帰分析について以下の問いに答えなさい。

① 重回帰分析とはどのような（何をするための）手法であるか，簡潔に説明しなさい。
② 独立変数 x_1, x_2 から従属変数 y を予測する式を $\hat{y} = a + b_1 x_1 + b_2 x_2$ とあらわすとき，b_1 や b_2 は何とよばれるか。
③ 重回帰分析では従属変数の予測式（上記の a, b_1, b_2 の値）をどのようにして求めるか，簡潔に説明しなさい。
④ 求められた b_1 や b_2 の値はどのように解釈すればよいか。また，値を解釈するときに注意するべき点は何か。

【問題 6】〔重相関係数〕

以下の文が 2 つの独立変数 x_1, x_2 から従属変数 y を予測する重回帰分析における重相関係数の説明となるように，空欄を埋めなさい。

「重相関係数は（　　　　）と（　　　　）との（　　　　）である。」

【問題 7】〔重回帰分析の計算〕

$N = 25$ の標本において，ある職業適性テストと，論理的思考力テスト，語彙力テストの 3 つの得点間の相関係数，およびそれぞれの変数の平均と標準偏差を調べたところ，以下の表のようになった。

	適性	論理	語彙	平均	標準偏差
適性	1.0			100	15
論理	.8	1.0		50	12
語彙	.6	.3	1.0	60	5

論理的思考力テストと語彙力テストの得点を独立変数，職業適性テストの得点を従属変数として重回帰分析を行うものとして，以下の問いに答えなさい。

① 論理的思考力テストと語彙力テストのそれぞれにかかる標準偏回帰係数を求めなさい。
② 職業適性テストの得点を予測する回帰平面の式を求めなさい。
③ 職業適性テスト，論理的思考力テスト，語彙力テストのそれぞれを平均が0，標準偏差が1のz得点に標準化したときに，職業適性テストのz得点を予測する回帰平面の式を求めなさい。
④ この重回帰分析における重相関係数を求めなさい。
⑤ 重相関係数の統計的有意性について5％水準で検定しなさい。
⑥ 各独立変数の寄与の統計的有意性について5％水準で検定しなさい。

【問題8】〔多重共線性〕
多重共線性の問題とは，どのような場合にどのような現象が生じることをいうか。簡潔に述べなさい。

【問題9】〔重回帰分析の性質(1)〕
重回帰分析について，次の各事項が正しいか誤っているかを判断しなさい。

① 新たに独立変数をモデルに追加したとき，それまでモデルに含まれていた独立変数に関する（標準）偏回帰係数の大小関係は変わらない。　　　　　　　　　　　　　　　　　　　　（正・誤）

② 新たに独立変数をモデルに追加したとき，重相関係数は必ず追加前以上の値になる。　　　　　　　　　　　　　　　　　　（正・誤）

③ 従属変数と無相関な変数を独立変数として用いると，従属変数の予測にはまったく役に立たない。　　　　　　　　　　　　（正・誤）

④ 「ある独立変数の偏回帰係数が母集団でゼロである」という仮説の検定は，「その独立変数をモデルに追加したときに，決定係数の増加分がゼロである」という仮説の検定と同じ結果となる。　　（正・誤）

【問題10】〔重回帰分析の性質(2)〕
2つの独立変数x_1，x_2によって従属変数yの値を予測するものとして，以下の問いに答えなさい。

① 予測の誤差と x_1 との間の相関はどうなるか。正しいものを1つ選びなさい。

   a. 正の相関となる。
   b. 負の相関となる。
   c. 無相関となる。
   d. データによって相関の符号は異なる。

② 新たに独立変数 x_3 をモデルに加えるとする。y との相関係数の絶対値は x_1 が最大で，ついで x_2，そして x_3 が最小であるとする。x_1 と x_2 による予測と x_1 と x_3 による予測とではどちらがより正確か。最も適切なものを1つ選びなさい。

   a. x_1 と x_2 による予測のほうが正確である。
   b. x_1 と x_3 による予測のほうが正確である。
   c. x_2 と x_3 のそれぞれと x_1 との相関によって相対的な正確さが異なる。
   d. x_2 と x_3 のそれぞれの標準偏差によって相対的な正確さが異なる。

③ x_2 から y を予測したときの残差の標準偏差が8で，x_2 から x_1 を予測したときの残差の標準偏差が5であったとする。これらの残差間の相関係数が .5 であったとしたら，x_1 と x_2 から y を予測するときに x_1 にかかる偏回帰係数 b_1 の値はいくらになるか。

【問題11】〔偏回帰係数の検定と平方和のタイプ〕

ある独立変数にかかる偏回帰係数の有意性の検定は，その独立変数の寄与をどのタイプの平方和によって評価したものに対応するか。最も適切なものを1つ選びなさい。

   a. タイプ I
   b. タイプ II
   c. タイプ III
   d. タイプ IV

【問題12】〔重回帰分析における統計的推測の前提条件〕

重回帰分析において統計的推測を行う際に仮定される条件として正しいものをすべて選びなさい。

a. すべての独立変数が正規分布にしたがう。
b. 従属変数が正規分布にしたがう。
c. 独立変数と従属変数の全体が多変量正規分布にしたがう。
d. 独立変数から従属変数を予測したときの残差が正規分布にしたがう。

【問題 13】〔分散説明率の増分に関係するもの〕

新たな独立変数をモデルに追加したときの R^2（分散説明率）の増分と最も関係の深いのは次のうちのどれか。最も適切なものを1つ選びなさい。

- a. 追加された独立変数と従属変数との相関係数
- b. 追加された独立変数と従属変数との部分相関係数
- c. 追加された独立変数と従属変数との偏相関係数
- d. 追加された独立変数と元の独立変数群との重相関係数

【問題 14】〔自由度調整済み重相関係数〕

自由度調整済み重相関係数についての記述として最も正確なのは次のうちのどれか。最も適切なものを1つ選びなさい。

- a. 仮定された母集団分布からの逸脱による影響を，自由度の値を調整することによって修正した重相関係数
- b. 母集団重相関係数の値を過大評価する傾向を修正した重相関係数
- c. 母集団重相関係数の値を過小評価する傾向を修正した重相関係数

【問題 15】〔重回帰分析の結果の解釈〕

中学生の学校への適応感を国語，数学，英語の3教科の成績から予測する重回帰分析をソフトウェアを用いて実行したところ，以下のような結果が出力された。ここで，「学校への適応感」得点は高いほど学校によく適応し，低いほど不適応感があることを示す尺度である。

```
--------------------------------------------------------
Coefficients:
            Estimate   Std. Error   t value   Pr(>|t|)
(Intercept) 32.82605    6.35538      5.165    1.30e-06
国語         0.35957    0.13145      2.736    0.00742
数学        -0.30666    0.13121     -2.337    0.02150
英語         0.28977    0.09621      3.012    0.00332

Residual standard error: 9.388 on 96 degrees of freedom
Multiple R-squared: 0.159, Adjusted R-squared: 0.1328
F-statistic: 6.052 on 3 and 96 DF, p-value: 0.0008096
--------------------------------------------------------
```

(注) 上記において，記号の意味は以下の通り。Coefficients：係数（ここでは偏回帰係数のこと），Estimate：推定値，Std. Error：標準誤差，t value：t 値（検定統計量の値），Pr(>|t|)：p 値，Intercept：切片。

また，同じデータについて標準偏回帰係数を求めたところ，以下のようになった。

　　　　　　　国語　　0.35888
　　　　　　　数学　　-0.30646
　　　　　　　英語　　0.28867

① このデータのサンプルサイズはいくらか。
② 重相関係数と自由度調整済み重相関係数は，それぞれいくらか。
③ この結果について，以下の問いに述べられている説明が正しいか誤っているかを判断しなさい。

- (a) 各教科にかかる偏回帰係数と標準偏回帰係数の値（推定値）がほとんど同じであるのは，すべての変数の標準偏差がほとんど同じであるからである。　　　　　　　　　　　　　（正・誤）

- (b) 3教科の中で「学校への適応感」と最も高い相関があるのは，標準偏回帰係数の値が最も大きい国語である。　　　　　　　　　　　（正・誤）

- (c) 数学にかかる偏回帰係数がマイナスであるということは，「数学の成績がよい人ほど，学校への不適応感が強い」ということを意味する。　　　　　　　　　　　　　　（正・誤）

- (d) 上記の偏回帰係数はいずれも5%水準で統計的に有意である。このことから国語，数学，英語のいずれも「学校への適応感」との相関係数も5%水準で有意であるといえる。　　　　　　　　　　　　　　（正・誤）

- (e) この3教科のほかに，社会と理科を加えた5教科の成績を独立変数として重回帰分析を行うと，独立変数間の相関によっては，現在「英語 > 国語 > 数学」となっている標準偏回帰係数の値の順序が入れ替わる可能性がある。　　（正・誤）

解答と解説

【問題 1】

解答

① 2つの変数の双方に共通して関係する変数によって，直接の関係はなかった2変数間に見かけ上の相関関係が生じること。

② a．

解説

① 略

② それぞれの例については以下の通りです。

　　a．身長と語彙量の間にみられる相関関係は年齢によってもたらされた「みかけ上の相関関係」であり，これは疑似相関といえます。たとえば年齢を統制する（同じ年齢の児童だけを抽出する，年齢の影響を除いた偏相関係数を求めるなど）ことによって，身長と語彙量の間にみられた相関関係はなくなってしまうと考えられます。

　　b．集団レベルでの相関関係と個人レベルでの共変関係の違いの例。

　　c．負の相関関係の例。

　　d．相関係数の希薄化の例。

【問題 2】

解答

① y の値から x によって説明可能な成分を引いたもの（残差）であり，x とは無相関となる成分。

② c．

解説

① ある変数 x の「影響を除く」ということは，影響を除いた後のものは x とは無相関の関係にならなければなりません。変数 x の影響を除くための具体的な操作としては，変数 x によって説明可能な成分，別のいい方をすれば変数 x と完全に相関する成分を引くことになります。回帰分析によって，従属変数 y は独立変数 x で説明できる（x と完全に相関する）予測値と，x とは相関をもたない残差に直交分解されます。この残差は x とは無相関ですから y から x の影響を除いた成分であると考えることができます。

② 選択肢のうち，上記を満たしているものは c．となります。

【問題3】

解答

① 下の表の通り

番号	x	y	予測値 $\hat{y}$	残差 $y\|x$	z	予測値 $\hat{z}$	残差 $z\|x$
1	8	3	4.08	−1.08	5	6.33	−1.33
2	4	6	5.16	0.84	8	5.53	2.47
3	3	5	5.43	−0.43	3	5.33	−2.33
4	5	4	4.89	−0.89	6	5.73	0.27
5	7	6	4.35	1.65	7	6.13	0.87

② 上の表の通り
③ 「(z) から (x) の影響を除いたときの (y) との (部分相関係数)」
④ 「(x) の影響を除いたときの (y) と (z) との (偏相関係数)」
⑤ 「(x) の影響を除いたときの (y) の (z) への (偏回帰係数)」
⑥ 「(x) の影響を除いたときの (y) の (z) への (偏回帰係数)」

解説

① $\hat{y}$ を求めるための回帰直線の式が示されているので，ここにそれぞれの人の x の値を代入して予測値を求めます。たとえば，1番目の人は $x=8$ ですから，予測値は

$$\hat{y} = 6.24 - 0.27x = 6.24 - 0.27 \times 8 = 6.24 - 2.16 = 4.08$$

となります。残差 $y|x$ は実際の y の値から，予測値 $\hat{y}$ の値を引くことによって求めることができます。たとえば，1番目の人は $y=3$, $\hat{y}=4.08$ ですから，

$$y|x = y - \hat{y} = 3 - 4.08 = -1.08$$

となります。他の人についても同様にして求めることができます。

② 前問の y に関する予測値と残差を求めたときと同様に計算します。たとえば，1番目の人は以下のようになります。

$$\hat{z} = 4.73 + 0.20x = 4.73 + 0.20 \times 8 = 6.33$$

$$z|x = z - \hat{z} = 5 - 6.33 = -1.33$$

③ 残差 $z|x$ は「z から x の影響を除いた成分」ということができます。その一方で，y については他の変数の影響を除いていないもとの変数のままです。これらの間の相関係数は部分相関係数とよばれます。

④ $y|x$ と $z|x$ はそれぞれ y と z から x の影響を除いた成分ということができます。これらの間の相関係数は (x の影響を除いた) 偏相関係数とよばれます。

⑤ 部分相関係数を計算したときと同様に，y と z の一方（ここでは z）だけ他の変数（ここでは x）の影響を除き，それを独立変数とした回帰分析における回帰係数は特に偏回帰係数とよばれます。

⑥ 偏相関係数を計算したときと同様に，y と z の双方から他の変数（ここでは x）の影響を除いて回帰分析を行うと，独立変数だけ他の変数の影響を除いた回帰分析と回帰係数の値は必ず一致します（切片の値は一般には一致しません）。したがって，この場合も前問と同様に偏回帰係数とよばれます。

【問題 4】

解答　.02

解説　知能テストの得点を x，数理能力テストの得点を y，言語能力テストの得点を z とおくと，x の影響を除いたときの y と z との偏相関係数 $r_{yz|x}$ は，

$$r_{yz|x} = \frac{r_{yz} - r_{xy}r_{xz}}{\sqrt{1 - r_{xy}^2}\sqrt{1 - r_{xz}^2}}$$

という式によって計算することができます。いま，$r_{yz} = .5$，$r_{xy} = .7$，$r_{xz} = .7$ であることがわかっているので，この値を代入すると，

$$r_{yz|x} = \frac{.5 - .7 \times .7}{\sqrt{1 - .7^2}\sqrt{1 - .7^2}} = \frac{.01}{.51} = .0196$$

となります。

【問題 5】

解答

① 2つ以上の独立変数の値から，1つの量的な従属変数の値を予測するための方法。

② 偏回帰係数

③ 最小2乗法を用いる（または，予測式から計算される予測値と，実際の従属変数の値との差〔残差〕の2乗和が最小となるような予測式を求める）。

④ 他の独立変数の値が一定となるように統制したとき，各独立変数の1点の差に対応する従属変数の予測値の差の大きさ。または，各独立変数から他のすべての独立変数の影響を除いた成分（残差）の1点の差に対応する従属変数の予測値の差の大きさ。

偏回帰係数の値は，単純に各独立変数で従属変数を予測するときの回帰係数ではなく，ほかにどのような独立変数を用いるかによって変化する。したがって，この値から従属変数に対する各独立変数の重要性を議論する際には，ほかの独立変数との関係を常に考慮しなければならない。

解説

① 重回帰分析は2つ以上の独立変数を用いて従属変数の値を予測する統計手法です。通常，独立変数は量的な変数を用いますが，ダミー変数を導入することによって質的な独立変数を扱うことも可能です。重回帰分析に対して，第3章で扱ったような独立変数が1つだけの回帰分析を特に単回帰分析とよびます。

② 単回帰分析では独立変数にかかる係数を回帰係数とよびましたが，重回帰分析の場

合は偏回帰係数とよばれます。この偏回帰係数は，【問題3】で出てきたものと同じものです。

③ 単回帰分析と同様に，予測値と実際に観測されたデータとの差異を全体的に小さくしようという発想です。

④ 偏回帰係数は，各独立変数について，他の独立変数の影響を除いた残差を用いて従属変数の値を予測するときの回帰係数であると考えることができます。したがって，影響を除く他の変数との相関関係によって，この「残差」の意味が異なるものとなります。特に，相関の高い変数の影響を除いた残差は，影響を除く前のもとの変数とは相関の低いまったく意味内容の異なる変数となってしまうので，単純に各独立変数そのものと従属変数との関係をあらわすものであると誤解しないように注意が必要です。

【問題6】

解答　「重相関係数は（従属変数 y ）と（予測値 $\hat{y}$ ）との（相関係数）である。」

解説　重相関係数は重回帰分析による予測の正確さをあらわす指標として用いられます。2つの独立変数 x_1 と x_2 を用いて得られる線形結合（変数の定数倍と和によってあらわされるもの）$a + b_1 x_1 + b_2 x_2$ と y との相関係数の値は，定数 b_1, b_2 の値を変えることによってさまざまな値をとりうるのですが，最小2乗法によって求められた偏回帰係数の値を b_1, b_2 としたときにこの相関係数は最大値をとることが知られています。その最大化された相関係数が重相関係数です。

【問題7】

解答
① 論理的思考力テスト：0.68，語彙力テスト：0.40
② $\hat{y} = -13.79 + 0.85 x_1 + 1.19 x_2$
③ $\hat{y} = 0.68 x_1 + 0.40 x_2$
④ $R_{y \cdot 12} = .88$
⑤ 棄却域は $F > 3.44$ であるのに対して，検定統計量の実現値は $F = 39.556$ となるので，重相関係数は5%水準で統計的に有意である。
⑥ どちらの独立変数についても棄却域 $F > 4.30$ であるのに対して，検定統計量の実現値は，論理的思考力テストでは $F = 42.711$，語彙力テストでは $F = 14.400$ となり，どちらの独立変数の寄与も5%水準で統計的に有意である。

解説
① 論理的思考力テストを x_1，語彙力テストを x_2，職業適性テストを y とあらわすと，x_1, x_2 にかかる標準偏回帰係数 b_1^*, b_2^* はそれぞれ，

$$b_1^* = \frac{r_{y1} - r_{y2} r_{12}}{1 - r_{12}^2} = \frac{.8 - .6 \times .3}{1 - .3^2} = 0.6813$$

$$b_2^* = \frac{r_{y2} - r_{y1}r_{12}}{1 - r_{12}^2} = \frac{.6 - .8 \times .3}{1 - .3^2} = 0.3956$$

となります。

② 偏回帰係数は，それぞれ上で求めた標準偏回帰係数と，各変数と従属変数の標準偏差の比を用いて，

$$b_1 = b_1^* \frac{s_y}{s_1} = 0.6813 \times \frac{15}{12} = 0.8516$$

$$b_2 = b_2^* \frac{s_y}{s_2} = 0.3956 \times \frac{15}{5} = 1.1868$$

となります。また，切片は，

$$a = \bar{y} - b_1 \bar{x}_1 - b_2 \bar{x}_2 = 100 - 0.8516 \times 50 - 1.1868 \times 60 = -13.788$$

として求められます。

③ 独立変数と従属変数をすべて z 得点にすると，各独立変数にかかる偏回帰係数は標準偏回帰係数となりますから，①で求めた値をそのまま用いればよいことになります。また $\bar{x}_1 = \bar{x}_2 = \bar{y} = 0$ なので，切片はゼロとなります。

④ x_1 と x_2 から y を予測するときの重相関係数 $R_{y \cdot 12}$ は，これら3つの変数間の相関係数の値を用いて，以下のように求められます。

$$R_{y \cdot 12} = \sqrt{\frac{r_{y1}^2 + r_{y2}^2 - 2r_{y1}r_{y2}r_{12}}{1 - r_{12}^2}}$$

$$= \sqrt{\frac{.8^2 + .6^2 - 2 \times .8 \times .6 \times .3}{1 - .3^2}} = \sqrt{.7824} = .8845$$

⑤ 重相関係数 R の有意性の検定（母集団において重相関係数がゼロであるという帰無仮説の検定）で用いられる検定統計量は，

$$F = \frac{R^2/p}{(1 - R^2)/(N - p - 1)}$$

という計算で求めることができます。ここで，p は独立変数の個数をあらわします。この検定統計量の帰無分布は，分子の自由度 $df_1 = p$，分母の自由度 $df_2 = N - p - 1$ の F 分布です。本問では，$p = 2$，$N = 25$ なので，$df_1 = 2$，$df_2 = 22$ となり，巻末の付表9aの F 分布表から5%水準の検定における棄却域は，$F > 3.44$ となることがわかります。前問より $R = .88$ ということがわかっているので，F 値を求めると，

$$F = \frac{.88^2/2}{(1 - .88^2)/(25 - 2 - 1)} = 37.759$$

となります（R の値を途中で丸めずに計算すると正確には39.556となりますが，検定の結果には影響しません）。この値は棄却域に入りますから，重相関係数は統計的に有意であるということができます。

⑥ 論理的思考力テスト（x_1）の寄与の検定ですが，この検定の帰無仮説は，

(a) 母集団においてすべての独立変数（この場合は x_1 と x_2）を用いて予測したときの重相関係数と，x_1 を独立変数から除外して（x_2 だけを使って）予測したときの重相関係数が等しい。

(b) 母集団において，x_1 にかかる偏回帰係数 β_1 の値がゼロである。

の2通りの表現が可能です。ここでは前者の表現に沿った形の計算を行うことにすると，検定統計量は，

$$F = \frac{R_{y\cdot 12}^2 - r_{y2}^2}{(1 - R_{y\cdot 12}^2)/(N - p - 1)}$$

で，この帰無分布は $df_1 = 1$, $df_2 = N - p - 1 = 22$ の F 分布となります。したがって，巻末の付表9aより棄却域は $F > 4.30$ です。ここで，$r_{y2} = .6$ ですから，

$$F = \frac{.88^2 - .6^2}{(1 - .88^2)/(25 - 2 - 1)} = 40.411$$

となり，この値は棄却域に入るので x_1 の寄与は統計的に有意であるということができます（正確な R の値を用いると，$F = 42.711$ となりますが，いずれにしても結論は同じです）。

同様に，語彙力テスト（x_2）の寄与についてみると，棄却域は同じく $F > 4.30$ で，検定統計量の値は，

$$F = \frac{R_{y\cdot 12}^2 - r_{y1}^2}{(1 - R_{y\cdot 12}^2)/(N - p - 1)} = \frac{.88^2 - .8^2}{(1 - .88^2)/(25 - 2 - 1)} = 13.106$$

（正確な R の値を用いると $F = 14.400$）で，やはり帰無仮説は棄却されます。

【問題8】

解答 独立変数間の相関が高すぎる場合に，偏回帰係数の推定量が不安定になる（標準誤差が大きくなる）こと。

解説 独立変数の中に極端に相関の高いものが含まれている場合，標本抽出をやり直したとき，偏回帰係数の推定値がまったく異なった結果となる可能性が高くなります。このような場合は，独立変数の吟味を行い，不要な変数はモデルから取り除くか，複数の変数をまとめた合成変数を独立変数として用いるなどの工夫が必要です。ソフトウェアによっては，多重共線性の問題が生じているのかどうかを判断するために，VIFとよばれる指標などを出力します。

【問題9】

解答 ①誤 ②正 ③誤 ④正

解説

① 独立変数間における（標準）偏回帰係数の大小関係は，独立変数と従属変数との間の相関の強さだけでなく，独立変数間の相関関係によっても規定されます。したがって，新たに独立変数をモデルに加えるときに，その新しい独立変数とすでにモデルに

含まれている独立変数との相関係数の値によっては，既存の独立変数の（標準）偏回帰係数の大小関係も逆転することがあります。

② 独立変数を追加したときに，重相関係数の値がまったく変化しないことはあっても，独立変数の追加によって重相関係数の値が減少することはありえません。

【問題6】の解説にあるように，2つの独立変数 x_1 と x_2 から最小2乗法によって得られる予測値は，$a + b_1 x_1 + b_2 x_2$ であらわされる線形結合の中で従属変数との相関が最も高くなり，その相関係数が重相関係数です。ここで $b_2 = 0$ とおけば，この式は $a + b_1 x_1$ となりますから，x_1 だけで従属変数を予測する場合もこの線形結合の中に含まれることになります。したがって，独立変数が2つのときの重相関係数は，独立変数の一方と従属変数との相関係数の絶対値より低くならないことがわかります。

③ 単回帰分析の場合は従属変数と無相関である独立変数は予測の役に立ちません。しかし，重回帰分析の場合は，他の独立変数との相関関係によっては，従属変数と無相関の変数を独立変数として追加することによって重相関係数が大きく上昇することもあります。このように，従属変数とは相関がなくても予測の精度を高めることのできる変数を抑制変数とよぶことがあります。

④ 【問題7】の⑥の解説にもあるように，この2つの帰無仮説は同じことを意味しています。そして，それを検定する方法も数学的に同じものです。したがって，両者の p 値は常に等しく，一方の検定で統計的に有意であると判断されれば，他方の検定でも統計的に有意であると判断されるということです。

【問題10】

解答　①c.　②c.　③$b_1 = 0.8$

解説

① 単回帰分析と同様に，重回帰分析でも予測の誤差（残差）は必ずすべての独立変数と無相関になります。独立変数が2つの場合の重回帰分析モデルをベクトルであらわすと，予測の誤差（残差）のベクトルは，従属変数 y のベクトルから独立変数 x_1 と x_2 の張る平面に下ろした垂線となるので，x_1 とも x_2 とも直交します。これは独立変数がいくつあっても必ず成り立つ性質です。

② 「予測の正確さ」は重相関係数もしくはそれを2乗した決定係数の大きさで比較することができます。x_1 と x_2 によって予測するときの決定係数 $R^2_{y\cdot 12}$ と x_1 と x_3 によって予測するときの決定係数 $R^2_{y\cdot 13}$ はそれぞれ，

$$R^2_{y\cdot 12} = \frac{r_{y1}^2 + r_{y2}^2 - 2r_{y1}r_{y2}r_{12}}{1 - r_{12}^2}$$

$$R^2_{y\cdot 13} = \frac{r_{y1}^2 + r_{y3}^2 - 2r_{y1}r_{y3}r_{13}}{1 - r_{13}^2}$$

とあらわすことができます。問題文の条件より，$|r_{y1}| > |r_{y2}| > |r_{y3}|$ ということが

与えられていますが，この条件から $R_{y\cdot 12}^2$ と $R_{y\cdot 13}^2$ の大小関係を直接導くのは難しいので，具体的な値を当てはめて考えてみます．たとえば，$r_{y1} = .4 > r_{y2} = .3 > r_{y3} = .2$ とすると，

$$R_{y\cdot 12}^2 = \frac{.25 - .24 r_{12}}{1 - r_{12}^2}$$

$$R_{y\cdot 13}^2 = \frac{.20 - .16 r_{13}}{1 - r_{13}^2}$$

となり，あとは r_{12} と r_{13} の値がわかれば大小関係を特定できることになります．ここで，$r_{12} = .2$, $r_{13} = .1$ とすると，$R_{y\cdot 12}^2 = .210 > R_{y\cdot 13}^2 = .186$ ですが，$r_{12} = .4$, $r_{13} = .1$ とすれば，$R_{y\cdot 12}^2 = .183 < R_{y\cdot 13}^2 = .186$ となり，r_{12} と r_{13} の値によって重相関係数（決定係数）の大小関係が変わることが確かめられます．

③ x_1 と x_2 から y を予測するときに x_1 にかかる偏回帰係数 b_1 は，

・x_1 から x_2 の影響を除いた成分（残差 $x_1|x_2$）を独立変数
・y から x_2 の影響を除いた成分（残差 $y|x_2$）を従属変数

とした単回帰分析における回帰係数と同じになります．すなわち，みやすさのために x_1 と y から x_2 の影響を除いた残差をそれぞれ x_1' と y' とあらわすことにすると，x_1' から y' を予測する回帰直線

$$\hat{y}' = a + b_1 x_1'$$

における b_1 が求める偏回帰係数となります．この b_1 は

$$b_1 = r_{x_1' y'} \frac{s_{y'}}{s_{x_1'}}$$

で求められ，$s_{y'} = 8$, $s_{x_1'} = 5$, $r_{x_1' y'} = .5$ であることがわかっているので，

$$b_1 = .5 \times \frac{8}{5} = 0.8$$

となります．

【問題11】

解答 c.

解説 重回帰分析における各独立変数の寄与は，「その独立変数をモデルに加えることによって，予測の正確さがどれくらい向上するのか」によって評価します．しかし，すべての独立変数がお互いに無相関であるという特別な場合を除いて，ある独立変数を加えたときに予測の正確さがどれくらい向上するかは，その独立変数を複数の独立変数群の中で何番目にモデルに加えるのかによって変化します．偏回帰係数の有意性の検定は，寄与を評価したい独立変数を一番最後に加えたときの分散説明率の増分に着目するもので，これはタイプ III の平方和による方法とよばれています．【問題7】の⑥の解説で述べた検定もこれと同じものです．

【問題 12】

解答　　d.

解説　　重回帰分析における統計的推測で仮定されている前提条件は，すべての独立変数の値の組で条件付けたときの従属変数の条件付き分布，すなわち残差の分布に関するものです。具体的には，独立変数の値にかかわらず，残差が平均 0，分散一定の正規分布にしたがうことが仮定されます。したがって，独立変数や従属変数の周辺分布は特に正規分布にしたがっている必要はありません。また，c. 多変量正規分布の仮定も重回帰分析では要求されませんが，共分散構造分析（第 10 章参照）を適用する場合には，この仮定を設定します。

【問題 13】

解答　　b.

解説　　既存の独立変数群に新たに独立変数を追加したときに分散説明率がどれくらい増加するかは，新たに追加された独立変数が，すでにモデルに含まれている独立変数群とは重複しない部分（残差）が従属変数をどれくらい説明できるかによって決まります。

【問題 14】

解答　　b.

解説　　一般に，独立変数の数を増やすと，予測の誤差分散は母集団における残差分散よりも小さい値をとりやすくなります。その結果として，自由度調整済みでない通常の重相関係数は，母集団における重相関係数を過大評価しやすくなるため，それを修正するために用いられるのが自由度調整済み重相関係数です。

【問題 15】

解答

① $N = 100$

② 重相関係数：$R = .40$，自由度調整済み重相関係数：$R_{adj} = .36$

③ (a) 正　(b) 誤　(c) 誤　(d) 誤　(e) 正

解説　　本問ではおおよそ以下のような相関係数をもつような人工データに基づき，R で重回帰分析を実行した結果を一部改変したものを掲載しています。

	国語	数学	英語
国語	1.0		
数学	.7	1.0	
英語	.2	.2	1.0
適応感	.2	.0	.3

R で重回帰分析を実行するには，あらかじめ，「国語」「数学」「英語」「適応感」という変数を作成したうえで，

$$\text{summary(lm(適応感~国語+数学+英語))}$$

とします。lm は回帰分析（一般的な線形モデル）を行う関数で，括弧内のチルダ（~）の左辺に従属変数，右辺に独立変数を + でつないで指定します。summary は偏回帰係数の推定値以外の結果（検定など）を出力するためのものです。標準偏回帰係数はそのままでは計算されないので，別途算出しています。詳細は，山田・杉澤・村井（2008）などを参照してください。

① 出力結果の Residual standard error，または F-statistic の自由度の記述から，残差の自由度は 96 であることがわかります。重回帰分析では，独立変数の数を p とあらわすと，残差の自由度は $df_e = N - p - 1$ となります。本問では，$df_e = N - p - 1 = 96$，かつ $p = 3$ ですから，$N = 100$ となります。

② 出力結果の Multiple R-squared より，重相関係数の 2 乗（決定係数）は $R^2 = .159$，また，Adjusted R-squared より，自由度調整済み決定係数は $R^2_{adj} = .1328$ であることがわかります。これより，重相関係数は $R = \sqrt{.159} = .3987$，自由度調整済み重相関係数は $R_{adj} = \sqrt{.1328} = .3644$ となります。

③ (a) 重回帰分析において，ある独立変数 x にかかる偏回帰係数を b，標準偏回帰係数を b^* とあらわすと，

$$b = b^* \frac{s_y}{s_x}$$

という関係が成り立ちます（y は従属変数をあらわすものとします）。偏回帰係数と標準偏回帰係数の値がほぼ同じということは s_y/s_x の値がほぼ 1 であるということですから，独立変数と従属変数の標準偏差がほぼ同じ値であるということを意味します。本問ではすべての独立変数について，偏回帰係数と標準偏回帰係数の値がほとんど同じになっていることから，すべての変数の標準偏差がほぼ同じ値であるということができます。

また，上記の関係から，偏回帰係数の値は独立変数の標準偏差が大きいほど小さく，標準偏差が小さいほど大きな値をとることがわかります（厳密には，独立変数の標準偏差の大きさに反比例します）。したがって，標準偏回帰係数の値が小さい独立変数でも，その標準偏差が極端に小さければ，偏回帰係数の値は非常に大きなものとなります。これは，変数の標準偏差の値によっては，偏回帰係数と標準偏回帰係数の大小関係が逆転することもありうることを意味します。

(b) 標準偏回帰係数の大きさは，従属変数との相関の高さだけでなく，独立変数間の相関によっても影響されます。従属変数との相関の高さと標準偏回帰係数の大小関係が一致するのは独立変数が 2 つの場合だけで，3 つ以上になると，従属変数との単純相関係数と標準偏回帰係数の大小関係は逆転することがあります。

実際，解説の最初に示した変数間の相関係数をみると，本問で用いたデータで適応感と最も高い相関を示しているのは，標準偏回帰係数の絶対値が最も小さい

英語であることがわかります。

(c) 数学にかかる標準偏回帰係数がマイナスであるということは，数学から国語と英語によって予測される成分を引いた残差が適応感と負の相関をもっているということであって，数学の成績そのものが適応感と負の相関があるとは必ずしもいえません。

　　実際，解説の最初に示した変数間の相関係数をみると，本問で用いたデータで数学と適応感との相関係数はゼロとなっています。

(d) 単回帰分析では回帰係数がゼロであるという帰無仮説の検定は，独立変数と従属変数の相関係数がゼロであるという帰無仮説の検定と等価ですが，重回帰分析では相関係数がゼロであることと偏回帰係数がゼロであることは等価ではありません。従属変数と無相関の独立変数にかかる偏回帰係数が統計的に有意であったり，逆に，単純相関係数が統計的に有意な独立変数の偏回帰係数が有意でないこともありえます。

　　実際，本問で用いたデータでは数学と適応感との相関係数はゼロであり，少なくともこの相関係数は統計的には有意ではありません。

(e) 重回帰分析では，既存の独立変数群に新たに独立変数を加えると，すでにモデルに含まれていた独立変数の（標準）偏回帰係数の大小関係が変化する場合があります。そのことからも，（標準）偏回帰係数の値は独立変数そのものと従属変数との関係の強さをあらわすものではないということができます。

トピック 8-1

部分相関と偏相関の使い分け

変数 x, y の間の相関関係を検討するときに，これらの変数と関連のある第 3 の変数 z の影響を除くことを考えたとします。これは，具体的には変数 x, y のうち，第 3 の変数 z とは関連のない残差成分 $x|z$ および $y|z$ を取り出し，その残差の間の相関を求めることになります。

この方法で求められる相関係数が偏相関係数ですが，第 3 の変数の影響を除くときに，x, y の双方からではなく，そのうちの一方（x としましょう）だけから影響を除き，その残差成分 $x|z$ と，もう一方の変数 y との相関係数，すなわち部分相関係数を求めることもあります。

それでは，偏相関係数と部分相関係数はどのように使い分ければよいのでしょうか。

偏相関係数は，x, y の 2 変数を同等に扱っていて，双方から第 3 の変数の影響を除いていますから，これは，文字通り「第 3 の変数の影響を除いたら，2 変数間の相関はどうなるか」を知りたいときに使います。

これに対し部分相関係数は，2 変数の役割を区別し，その一方だけから第 3 の変数の影響を除いていますが，これが利用される最も重要な場面は，重回帰分析での独立変数の選択においてです。

いま，従属変数 y に対し，最初の独立変数として z が選ばれていて，第 2 の独立変数として x を追加すべきかどうかを検討するものとします。このとき大事なポイントは，追加の候補となっている x が，すでにモデルに含まれている z と重複しない部分で y を予測する力をもっているかどうかということです。それを調べるには，x から z の影響を除いた残差成分 $x|z$ と従属変数 y との相関，すなわち部分相関係数を求めてみればよいということになります[1]。この文脈では，従属変数 y そのものの予測を考えているので，y からも第 3 の変数の影響を除くことは必要でも適切でもありません。

トピック 8-2

偏相関係数を導く

第 3 の変数 z の影響を除いたときの，変数 x, y の間の偏相関係数が

$$r_{xy|z} = \frac{r_{xy} - r_{xz}r_{yz}}{\sqrt{1-r_{xz}^2}\sqrt{1-r_{yz}^2}}$$

となることを導いてみましょう。

---

[1] この部分相関係数の平方が，重回帰モデルに x を追加したときの決定係数 R^2 の増分となります。

残差間の相関係数である偏相関係数は，もとの変数を線形変換しても絶対値は変わりません[2]。そこで，簡単のために，3変数とも平均0，標準偏差1に標準化されているものと仮定します。このとき，変数 x を変数 z で予測したときの予測値を $\hat{x}$，残差を e_x とすると，

$$e_x = x - \hat{x}$$
$$= x - r_{xz} z$$

となります。同様に，変数 y を変数 z で予測したときの残差は，

$$e_y = y - r_{yz} z$$

となります。

　表記を見やすくするために，これら2つの残差の間の共分散を $Cov(e_x, e_y)$ とすると，

$$Cov(e_x, e_y) = Cov(x - r_{xz} z, y - r_{yz} z)$$
$$= Cov(x, y) - Cov(x, r_{yz} z) - Cov(r_{xz} z, y) + Cov(r_{xz} z, r_{yz} z)$$
$$= r_{xy} - r_{yz} \times Cov(x, z) - r_{xz} \times Cov(z, y) + r_{xz} r_{yz} \times s_z^2$$
$$= r_{xy} - r_{yz} r_{xz} - r_{xz} r_{zy} + r_{xz} r_{yz}$$
$$= r_{xy} - r_{xz} r_{yz}$$

となります。

　また，残差の標準偏差はそれぞれ

$$s_{e_x} = \sqrt{1 - r_{xz}^2}$$
$$s_{e_y} = \sqrt{1 - r_{yz}^2}$$

となるので，残差間の相関係数，すなわち偏相関係数は，

$$r_{e_x e_y} = \frac{r_{xy} - r_{xz} r_{yz}}{\sqrt{1 - r_{xz}^2} \sqrt{1 - r_{yz}^2}}$$

となります。

---

[2] ベクトルで考えるとわかりやすいです。変数 x を変数 z で予測するときの残差のベクトルは，ベクトル $\boldsymbol{x}$ の先端からベクトル $\boldsymbol{z}$ の方向に下ろした垂線によってその方向が決まり，$\boldsymbol{x}$ や $\boldsymbol{z}$ の長さには影響されません。したがって，残差間の相関係数（残差ベクトル間の角度のコサイン）は，もとの変数の線形変換によって影響を受けないことがわかります。

トピック 8-3

量的な独立変数間の交互作用

2つの量的な独立変数 x_1, x_2 によって従属変数 y を予測する重回帰式が

$$\hat{y} = 10 + 3x_1 + 5x_2$$

と推定されたとしましょう。この場合，独立変数 x_1 にかかる係数は 3 であり，これはもう 1 つの独立変数 x_2 の値がいくらであっても関係なく一定の値です。このように，通常の重回帰分析では，ある独立変数の効果のあり方は他の独立変数の値によって異ならないということ，すなわち交互作用がないことを前提としたモデルが用いられています[3]。

では，次のような重回帰式ならどうでしょうか。

$$\hat{y} = 10 + 3x_1 + 5x_2 + 7x_1 x_2$$

この式には，$x_1 x_2$ という積の項が含まれています。この式を少し変形して x_1 にかかる係数をまとめると

$$\hat{y} = 10 + (3 + 7x_2)x_1 + 5x_2$$

となります。これより，x_1 にかかる実際の係数の値は x_2 の値によって変化し，たとえば $x_2 = 0$ のときは $3 + 7 \times 0 = 3$，$x_2 = 1$ のときは $3 + 7 \times 1 = 10$ となります。

このように，量的変数同士の積の項を重回帰式に組み込むことによって，量的変数間の交互作用を表現することができます。しかし，この方法によってどのような交互作用でも表現できるということではありません。上記の例の場合，x_1 にかかる係数は $3 + 7x_2$ であり，x_2 の値の変化に応じて係数が直線的に変化しています。図 8-1 は，この例の重回帰式による予測曲面を描いたものですが[4]，図の手前，つまり x_2 の値の小さいところでは x_1 にかかる係数（x_1 方向の傾き）がマイナスになっていることがわかります。これが，図の手前から奥のほうへ，つまり x_2 の大きいほうへ目を移していくと，x_1 方向の傾きがしだいに大きくなり，プラスに転じるということがみてとれます。この傾きの変化が x_2 の 1 次式となるということです。

同様に，x_2 にかかる係数は $5 + 7x_1$ であり，これも x_1 の値の変化に応じて直線的に変

---

[3] 交互作用については第 9 章の【問題 10】などを参照してください。
[4] 作図のための R のプログラムは以下の通りです。x_1 を 0 から 10 まで，x_2 は -5 から 5 まで，いずれも 0.5 きざみにとっています。persp が三次元プロットの関数で，theta, phi によって，それぞれ図の横回転および縦回転の角度を設定することができます。

```
x1<- seq(0, 10, 0.5)
x2<- seq(-5, 5, 0.5)
f<- function(x1, x2){10+3*x1+5*x2+7*x1*x2}
yhat<- outer(x1,x2, f)
persp(x1, x2, yhat, theta=30, phi=30)
```

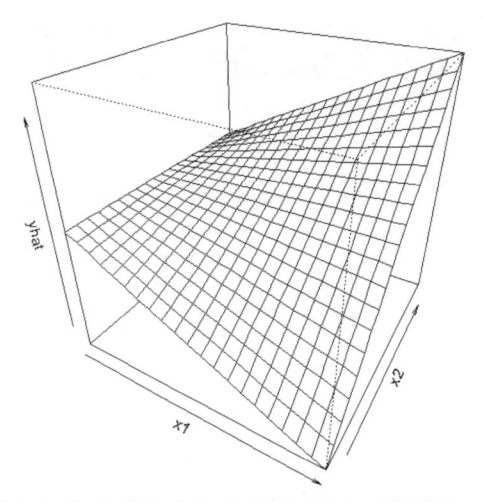

図 8-1　独立変数の積の項を投入したときの予測曲面の例

化します。

　積の項を入れることによって表現できる交互作用は，このようなかなり特殊なものに限定されるということに注意しておく必要があります。たとえば，x_2 の値が小さいところと大きいところでは x_1 にかかる係数は小さいが，x_2 の値が中程度のところでは x_1 にかかる係数が大きい，というような交互作用を表現することはできません。質的な変数を独立変数とする分散分析（第 9 章参照）では，どのような形の交互作用も表現できることと対照的です。

　なお，独立変数として x_1, x_2 とともに $x_1 x_2$ という積の項が入ると，x_1, x_2 と $x_1 x_2$ との間の相関が高くなり，多重共線性の問題（本章の【問題 8】参照）が生じることが少なくありません。この問題は，各変数を平均からの偏差（$x_1 - \bar{x}_1$, $x_2 - \bar{x}_2$）に変換してからモデルに入れることによって回避することができます。

第9章

実験デザインと分散分析

【問題1】〔分散分析の適用場面〕
以下のうち，分散分析が適用される状況をすべて選びなさい。

a. 2群の母分散が等しいか否かを検定したい。
b. 3群の母分散が等しいか否かを検定したい。
c. 4群の母平均が等しいか否かを検定したい。
d. 5群の母比率が等しいか否かを検定したい。
e. 性別および2つの実験条件の違いによって母平均が異なるか否かを検定したい。

【問題2】〔要因と水準〕
ある大学の法学部，文学部，理学部，工学部の各学部から20名ずつの学生を無作為抽出してあるテストを行い，学部間でテストの母平均に差があるか否かを分散分析によって検定することにした。この状況での「要因」と「水準」はそれぞれ何か。

【問題3】〔実験法の用語〕
以下の文章の空欄①から⑤に適切な語を入れなさい。

「2つ以上の要因が連動して変化し，そのうちのどれが結果に影響したかが判断できない状態になることを，要因が（　①　）しているという。（　①　）を避けるためには，関心下の要因以外について，条件を（　②　）する必要がある。たとえば関心下の要因以外に"性別"が結果に影響を与えることが予想される場合，（　②　）の具体的な方法として，以下のようなものがある。

- （　③　）：関心下の要因のすべての水準において，女性のみを被験者とする
- （　④　）：関心下の要因のすべての水準において，男女を同数ずつ割り当てる
- （　⑤　）：性別を無視して，被験者を関心下の要因の各水準へ無作為に割り当てる」

【問題 4】〔平方和の分割〕

以下に示すのは，ある変数 y についての $N=9$ の無作為標本のデータである。

$$1, 1, 1, 2, 2, 2, 3, 3, 3$$

① このデータ全体の平方和を求めなさい。
② このデータが以下のような3群から得られたものとすると，群間平方和と群内平方和の値は，それぞれいくらになるか。

群 1	群 2	群 3
1	1	2
1	2	3
2	3	3

③ このデータが以下のような3群から得られたものとすると，群間平方和と群内平方和の値は，それぞれいくらになるか。

群 1	群 2	群 3
1	1	1
2	2	2
3	3	3

④ このデータが以下のような3群から得られたものとすると，群間平方和と群内平方和の値は，それぞれいくらになるか。

群 1	群 2	群 3
1	2	3
1	2	3
1	2	3

【問題 5】〔完全無作為1要因デザインにおける分散分析の性質(1)〕

完全無作為1要因デザインにおいて，要因の水準数が3であるとして，以下の問いに答えなさい。

① 得られた分散分析表が以下のようになったとしたら，各群内の母集団分散の不偏推定値はいくらになるか。正しいものを1つ選びなさい。

変動要因	自由度	平方和	平均平方
条件	2	324	162
残差	27	1971	73
全体	29	2295	

$$\begin{cases} \text{a. } 324 \\ \text{b. } 162 \\ \text{c. } 1971 \\ \text{d. } 73 \end{cases}$$

② 上記の分散分析表から，相関比の値を求めなさい。

③ 上記の分散分析表から，検定統計量 F の値を求めなさい。

④ この分散分析を重回帰分析のプログラムを用いて実行するとしたら，独立変数（ダミー変数）は何個になるか。

【問題6】〔完全無作為1要因デザインにおける分散分析の性質(2)〕

完全無作為1要因デザインの実験で，各群の被験者数を10倍ずつにしたとき，各群の平均値や各群内の標準偏差が変化しなかったとする。このときの各種統計量の値について，以下の問いに答えなさい。

① 分散分析の検定統計量 F 値はどうなるか。最も適切なものを1つ選びなさい。

$$\begin{cases} \text{a. 変化しない。} \\ \text{b. 約 } \sqrt{10} \text{ 倍になる。} \\ \text{c. 約 10 倍になる。} \\ \text{d. 約 100 倍になる。} \end{cases}$$

② 次の統計量のうち，値が変化しないものをすべて選びなさい。

a. 群間平方和

b. 群内平方和

c. 群間平均平方

d. 相関比（重相関係数）

【問題7】〔完全無作為1要因デザインの分散分析表〕

完全無作為1要因デザインの分散分析の計算結果を分散分析表にまとめたところ以下のようになった。ただし，必要な数値がいくつか抜け落ちて空欄になっている。これにつ

いて以下の問いに答えなさい。

変動要因	自由度	平方和	平均平方	F
群間	3			
群内		40.0		
全体	23	77.5		

① 表中の空欄を埋めて分散分析表を完成させなさい。
② この検定では，いくつの群の平均値を比較しているか。
③ すべての群をあわせた全体のサンプルサイズはいくらか。
④ $\alpha = .05$ とすると，この検定の棄却域はどうなるか。
⑤ 上で求めた棄却域に基づいて判断すると，検定の結果はどうなるか。

【問題 8】〔外れ値除去による検定結果への影響〕
環境の違いが作業のパフォーマンスに影響するかどうかを調べる実験を行った。$N=15$ の被験者を A, B, C の 3 条件に 5 人ずつ割り当てて，ある作業課題の得点を測定したところ，以下のようなデータが得られた。

	A 条件	B 条件	C 条件
	4	3	12
	1	11	9
	5	7	8
	7	9	28
	1	7	71
平均	3.6	7.4	25.6

① 上記のデータについてソフトウェアを使って分散分析を実行したところ，以下のような出力が得られた。

	Df	Sum Sq	Mean Sq	F value	Pr(>F)
条件	2	1382.80	691.40	2.8614	0.09636
Residuals	12	2899.60	241.63		

（注）上記分散分析表において，記号の意味は以下の通り。Df：自由度，Sum Sq：平方和，Mean Sq：平均平方，F value：F 値（検定統計量の値），Pr(>F)：p 値，Residuals：残差。

有意水準を 5% とすると，この 3 条件間で課題得点の平均に有意な差はあるか。

② C 条件に 71 点という他の被験者に比べて極端に高得点を出した外れ値がある。この外れ値を除外すると，以下のように条件間での平均値の違いは小さくなる。
このデータを用いて，上と同様の平均値差の検定を行いなさい。

	A 条件	B 条件	C 条件
	4	3	12
	1	11	9
	5	7	8
	7	9	28
	1	7	
平均	3.6	7.4	14.25

③ 上記の2つの検定によって得られる結論は同じか，それとも食い違いがみられるか。結果が食い違う場合は，なぜそのような違いがみられるのか，理由を述べなさい。

【問題9】〔全体的な分散分析とテューキーの事後検定の結果〕

F 値に基づいて5%水準の検定を行ったところ，3群間に有意な差がみられたとする。このとき，テューキーの方法によってそれぞれの群間の平均値差の検定を5%水準で行ったらどうなるか。最も適切なものを1つ選びなさい。

a. いずれの対においても有意差が得られる。
b. 平均が最大の群と最小の群の間では有意差が得られる。
c. どの対においても有意差は得られない。
d. データによって上記のいずれも起こりうる。

【問題10】〔完全無作為2要因デザインにおける分散分析の性質〕

性別（男，女の2水準）と実験条件（A, B の2水準）の完全無作為2要因デザインの分散分析について，以下の問いに答えなさい。

① 性別と実験条件の交互作用の説明として正しいのは次のうちのどれか。最も適切なものを1つ選びなさい。

a. 性別と実験条件の間の相関関係
b. 性別の効果と実験条件の効果の大小関係
c. 性別の効果の実験条件間の差異
d. 性別と実験条件の組合せでつくられるすべてのセル間の平均値差

② 性別および実験条件のいずれの平方和もゼロで，交互作用の平方和のみが正になるのは，平均値のプロットがどのようになる場合か，例を図示しなさい。

③ 性別の単純効果というのは次のうちのどれか。最も適切なものを1つ選びなさい。

　　　　a. 性別の効果の大きさを標準化したもの
　　　　b. 実験条件の効果を無視したときの性別の効果
　　　　c. 実験条件の影響を除いたときの性別の効果
　　　　d. 実験条件ごとの性別の効果

④　男子では実験条件の効果が有意であったが，女子では有意でなかったとする。このとき，性別×実験条件の交互作用は有意になるか。以下のうちから最も適切なものを1つ選びなさい。ただし，有意水準はいずれも5%とする。

　　　　a. 有意になる。
　　　　b. 有意にならない。
　　　　c. 有意になることもならないこともある。

【問題11】〔完全無作為2要因デザインの分散分析表〕

　ある大学における統計学の指導法の効果を調べるために，授業形態（講義中心・演習中心の2水準）×性別の2要因デザインで実験を行い，授業後の定着度の比較を行うことになった。実験は，この大学の学生から男女各10名ずつを無作為抽出し，抽出された学生をさらに「講義中心」授業を受ける群と「演習中心」授業を受ける群に半々に割り当てて行った。授業後の定着度テストの点数に関する分散分析について，以下の問いに答えなさい。

変動要因	自由度	平方和	平均平方	F
授業形態		41		
性別		15		
交互作用		8		
残差		64		
全体				

①　表中の空欄を埋めて分散分析表を完成させなさい
②　授業形態の主効果，性別の主効果，授業形態×性別の交互作用効果のそれぞれについて，$\alpha = .05$ としたときの棄却域を求め，各効果が統計的に有意であるかどうか答えよ。
③　このデータを，性別を無視して授業形態に関する1要因のデータとして分析した場合，2要因の分散分析の結果と同じ値になるものをすべて選びなさい。

　　　　a. 授業形態の平方和
　　　　b. 授業形態の F 値

c. 授業形態の p 値
d. 残差の平方和

【問題 12】〔完全無作為 2 要因デザインの分散分析と事後検定〕

要因 A と要因 B の 2 要因の実験データについてソフトウェアを使って分散分析を行ったところ，以下のような出力が得られた。

	Df	Sum Sq	Mean Sq	F value	Pr(>F)
要因 A	1	34.7	34.7	0.3266	0.568389
要因 B	2	124.7	62.3	0.5873	0.556947
要因 A:要因 B	2	1087.5	543.8	5.1226	0.006892
Residuals	174	18470.5	106.2		

(注) 上記分散分析表において，記号の意味は以下の通り。要因 A:要因 B：要因 A × 要因 B の交互作用，その他の記号の意味は【問題 8】を参照。

① この結果を報告するため以下のような文章を作成した。この文章中の誤りをすべて訂正しなさい。

「$N = 175$ のデータで，要因 A（2 水準）× 要因 B（2 水準）の 2 要因（いずれも対応のない被験者間要因）について分散分析を行ったところ，要因 A と要因 B の主効果がともに 5% 水準で有意であったが，要因 A × 要因 B の交互作用は有意ではなかった。」

② 上記の出力結果をふまえて，各効果のあり方をさらに詳細に調べたいとすると，どのような事後検定を行うのがよいか。適切なものをすべて選びなさい。

a. 要因 A についての多重比較の検定
b. 要因 B についての多重比較の検定
c. 要因 B の各水準における要因 A の単純効果の検定
d. 行う意味のある事後検定はない

【問題 13】〔アンバランスデザインの影響 (1)〕

完全無作為 1 要因デザインの分散分析において，Ⓐ各群のサンプルサイズがすべて等しくなるように配置した場合（バランスデザイン）と比べて，Ⓑ各群のサンプルサイズが異なるように配置した場合（アンバランスデザイン）にどのような影響があるか。適切なものをすべて選びなさい。ただし，ⒶとⒷはどちらも同じ母集団から標本を無作為抽出するものとし，全体のサンプルサイズも等しいものとする。

a. Ⓑでは分散分析自体を行うことができない。
b. Ⓑでは群間平方和と群内平方和の和が，全体平方和に一致しない（平方和の分割が正しく行われない）。
c. ⒶとⒷで第1種の誤りを犯す確率が異なる。
d. ⒶとⒷで検定力が異なる。
e. 何の影響もない。

【問題14】〔アンバランスデザインの影響(2)〕
　完全無作為2要因デザインの分散分析において，Ⓐ2要因の水準を組み合わせた各セルのサンプルサイズがすべて等しくなるように配置した場合と比べて，Ⓑ各セルのサンプルサイズが異なるように配置した場合にどのような影響があるか。適切なものをすべて選びなさい。ただし，ⒶとⒷはどちらも同じ母集団から標本を無作為抽出するものとし，全体のサンプルサイズも等しいものとする。

a. Ⓑでは分散分析自体を行うことができない。
b. Ⓑでは各主効果，交互作用効果，残差の平方和の和が，全体平方和に一致しない（平方和の分割が正しく行われない）。
c. ⒶとⒷで第1種の誤りを犯す確率が異なる。
d. ⒶとⒷで検定力が異なる。
e. 何の影響もない。

【問題15】〔アンバランスデザインと平方和の分割〕
　2要因 A, B がそれぞれ2つの水準 A_1, A_2 および B_1, B_2 をもつとき，4人の被験者を A_1 と B_1 を組み合わせたセル，A_2 と B_2 を組み合わせたセルにそれぞれ2人ずつ配置して，以下のようなデータが得られたとする。

	B_1	B_2	平均
A_1	2, 4		3
A_2		6, 8	7
平均	3	7	5

上記のデータにおいて，
① 要因 A の主効果の平方和 (SS_A)
② 要因 B の主効果の平方和 (SS_B)
③ A と B の交互作用の平方和 (SS_{AB})
④ 残差の平方和 (SS_e)

⑤ データ全体の平方和（SS_{total}）

をそれぞれ計算し，平方和の分割 $SS_{total} = SS_A + SS_B + SS_{AB} + SS_e$ の関係が成立するかどうか確認しなさい。

【問題 16】〔変量効果と固定効果〕

実験デザインにおける「変量効果要因」と「固定効果要因」の違いについて簡潔に説明しなさい。

【問題 17】〔球面性の仮定〕

以下に挙げる実験デザインのうち，「球面性の仮定」について考慮する必要があるものをすべて選びなさい。

a. 完全無作為 1 要因デザイン
b. 完全無作為 2 要因デザイン
c. 1 要因ランダムブロックデザイン
d. 1 要因反復測定デザイン

【問題 18】〔t 検定と分散分析の関係〕

t 検定と分散分析の関係について，以下の説明のうち正しいものをすべて選びなさい。ただし，すべての検定において，有意水準は同じで，t 検定は両側検定を行うものとする。また，「結果が一致する」というのは，同一のデータを用いたときに帰無仮説を棄却するか否かの判断がどちらの手法でも同じであることを意味する。

a. 2 水準の完全無作為 1 要因デザインの分散分析の結果と独立な 2 群の t 検定の結果は一致する。
b. 2 水準の対応のある 1 要因デザインの分散分析の結果と対応のある 2 群の平均値差に関する t 検定の結果は一致する。
c. 2 要因とも水準の数が 2 である完全無作為 2 要因デザインの分散分析における主効果に関する結果と，各要因ごとに t 検定を行った結果は一致する。

【問題 19】〔分析手法の選択〕

事前データから事後データを予測する回帰直線を比較することによって被験者間要因の効果を調べる方法は次のうちのどれか。最も適切なものを 1 つ選びなさい。

$$\begin{cases} \text{a. 単回帰分析} \\ \text{b. 重回帰分析} \\ \text{c. 分散分析} \\ \text{d. 共分散分析} \\ \text{e. 共分散構造分析} \end{cases}$$

【問題 20】〔共分散分析〕

統計学の初学者にとって，教材 A と教材 B のどちらの方がより学習効果が高いかを調べることになった。統計学をまったく学習したことがない大学生 16 人を無作為に A または B のどちらかの群に割り当て，1 カ月間その教材を使って学習してもらった後，理解度テストを実施した。その際，理解度に影響すると考えられる，この 1 カ月間における統計学の「総学習時間」も同時に回答してもらった。

このデータをもとに，共分散分析によって 2 つの教材の学習効果（理解度テストの得点）を比較するものとして，以下の問いに答えなさい。

① この実験における独立変数（要因），従属変数，共変数（共変量）はそれぞれ何か答えなさい。

② この分析を実行する過程で，ソフトウェアを用いて以下に示す 2 つの分散分析表が得られたとする。

Tests of Between-Subjects Effects

Dependent Variable: 得点

Source	Type III Sum of Squares	df	Mean Square	F	Sig.
Corrected Model	2535.849a	3	845.283	2.520	.107
Intercept	2659.976	1	2659.976	7.929	.016
教材	197.007	1	197.007	.587	.458
学習時間	1668.537	1	1668.537	4.974	.046
教材 * 学習時間	.412	1	.412	.001	.973
Error	4025.588	12	335.466		
Total	69437.000	16			
Corrected Total	6561.437	15			

a. R Squared = .386 (Adjusted R Squared = .233)

Tests of Between-Subjects Effects

Dependent Variable: 得点

Source	Type III Sum of Squares	df	Mean Square	F	Sig.
Corrected Model	2535.437a	2	1267.718	4.093	.042
Intercept	2933.417	1	2933.417	9.472	.009
教材	1556.628	1	1556.628	5.026	.043
学習時間	1765.374	1	1765.374	5.700	.033
Error	4026.001	13	309.692		
Total	69437.000	16			
Corrected Total	6561.437	15			

a. R Squared = .386 (Adjusted R Squared = .292)

以上の結果に基づいて，回帰係数の等質性と，要因の効果をそれぞれ有意水準5%で検定した結果はどうなるか。それぞれ分散分析表のどこに注目すればよいかもあわせて述べよ。

③ 一般に，共分散分析は残差（群内）の分散を小さくすることによって検定力を高めることができる（要因の効果が有意になりやすい）。しかし，上記の実験において，共変数を無視した完全無作為1要因デザインの分散分析では要因の効果が有意なのに，共分散分析では同じ要因の効果が有意でなくなるという場合がありうる。どのような場合にそういうことが起こるか考えよ。

ヒント）　各群における共変数の分布

【問題21】〔高次の交互作用〕

要因 A，要因 B，要因 C の3つの要因がある場合に，以下のうち，「要因 A× 要因 B× 要因 C の交互作用（2次の交互作用）がある」といえるのはどれか。最も適切なものを1つ選びなさい。

- a. 要因 A の効果のあり方が，要因 B の水準によって異なり，さらに要因 C の水準によっても異なっている。
- b. 要因 A× 要因 B の交互作用はあるが，要因 A× 要因 C や要因 B× 要因 C の交互作用はない。
- c. 要因 A× 要因 B，要因 A× 要因 C，要因 B× 要因 C のいずれの交互作用もある。
- d. 要因 A の水準によって，要因 B× 要因 C の交互作用のあり方が異なっている。

解答と解説

【問題1】

解答 c. と e.

解説 分散分析は，質的な独立変数の値によって，量的な従属変数の平均値がどのように異なるのかを分析する手法です。

a. 分散分析は群間で分散を比較する手法ではありません。
b. 同上。
c. 4群のうちどれに属しているのかというのが「質的な独立変数」に対応します。群の違いによる平均値の比較を行いたいので分散分析を適用します。
d. 群間で比率が等しいかどうかは，カテゴリ変数間の連関の検定を行います。
e. 性別および実験条件はそれぞれ質的な独立変数であり，その違いによる平均値の比較を行いたいので分散分析を適用します。

【問題2】

解答 要因：学部
水準：法学部，文学部，理学部，工学部

解説 実験計画における要因とは，従属変数（この例ではテストの得点）の値に影響すると考えられる質的変数（被験者の属性や実験条件など）のことです。ここでは，学生が所属する学部によってテストの点が（平均的に）高かったり低かったりすると考えているので，「学部」が要因となります。要因は「因子」とよばれることもあります。

水準とは，要因として取り上げた質的変数に含まれる具体的な値で，ここでは，法学部，文学部，理学部，工学部という4つの水準があるということになります。

【問題3】

解答 ①交絡　②統制　③一定化　④バランス化　⑤ランダム化（無作為化）

解説 ある処遇の効果を調べる実験で，処遇を与える実験群にはすべて男性を割り当て，処遇を与えない統制群にはすべて女性を割り当てた場合，仮に実験群と統制群の間に差異がみられたとしても，それが処遇の有無によるものなのか，それとも性別によるものなのかは結果から読み取ることができません。このようなとき，「処遇の有無」と「性別」という2つの要因が交絡しているといいます。

交絡を避けるために行われる条件の統制の方法として，関心のない要因についてはすべての被験者で均質となるようにするのが一定化，比較する各群の中で，関心のない要因については異なる条件の人が同数ずつ含まれるようにするのがバランス化，各被験者を無作

為に群に割り当てるのがランダム化です。

　この例では，一定化した場合は得られた結果が必ずしも男性に一般化できないこと，バランス化では性別以外にも予想していなかった要因の影響を受ける可能性があること，ランダム化では同じ実験を何度も繰り返せば予想できなかったものも含めてあらゆる要因について統制できるが，ある特定の1回に着目したときには実験群が全員男性，統制群が全員女性ということもありうること，などの限界があるので，扱う変数の性質などを考慮して方法を選択することが重要です。

【問題4】

解答

① 6
② 群間平方和：2.667，群内平方和：3.333
③ 群間平方和：0，群内平方和：6
④ 群間平方和：6，群内平方和：0

解説

① データ全体の平均値は $\bar{y} = 2$ なので，データ全体の平方和は

$$\sum_{i=1}^{9}(y_i - \bar{y})^2 = 3(1-2)^2 + 3(2-2)^2 + 3(3-2)^2 = 3 + 0 + 3 = 6$$

② ①で求めた全体の平方和は，群間の平均値差を反映する群間平方和と，群内のばらつきを反映する群内平方和に分解することができます。つまり，

$$全体の平方和 = 群間平方和 + 群内平方和$$

という関係が成り立ちます。

　このデータでは，各群の平均は $\bar{y}_1 = \frac{4}{3}$, $\bar{y}_2 = 2$, $\bar{y}_3 = \frac{8}{3}$ ですから，群間平方和が

$$SS_{between} = \sum_{j=1}^{3} n_j(\bar{y}_j - \bar{y})^2$$

$$= 3 \times \left(\frac{4}{3} - 2\right)^2 + 3 \times (2-2)^2 + 3 \times \left(\frac{8}{3} - 2\right)^2 = \frac{8}{3} = 2.667$$

となります。これと①で求めた全体の平方和より，群内平方和は

$$SS_{within} = 6 - 2.667 = 3.333$$

と求めることができます。

　確認のために，公式にしたがって群内平方和を求めてみると，各群の分散は $s_1^2 = \frac{2}{9}$, $s_2^2 = \frac{2}{3}$, $s_3^2 = \frac{2}{9}$ ですから，

$$SS_{within} = \sum_{j=1}^{3} n_j s_j^2 = 3 \times \frac{2}{9} + 3 \times \frac{2}{3} + 3 \times \frac{2}{9} = \frac{10}{3} = 3.333$$

となり，上記の値と一致します。

③　表より，各群の平均が等しいことがわかっているので，群間の平均値差を反映する群間平方和はゼロになります。したがって，群内平方和は①で求めた全体の平方和6に一致します。つまり，この$N=9$のデータに見られる値のばらつきは群間の差異ではなく，群内の個人差のみによって生じているということです。

　　確認のために，公式にしたがって各平方和を求めてみると，3つの群のサンプルサイズは$n_1 = n_2 = n_3 = 3$，また各群の平均$\bar{y}_1, \bar{y}_2, \bar{y}_3$はいずれも2なので，

$$SS_{between} = 3 \times (2-2)^2 + 3 \times (2-2)^2 + 3 \times (2-2)^2 = 0$$
$$\begin{aligned}SS_{within} &= \left[(1-2)^2 + (2-2)^2 + (3-2)^2\right] \\ &\quad + \left[(1-2)^2 + (2-2)^2 + (3-2)^2\right] \\ &\quad + \left[(1-2)^2 + (2-2)^2 + (3-2)^2\right] \\ &= 6\end{aligned}$$

となります。

④　表より，群内のばらつきがないことがわかるので，群内平方和はゼロになります。したがって，群間平方和は①で求めた全体の平方和6に一致します。つまり，③とは逆に，この$N=9$のデータにみられる値のばらつきは，群間の差異のみによって生じているものであるということです。

　　確認のために，公式にしたがって各平方和を求めてみると，各群の平均値はそれぞれ$\bar{y}_1 = 1, \bar{y}_2 = 2, \bar{y}_3 = 3$で，各群内の分散はいずれも0なので，

$$\begin{aligned}SS_{between} &= 3 \times (1-2)^2 + 3 \times (2-2)^2 + 3 \times (3-2)^2 \\ &= 6\end{aligned}$$
$$SS_{within} = 3 \times 0 + 3 \times 0 + 3 \times 0 = 0$$

となります。

【問題5】

解答　　①d.　②.38　③$F = 2.22$　④2個

解説

①　残差の平均平方は各群内の母集団分散の不偏推定値となります。

②　相関比は条件の平方和と全体の平方和を用いて以下のように求められます。

$$\eta = \sqrt{\frac{SS_A}{SS_{total}}} = \sqrt{\frac{324}{2295}} = \sqrt{.1411} = .3757$$

③ $F = \dfrac{条件の平均平方}{残差の平均平方} = \dfrac{162}{73} = 2.219$

④ 分散分析を重回帰分析の枠組みで実行するときに必要な独立変数（ダミー変数）の数は，その要因の自由度と一致します．この例では条件の自由度は2なので，ダミー変数は2個あればよいことになります．実際，条件の自由度が2であるということは3群の比較をするということですが，比較する群をA, B, Cであらわし，2つのダミー変数をx_1, x_2とあらわすと，

	x_1	x_2
群A	1	0
群B	0	1
群C	0	0

とすれば，2つのダミー変数で3群を区別することができます．

【問題6】

解答 ①c. ②d.

解説

① 一般に，比較する群の数をa，各群の被験者数，平均，分散を，群を表す添字jを使ってそれぞれn_j, $\bar{y}_j$, s_j^2とあらわすと，群間平方和と群内平方和はそれぞれ

$$SS_A = \sum_{j=1}^{a} n_j (\bar{y}_i - \bar{y})^2$$

$$SS_e = \sum_{j=1}^{a} n_j s_j^2$$

となります．いま，各群の平均$\bar{y}_j$や標準偏差s_jは同じで，被験者数だけ10倍の$10n_j$になると，群間平方和と群内平方和はそれぞれ（被験者数を10倍にする前の値と区別するためにSS'_A, SS'_eとあらわします）

$$SS'_A = \sum_{j=1}^{a} 10n_j (\bar{y}_i - \bar{y})^2 = 10 \sum_{j=1}^{a} n_j (\bar{y}_i - \bar{y})^2 = 10 SS_A$$

$$SS'_e = \sum_{j=1}^{a} 10n_j s_j^2 = 10 \sum_{j=1}^{a} n_j s_j^2 = 10 SS_e$$

と，どちらも10倍になります．このとき，全体のサンプルサイズも10倍の$10N$となるので，F値は

$$F = \frac{SS'_A/(a-1)}{SS'_e/(10N-a)} = \frac{10SS_A/(a-1)}{10SS_e/(10N-a)}$$
$$= \frac{SS_A/(a-1)}{SS_e/(10N-a)} = \frac{SS_A}{SS_e} \times \frac{10N-a}{a-1}$$

となります。これを被験者数を10倍にする前の値

$$F = \frac{SS_A}{SS_e} \times \frac{N-a}{a-1}$$

と比較すると，分子の $N-a$ が $10N-a$ に変わっただけですから，全体では約10倍になることがわかります。

② 前問の解説より，群間平方和，群内平方和はそれぞれ10倍になります。また，群間平方和の自由度は被験者数が変化しても変わらないので，群間平均平方は群間平方和が10倍になるのに伴って，同じく10倍となります。相関比は

$$\eta = \sqrt{\frac{SS_A}{SS_{total}}}$$

であり，被験者数が10倍になると，分母・分子とも10倍となるので η は値が変化しません。

【問題7】

解答

① 分散分析表を完成させると以下のようになる。

要因	自由度	平方和	平均平方	F
群間	3	37.5	12.5	6.25
群内	20	40.0	2.0	
全体	23	77.5		

② 4つ

③ 24

④ $F > 3.10$

⑤ 群間に有意な平均値差がある

解説 分散分析表では，平方和および自由度については，(「群間」の値)+(「群内」の値) = (「全体」の値) という関係が成り立ちます。平均平方は，平方和をその自由度で割ったものです。F 値は群間の平均平方を群内の平均平方で割って求めます。

① 計算は以下のようになります。

要因	自由度	平方和	平均平方	F
群間	3	37.5 $(= 77.5 - 40.0)$	12.5 $(= 37.5/3)$	6.25 $(= 12.5/2.0)$
群内	20 $(= 23 - 3)$	40.0	2.0 $(= 40.0/20)$	
全体	23	77.5		

② 群間の自由度は水準数（比較する群の数）から1を引いたものですから，これが3であるということは4群の比較であるということです。

③ 全体の自由度はサンプルサイズから1を引いたものですから，これが23であるということは $N = 24$ ということです。

④ F 分布表（巻末の付表9a）から，有意水準が5%で，分子の自由度が3，分母の自由度が20のときの棄却の限界値を求めると3.10であることがわかります。分散分析では棄却域は棄却の限界値よりも大きい側にとります。

⑤ 完成させた分散分析表より $F = 6.25$ で，これは3.10より大きいので棄却域に入ります。したがって帰無仮説は棄却され，群間の平均値差は統計的に有意であるという結論が得られます。

【問題8】

解答

① 分散分析表中の p 値が $p = .096 > .05$ であるので，有意な平均値差はない。

② $F = 4.34$（棄却域は $F > 3.98$）より，有意な平均値差がある。

③ 結論に食い違いがみられる。外れ値を除外したことによって残差の平方和が小さくなり，F 値が大きくなったため。

解説

① 分散分析表に p 値が表示されているので，その値から有意か否かを判断することができます。あるいは F 分布表（巻末の付表9a）から棄却域を求めると $F > 3.89$ となるので，そこから判断することもできます。

ちなみに問題文中の分散分析表は，Rを用いて分析を行った出力を抜粋したものです。この出力を得るには，Excel等の表計算ソフトで図のようなデータを入力したものをCSV（カンマ区切り）形式で保存（ここでは仮に C:¥実験データ.csv としておきます）し，Rで以下の3行を実行します。aov()は分散分析を実行する関数で，括弧内のチルダ（~）の左に従属変数，右に独立変数（要因）を指定します。

```
データ <- read.csv("C:/実験データ.csv")
attach(データ)
summary(aov(得点~条件))
```

② 分散分析表は以下のようになります。

	Df	Sum Sq	Mean Sq	F value	Pr(>F)
条件	2	254.85	127.42	4.3375	0.04084
Residuals	11	323.15	29.38		

③ 上記の分散分析表からもわかるように，外れ値を取り除いて平均値差が縮まると群間の平方和や平均平方の値が小さくなります．しかし，本問の場合は，群内の平方和や平均平方がそれ以上に小さくなっているため，両者の平均平方の比である F 値は結果として大きくなっていることがわかります．

【問題9】

解答 d.

解説 テューキーの方法による多重比較は分散分析とは必ずしも整合しません．分散分析で有意な平均値差がみられるのにテューキーの方法ではどの群間にも有意な差がみられなかったり，逆に分散分析で有意な平均値差がみられなくても，テューキーの方法ではどこかの群間に有意な平均値差がみられる場合があります．このような不整合は，手法の数学的性質によるものなので対処のしようがなく，論文などで報告する場合は，「○○の効果は有意であったが，テューキーの方法ではどの群間にも有意差がみられなかった」と記述するしかありません．

【問題10】

解答

① c.

② 一例を示すと以下のようになる．

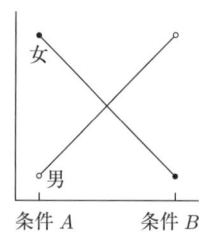

③ d.

④ c.

解説

① 2要因以上のデザインで主効果の単純な和だけでは説明しきれない平均値の差があ

るとき，「交互作用がある」といいます。いいかえれば，一方の要因の水準によって，他方の要因の効果のあり方が異なるなら交互作用があるということです。性別と実験条件という2つの要因があるとき，実験条件 A で男性の方が平均値が高く，実験条件 B では女性の方が平均値が高いという場合や，平均値の逆転はなくとも平均値の性差が実験条件によって異なる場合は，性別と実験条件の交互作用があるといえます。また，視点を変えて，実験条件の効果の性別による差異といっても同じです。どちらの視点でも交互作用の有無に関する結果は一致します。

② このような平均値のプロットをしたときに，交互作用がなければ線が平行となり，交互作用があれば平行ではなくなります。主効果は線の上下の位置の違いによってあらわされます。

③ ある要因の各水準における，他の要因の効果のことを単純効果といいます。2つの要因間に交互作用があるということがわかったとき，その交互作用が具体的にどのようなものであるのかを知るためには単純効果をみるのが有効です。

④ 男子では実験条件の効果がぎりぎり有意で，女子ではぎりぎり有意でなかったような場合は，交互作用は有意にならないこともあります（トピック9-1「複数の検定結果の解釈」参照）。

【問題11】

解答

① 分散分析表を完成させると以下のようになる。

変動要因	自由度	平方和	平均平方	F
授業形態	1	41	41	10.25
性別	1	15	15	3.75
交互作用	1	8	8	2.00
残差	16	64	4	
全体	19	128		

② いずれの効果についても棄却域は $F > 4.49$。
- 授業形態の主効果：有意である
- 性別の主効果：有意でない
- 交互作用効果：有意でない

③ a.

解説

① 授業形態および性別については水準数がどちらも2なので，主効果の自由度は水準数から1を引いて $2 - 1 = 1$ となります。交互作用効果の自由度は，主効果の自由度の積なので，$1 \times 1 = 1$ となります。全体の自由度はサンプルサイズから1を引いて $20 - 1 = 19$，残差の自由度は全体の自由度から，各要因の主効果および交互作用

の自由度を引いて，$19-1-1-1=16$ となります。

全体の平方和は，各主効果，交互作用，残差の平方和を合計したものと一致します。

平均平方は平方和の値をその自由度で割ったものです。F 値は，各効果の平均平方を残差の平均平方で割ったものとなります。

具体的な計算をまとめると以下のようになります。

変動要因	自由度	平方和	平均平方	F
授業形態	1 ($=2-1$)	41	41 ($=41/1$)	10.25 ($=41/4$)
性別	1 ($=2-1$)	15	15 ($=15/1$)	3.75 ($=15/4$)
交互作用	1 ($=1\times 1$)	8	8 ($=8/1$)	2.00 ($=8/4$)
残差	16 ($=19-1-1-1$)	64	4 ($=64/16$)	
全体	19 ($=20-1$)	128 ($=41+15+8+64$)		

② 棄却域は，いずれの主効果・交互作用も自由度が 1 なので，F 分布表（巻末の付表 9a）で分子の自由度が 1，分母の自由度が 16（残差の自由度）の場合の棄却の限界値を調べます。棄却の限界値より F 値が大きい効果が有意となります。

③ a. 各要因の平方和の値は，その要因の水準ごとの平均値と全体の平均値で決まるため，他の要因の影響は受けません。

b. F 値の分母となる残差の平方和（選択肢 d. の解説参照）と自由度が変化するため値が変化します。

c. F 値の変化に伴って p 値も変化します。

d. 性別の要因が含まれていれば性別の平方和および授業形態 × 性別の交互作用の平方和として分離されるべきだったものが，性別を無視することによって残差の中に入ります。そのため，残差の平方和の値が大きくなります。

【問題 12】

解答

① 正しく書き直したものは以下のようになる（訂正した部分には下線を付した）。

「$N=\underline{180}$ のデータで，要因 A（2 水準）× 要因 B（$\underline{3}$ 水準）の 2 要因（いずれも対応のない被験者間要因）について分散分析を行ったところ，要因 A と要因 B の主効果がともに 5% 水準で有意で <u>なかった</u> が，要因 A × 要因 B の交互作用は有意であった。」

② c.

解説

① サンプルサイズ (N) は，各要因の主効果と交互作用，および残差の自由度の合計 ($1+2+2+174 = 179$) に 1 を加えたものとなります．要因 B は自由度が 2 なので，水準数は 3 です．分散分析表で各効果の p 値を読み取ると，要因 A と要因 B の主効果は $.05$ を超えているので 5% 水準で有意ではありませんが，交互作用については $p = .006892 < .05$ ですから有意ということになります．

② 要因 A と要因 B の主効果はいずれも有意でなかったので，これらについての事後検定である多重比較は行う意味がありません．それに対して，交互作用が有意であったので，事後検定として単純効果の検定を行うことで交互作用のあり方についての有用な情報が得られる可能性があります．本問の場合，要因 A は 2 水準しかないので，単純効果が有意であれば，その 2 水準間で有意な平均値差があることがわかりますが，このデータで要因 A の水準ごとに要因 B の単純効果の検定を行った場合は，要因 B の 3 水準のうちどの水準間で有意な平均値差があるかを知るためにはさらに多重比較を行う必要があります．

ここで，要因 B の 3 つの水準のいずれにおいても，要因 A の 2 つの水準（A_1 と A_2 とよぶことにします）間の平均が $A_1 > A_2$ という大小関係になっているとします．この場合，要因 B の水準によって A_1 と A_2 の平均値差が異なれば交互作用があるということになりますが，要因 B のどの水準においても要因 A の単純効果が有意であったとすると，この情報だけでは一体どのような交互作用があるのかを知ることはできません．したがって，単純効果の検定はあくまでも交互作用のあり方のうち，限られた側面しかみることができないということに注意する必要があります．交互作用の様子を詳細に把握するためにはセル平均のプロット図を作成するのが有効です．

【問題 13】

解答 d.

解説
a. 分散分析を適用する条件にバランスデザインであるということは含まれていません．
b. 完全無作為 1 要因デザインの場合は問題なく平方和の分割を行うことができます．
c. 第 1 種の誤りの確率は有意水準として定めた値に一致します．
d. バランスデザインとアンバランスデザインでは全体のサンプルサイズが同じでも検定力が異なります．2 群の比較を行う t 検定ではバランスデザインのときに検定力が最大となりますが，3 群以上の場合は各群の母集団平均の値とのかねあいでアンバランスデザインの方が検定力が高くなることもあります．
e. 上記のように検定力に影響します．

【問題 14】

解答 b. と d.

解説
a. 分散分析を適用する条件にバランスデザインであるということは含まれていません。ただし、次に述べるように平方和の分割がうまくいかないので、計算に工夫が必要となります。
b. 2要因以上の場合のアンバランスデザインでは、通常の平方和の定義にしたがって計算すると、各効果の平方和と残差の平方和の合計が全体の平方和の値と一致しなくなってしまいます。そこで実際に分析を行う際には全体の平方和を、各効果および残差に何らかの方法で分配するという方法をとります。その分配方法にはいくつかの方法が提案されていて、「平方和のタイプ」として名前がつけられています。
c. 第1種の誤りの確率は有意水準として定めた値に一致します。
d. 完全無作為1要因デザインの場合よりさらに複雑で、アンバランスの程度のほか、平方和のタイプによっても検定力が異なってきます。
e. 上記のように平方和の分割および検定力に影響します。

【問題15】
解答
① 要因 A の主効果の平方和：$SS_A = 2(3-5)^2 + 2(7-5)^2 = 16$
② 要因 B の主効果の平方和：$SS_B = 2(3-5)^2 + 2(7-5)^2 = 16$
③ A と B の交互作用の平方和：$SS_{AB} = 2(3-3-3+5)^2 + 2(7-7-7+5)^2 = 16$
④ 残差の平方和：$SS_e = (2-3)^2 + (4-3)^2 + (6-7)^2 + (8-7)^2 = 4$
⑤ 全体の平方和：$SS_{total} = (2-5)^2 + (4-5)^2 + (6-5)^2 + (8-5)^2 = 20$

①〜④の平方和の合計は $SS_A + SS_B + SS_{AB} + SS_e = 16 + 16 + 16 + 4 = 52$ で、$SS_A + SS_B + SS_{AB} + SS_e \neq SS_{total}$ となる。

解説　　上の例では、データ全体のバラツキは「A_1B_1 と A_2B_2 のセル平均の違い」によるバラツキと、この2つのセル内のバラツキという2つの要素だけで説明しつくせる（つまり実質的に水準数が2の完全無作為1要因デザインのデータと同じ）のですが、ここでは「A の主効果」も「B の主効果」も「A と B の交互作用」もすべて「A_1B_1 と A_2B_2 のセル平均の違い」なので、同じものを3回も重複して足し合わせてしまうことになります。実際、A_1B_1 と A_2B_2 の違いによる平方和の16と残差の平方和の4を足すと全体の平方和の20と一致します。これは見方を変えると、A_1B_1 と A_2B_2 のセル平均の違いは、A の主効果、B の主効果、$A \times B$ の交互作用効果という3つの効果が分離できない形で混じりあったものであるといえます。あとはこの16という平方和をこの3つの効果に配分したいのですが、$16 + 0 + 0$（A の主効果のみ存在して残り2つは効果なし）なのか、$\frac{16}{3} + \frac{16}{3} + \frac{16}{3}$（3つの効果が均等に影響している）なのか、$2 + 5 + 9$ なのか……可能性は無限にあるのでこのデータからは1通りに各効果の大きさを定めることができません。

実際にはこのような極端な人数の配置の仕方はしないので、3つの効果が完全に重なり合うことはなく、平方和の一部が重複することになります。

【問題 16】

解答 変量効果要因は多くの水準の中からランダムに選ばれたものを採用するのに対して，固定効果要因は理論的観点などから意図的に選んだ水準を採用する。

解説 対応のある実験デザインにおける被験者やブロックなどの要因は，特定の被験者やその組自体に関心があるわけではなく，別の被験者やその組を用いても差し支えないものです。このように，無数にある水準の候補の中から実験に用いるものをランダムに選ぶような要因が変量効果要因です。それに対して，特定の水準間の差異に関心があり，その特定の水準を用いることに意味があるような要因を固定効果要因といいます。

【問題 17】

解答 c. と d.

解説 球面性の仮定は，対応のあるデザインの分散分析において必要とされる仮定です。要因 A の水準間の差異に関心があって，ランダムブロックデザインや反復測定デザインを採用する状況を考えると，球面性の仮定とは「要因 A の水準を 2 つずつ対にして従属変数の差をとったとき，ブロックや被験者の母集団におけるその差の分散が，どの水準対でも同じになる」というものです。

【問題 18】

解答 a. と b.

解説
a. 両者は一致します。t 検定の検定統計量（t 値）を 2 乗したものが分散分析の検定統計量（F）と同じ値になります。
b. 対応がある場合でも上記と同様の関係が成り立ちます。
c. 完全無作為 1 要因デザインで水準数が 2 の場合は，分散分析の結果と t 検定の結果は一致しますが，2 要因以上の場合は，すべての要因で水準数が 2 であっても分散分析と t 検定の結果は一致しません。t 検定の場合は，着目している要因以外によるデータの変動はすべて残差となる一方で，分散分析の場合は，分析に使用するすべての要因による変動が残差から取り除かれるので，一般に検定力が高まります。

【問題 19】

解答 d.

解説 共分散分析では事前データから事後データを予測する回帰直線の傾きが群間で等しいという仮定のもとで，切片の差異を検定します。すなわち，事前の値が同じ人に注目したときに事後の条件付き平均が群間で異なるかどうかを検定していることになります。単に事後データの群間比較を行うよりも，事前データを共変数として加えることで検定力が高まります。

【問題 20】

解答

① 独立変数（要因）：教材（2水準）
　従属変数：理解度テストの得点
　共変数（共変量）：総学習時間

② 回帰係数の等質性：5%水準で回帰係数（回帰直線の傾き）に有意な差がない（上の表の「教材＊学習時間」〔交互作用〕の p 値より）
　要因の効果：5%水準で有意な効果がある（下の表の「教材」の p 値より）

③ 群間で従属変数の共変数への回帰直線が一致している一方で，共変数の分布が群間で異なる場合。

解説

① 教材の違いによって学習効果（理解度）に違いがあるか，ということなので，教材の種類が質的な独立変数（要因）で理解度テストの得点が従属変数となります。従属変数である理解度テストの得点は，教材の違いだけでなく，個人の総学習時間（量的変数）によっても影響されると考えているので，これが共変数となります。

② ある要因の水準間で，共変数から従属変数を予測した回帰直線の傾きが等しい（回帰直線が平行である）かどうかは，その要因と共変数との間に交互作用があるかどうかによって調べることができます（設問の上の表をみます）。これはちょうど2要因の分散分析で平均値のプロット図が平行になるかどうかと交互作用の有無が対応しているのとまったく同じことです。（2要因の場合はプロット図の横軸が一方の要因の水準数で区切られていたのが，共分散分析の場合は横軸が連続量の共変数なので，無数の水準に区切って〔条件付き〕平均をプロットしていると考えることができます）。

要因の効果については，その要因と共変数のみをモデルに加えた分散分析表（設問の下の表）で要因の効果をみます（回帰係数が等質＝交互作用は存在しない，とみなしているので，交互作用はモデルに入れません）。

③ たとえば次頁の図のように，一方の群には総学習時間が多い人が集まり，他方の群には総学習時間の少ない人が集まった場合，仮に教材による学習効果に違いがないとしても，学習時間の違いによってテストの得点に差がつく場合があります。そのような場合に，設問にあるような結果が得られることがあります。裏を返せば，学習時間をどの被験者も一定になるように条件を統制すれば，教材間で差がなくなるということです。

このように，共分散分析は「従属変数（テスト得点）の群間差は，共変数（総学習時間）の群間差を反映しただけではないか」という反論が予想されるときに，「共変数を統制しても従属変数に群間差がある」といえるか否かを検証するのにも有効な方法です。

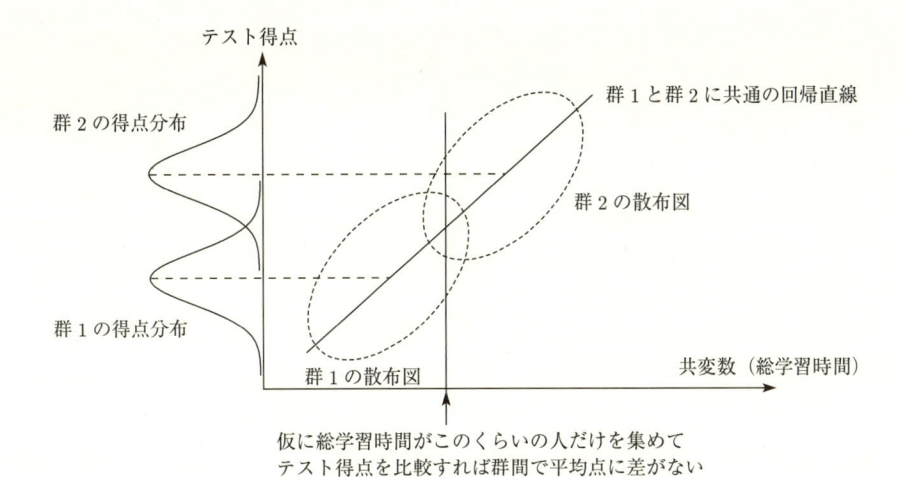

図中ラベル:
- テスト得点
- 群2の得点分布
- 群1の得点分布
- 群1と群2に共通の回帰直線
- 群2の散布図
- 群1の散布図
- 共変数（総学習時間）
- 仮に総学習時間がこのくらいの人だけを集めてテスト得点を比較すれば群間で平均点に差がない

【問題 21】

解答 d.

解説 2次の交互作用とは，2つの要因間の（1次の）交互作用のあり方が，3つめの要因の水準によって異なることをいいます。

a. これは単に要因 A × 要因 B の1次の交互作用と要因 A × 要因 C の1次の交互作用の両方があるというだけです。

b. これも単に3つある1次の交互作用のうち，要因 A × 要因 B の交互作用のみあるというだけです。

c. これも単に3つある1次の交互作用のいずれもあるというだけです。

d. 要因 B × 要因 C の1次の交互作用のあり方が，3つめの要因である要因 A の水準間で異なるということなので，これが2次の交互作用ということになります。

トピック 9-1

複数の検定結果の解釈

一連の分析で複数の検定を行うとき，その結果の解釈の仕方を誤ったり，解釈に困ったりするケースがよくみられます。以下，その代表的な例を 2 つ紹介しておきましょう。

【ケース 1】 処遇の効果が男子で有意で，女子では有意でないとき，「性によって効果が異なる」といえるか。

このような結果が得られたとき，「性によって効果が異なる」と結論づけてしまいがちですが，そのように結論づけるのは早計です。

いま仮に，男子と女子の人数が同じで，男女それぞれにおいて「処遇あり群」と「処遇なし群」の間の平均値差（単純効果）が同一の棄却の限界値 c を超えれば有意になるとしましょう。つまり，棄却域が「平均値差 $> c$」であるということです。

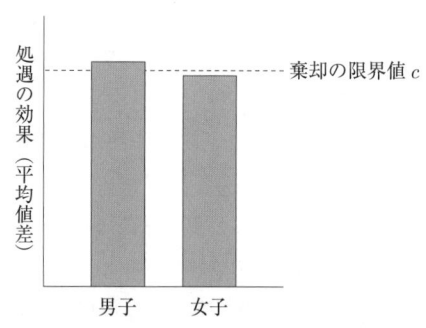

図 9-1 性別にみた処遇の効果の例

ここで，「処遇の効果が男子で有意で，女子では有意でない」という結果が得られたとき，図 9-1 のように，男子における平均値差はぎりぎりのところで有意で，女子における平均値差はぎりぎりで有意でないということも十分ありえます。図の場合は，男子における平均値差と女子における平均値差はほとんど同じ大きさであり，その両者の間の差はまず有意にはならないでしょう[1]。

「有意であった」ということと「有意でなかった」ということは，単に，棄却の限界値を超えたかどうかということであり，その両者の間に注目すべき差があるかどうかは別途確認する必要があります。いまの例のような「処遇の有無 × 性別」という 2 要因のデザインであれば，2 要因間の交互作用を検討することが，それにあたります。

---

1) 群ごとの人数が異なる場合は，人数が多くて有意差が得られた群における平均値差が，人数が少なくて有意差が得られなかった群における平均値差より，値として小さいこともありえます。

【ケース 2】 ある変数について年少組と年中組の間で有意差がなく，年中組と年長組の間でも有意差がなかったのに，年少組と年長組の間では有意差があった。「年少組＝年中組」かつ「年中組＝年長組」であれば，論理的に「年少組＝年長組」となるはずではないか。

もしも「有意差がない」ということが「差が 0」ということを意味するのであれば，確かに，上記のような疑問が出てきます。しかし，「有意差がない」ということは「サンプルにおいて差が 0」という意味でもなければ，「母集団において差が 0」という意味でもありません。ケース 1 で述べたように，「有意差がない」ということは，「差が棄却の限界値を超えなかった」ということを意味するにすぎません。したがって，「年少組と年中組の間の差も，年中組と年長組の間も差も，いずれも棄却の限界値を超えなかったが，年少組と年長組の間の差は，棄却の限界値を超える大きさであった」ということは十分ありうることです。

ケース 1，ケース 2 とも，「有意」ということの意味が正しく理解されていれば特に問題になることもないケースですが，現実には，ケース 1 のような誤った結論づけをしたり，ケース 2 のような結果の説明に困難をきたしたり，ということが少なくないので，トピックとして取り上げておきました。

トピック 9-2
イプサティブデータの分散分析　　　　　　　　　　　Topics

　同じ被験者から複数の条件のもとでデータを収集する反復測定デザインにおいて，イプサティブデータとよばれるタイプのデータを取り扱うことがあります。たとえば，各被験者について観察された多数回の行動を，4 つの行動カテゴリに分類し，各カテゴリに分類された行動の割合（％）を求めるとしましょう。このとき，4 つの行動カテゴリを要因の水準とすることができますが，その 4 水準のデータの和は，どの被験者についても 100％という一定の値となります。このように，被験者ごとの反復測定データの和が一定の値となるデータをイプサティブデータとよびます。イプサティブデータの他の例としては，被験者ごとに水準間の順位が付けられるようなケースが挙げられます。順位の和は一定ですから，どの被験者でもデータの和は一定となります。

　このような性質をもったイプサティブデータに分散分析を適用することは適切でしょうか。

　被験者内の反復測定デザインを用いる理由の 1 つは，データから個人差に由来する変動を取り除いて，比較の精度を上げること，すなわち検定力を上げることです。しかし，イプサティブデータの場合は，各被験者の反復測定データの和が一定ですから，個人差の大きさをあらわす被験者要因の平方和が 0 になってしまい，その効果は期待できないよ

うに思われます。

　また，イプサティブデータの場合，たとえば4水準のうち最初の3水準の値が決まれば，残りの水準の値も自動的に決まるので，水準間でデータが独立でなく，平均的には水準間相関が負になるという特徴があります。一般に反復測定デザインでは，水準間の相関が正で高い値であることを期待し，それによって高い検定力を獲得しようとします。また，データも互いに独立であることが求められます。これらの点からも，イプサティブデータへの分散分析の適用は問題があるように思われるでしょう。

　では，イプサティブデータへの分散分析の適用に本当に問題があるのかどうかを，次のようなデータの分析を考えることで検討してみましょう。

　まず，収集されたデータは，反復測定デザインの分散分析に必要な仮定をすべて満たしているものとします。次に，各被験者ごとに，反復測定データの被験者内の平均を求め，その被験者の全データからその平均を引くという変換をします。被験者内の標準化に近いですが，標準偏差で割ることはしていないので，被験者内の「中心化」(centering) とよんでおきます。

　この中心化によって，各被験者ごとのデータの平均（そして和）は0という一定の値になりますので，イプサティブデータが生成されたということになります。では，この変換の前後で，分散分析の結果はどのように変化するでしょうか。

　反復測定デザインにおける水準間の平均値差の検定において重要なのは，対応のある2群のt検定を参照すればわかるように，各被験者ごとの水準間の差 $v_i = y_{ij} - y_{ij'}$ の集団全体での平均 $\bar{v}$ と分散 s_v^2 です。

　まず各被験者ごとの水準間の差が，中心化によってどのような影響を受けるかを考えてみましょう。中心化は，各被験者ごとに，その被験者の平均という一定の値を各水準のデータから差し引くものです。ですから，各被験者の水準間の差は中心化の前後で同じになります。そうであれば，被験者ごとの水準間の差の集団全体での平均 $\bar{v}$ も分散 s_v^2 も中心化によって影響を受けません。したがって，被験者内の中心化によってもとのデータをイプサティブデータに変換しても，分散分析の結果は何ら影響を受けないということになります。

　中心化によって被験者要因の平方和がゼロになるという変化は生じますが，それは被験者内要因の効果の検定には関係のない部分ですので，検定結果は変わりません。結果が変わらないのであれば，中心化してイプサティブデータにした後でも，分散分析の適用には問題はないということになります。

パーセンテージと順位

　心理学の研究では，最初に述べたような，カテゴリごとの分類数を被験者内で全体が100%になるように変換したり，データを被験者内で順位化したりする方法がよく用いられます。これらの方法は，上記のような中心化と同じではなく，被験者内のばらつきまで一定にする標準化に近いものですが，データとしてはかなり類似した性質をもっていま

す。したがって，パーセンテージや順位という形のイプサティブデータでも，分散分析の適用に特に問題はないであろうと推察することができます。

　Greer & Dunlap（1997）はコンピュータでデータを発生させるシミュレーションを用いて，この問題について検討しています。最初に発生させるデータは分散分析の仮定を満たしたデータです。それを，パーセンテージ（もとのデータの被験者内での割合）と順位（もとのデータの被験者内での順位）という2種類のイプサティブデータに変換して，もとのデータの場合の結果と比較しています。

　その結果，被験者内要因の水準数が2のときの順位データの場合を除いて，イプサティブデータに分散分析を適用することにはほとんど問題がなかったと報告しています[2]。水準間の相関などの条件によっては，第1種の誤りの確率が指定した値より大きくなるという問題が発生しますが，それはイプサティブデータそのものの問題というよりも，球面性の仮定（本章の【問題17】参照）からの逸脱の問題であり，自由度に一定の値を乗じて調整する一般的な対処法によって解決できるとされています[3]。

　ちなみに，「被験者内の水準間の差の分散がどの水準対でも等しい」というのが球面性の仮定ですが，先に述べた中心化では，そもそも被験者内の水準間の差は変化しないのですから，球面性の仮定が成り立っている程度も，中心化の前後で変わらないということになります。

---

[2] 被験者内の水準数が2のときの順位データは，被験者内で，{1, 2}になるか{2, 1}になるかのどちらかです。このようなデータは，これら2通りのデータの発生比率を比較する単純な検定法（2項分布の確率が.5であるという帰無仮説を検定する**符号検定**）によって検定することができます。

[3] Greer & Dunlap（1997）は，もとのデータの水準間に高い相関があることによって得られる高い検定力（第6章の【問題16】参照）が，イプサティブデータに変換して水準間の相関が全体として負になっても失われないことに注目し，それがその研究の最も驚くべき結果だと述べています。しかし，高い検定力をもたらすのは水準間の高い相関そのものではなく，その相関の背後にある個人差（被験者要因の平方和）が誤差変動から分離されることだということを考えれば納得できる結果です。イプサティブデータに変換することは，実質的に個人差を誤差変動から除去する操作となっており，イプサティブデータに変換した後の相関が正の高い値でないということは問題になりません。

第10章

因子分析と共分散構造分析

【問題1】〔因子分析に関する基本的な用語等〕
以下の説明文の空欄①から⑥に入る適切な語句や記号を答えなさい。ただし、同じ番号の空欄には同じものが入る。

「因子分析では、観測される複数の変数が、それらの変数に"共通の成分"と、個々の変数に"独自の成分"から構成されるというモデルを考えることで、変数間の（ ① ）を説明する。これらの"成分"は観測変数を構成するものではあるが、それ自体は直接測定することのできない（ ② ）変数である。

上記の成分のうち、"共通の成分"を（ ③ ）、"独自の成分"を（ ④ ）とよぶ。同じ（ ③ ）を強く反映する変数同士は高い相関をもち、逆に、高い相関をもつ変数同士は同じ（ ③ ）を共有していると考えることができる。

因子分析モデルを数式であらわすと、たとえば3つの変数 y_1, y_2, y_3 が1つの（ ③ ）f を用いて

$$y_1 = \beta_1 f + \epsilon_1$$
$$y_2 = \beta_2 f + \epsilon_2$$
$$y_3 = \beta_3 f + \epsilon_3$$

とあらわすことができたとする。ただし $\epsilon_1 \sim \epsilon_3$ は（ ④ ）である。この式の中で $\beta_1 \sim \beta_3$ はそれぞれの観測変数が（ ③ ）をどの程度強く反映しているかをあらわす係数で（ ⑤ ）とよばれる。

また、ϵ_1, ϵ_2, ϵ_3 がお互いに無相関であるとすると、$y_1 \sim y_3$ の（ ① ）が1つの（ ③ ）で説明し尽くされたことになるが、このようなモデルを（ ⑥ ）という。」

【問題2】〔因子分析のアプローチ法〕
因子分析における「探索的アプローチ」と「確認的アプローチ」の目的の違いについて述べなさい。

【問題3】〔1因子モデルにおける相関係数の復元〕

物理，化学，生物の3科目の得点が，1つの共通因子 f を用いた1因子モデル

$$(物理の得点) = .7f + \epsilon_物$$
$$(化学の得点) = .8f + \epsilon_化$$
$$(生物の得点) = .6f + \epsilon_生$$

であらわされるとき，3科目間の相関係数は，モデル上，それぞれいくらになるか。下の表の空欄を埋めなさい。ただし，$\epsilon_物$，$\epsilon_化$，$\epsilon_生$ はそれぞれ，物理，化学，生物の独自因子をあらわしていて，f，$\epsilon_物$，$\epsilon_化$，$\epsilon_生$ はお互いに無相関であるものとする。

	物理	化学	生物
物理	1.00	—	—
化学		1.00	—
生物			1.00

【問題4】〔直交解と斜交解〕

直交解と斜交解の仮定の違いを簡潔に述べなさい。また，以下の説明のうち，直交解と斜交解のどちらにも成り立つものをすべて選びなさい。

a. 観測変数ごとに因子負荷の2乗和を求めたものが共通性となる。
b. 因子ごとに因子構造の2乗和を求めたものが因子の寄与となる。
c. 因子負荷の値を一覧にしたものを因子パタンとよぶ。
d. 因子パタンと因子構造が一致する。
e. 観測変数の共通性の合計と，因子の寄与の合計が一致する。

【問題5】〔因子分析と回帰分析の関係〕

因子分析は，数理的モデルとしてみれば，共通因子を独立変数，観測変数を従属変数とする回帰分析とみなすことができる。このとき，回帰分析における「決定係数（分散説明率）」に対応する概念は因子分析では何に当たるか。最も適切なものを1つ選びなさい。

$$\begin{cases} \text{a. 因子負荷} \\ \text{b. 因子寄与} \\ \text{c. 共通性} \\ \text{d. 独自性} \end{cases}$$

【問題 6】〔因子分析の性質〕

5つの変数を最小2乗法によって因子分析し、2因子まで抽出した後、バリマックス回転をしたところ、右表のような因子負荷が得られたとする。この結果について、以下の問いに答えなさい。

	因子 I	因子 II
変数1	.70	.20
変数2	.60	.30
変数3	.50	−.10
変数4	.20	.80
変数5	−.10	.60

① 変数1の共通性はいくらになるか。

② 因子Iの寄与はいくらになるか。

③ 2因子モデルがデータに適合しているものとして、変数1と変数2の間の相関係数の値を推定しなさい。

④ 因子IIの寄与は、バリマックス回転前の第2因子の寄与に比べてどうなるか。最も適切なものを1つ選びなさい。

$$\begin{cases} \text{a. 大きくなる。} \\ \text{b. 小さくなる。} \\ \text{c. 大きくなることも小さくなることもある。} \\ \text{d. 変わらない。} \end{cases}$$

⑤ バリマックス解からさらに斜交解へと回転したとしたら、各変数の共通性はどうなるか。最も適切なものを1つ選びなさい。

$$\begin{cases} \text{a. 大きくなる。} \\ \text{b. 小さくなる。} \\ \text{c. 大きくなることも小さくなることもある。} \\ \text{d. 変わらない。} \end{cases}$$

【問題 7】〔因子パタン,因子構造,準拠構造〕

因子分析の結果として得られる下記のものの意味を簡単に説明しなさい。

① 因子パタン

② 因子構造

③ 準拠構造

【問題 8】〔単純構造の意味〕

単純構造の意味として正しいのは次のうちのどれか。最も適切なものを1つ選びなさい。

- a. 因子の数が少ないこと。
- b. 寄与の大きな因子と寄与の小さな因子に分かれること。
- c. 全体として因子負荷が大きくなる結果のこと。
- d. 変数の群分けがしやすい結果のこと。

【問題9】〔因子の回転の目的〕
　2因子モデル以上では，因子の解釈を容易にするために，因子の回転を行うのが一般的である。因子の回転によって，なぜ因子の解釈が容易になるのか，理由として最も適切なものを1つ選びなさい。

- a. 因子パタンが単純構造に近くなるから。
- b. 因子構造の値が全体的に大きくなるから。
- c. 各項目の共通性の値が全体的に大きくなるから。
- d. 各因子の寄与の値が全体的に大きくなるから。

【問題10】〔因子の回転の性質〕
　以下に挙げるもののうち，初期解と回転解で値が変化しないものをすべて選びなさい。

- a. 因子の数
- b. 因子パタン
- c. 因子構造
- d. 共通性
- e. 独自性
- f. 因子の寄与

【問題11】〔因子の回転法〕
　以下の説明は因子の回転法である「バリマックス法」「プロマックス法」「プロクラステス法」のうちどれにあてはまるか。

① 分析者があらかじめ任意に設定した目標となる因子パタン（ターゲット行列）にできるだけ近くなるようにした斜交回転
② 因子ごとに求めた「因子負荷の2乗の分散」をすべての因子にわたって合計した値が最大となるような直交回転
③ 直交回転によって得られた因子負荷の値を3乗または4乗した因子パタンをターゲット行列にして，それにできるだけ近くなるようにした斜交回転

【問題 12】〔初期解の推定法〕
因子分析における初期解の推定方法のうち，以下の記述はそれぞれ何とよばれる手法の説明か。

① まず各変数の共通性の値を推定し，その推定値を用いて簡単な行列計算から因子負荷の値を推定する。
② 上記①の方法で求めた因子負荷の推定値を用いて共通性の推定をやり直し，新しい共通性の推定値を用いて再び上記①の方法で因子負荷の値を推定するというプロセスを，推定値の変化がなくなる（収束する）まで繰り返す。
③ 因子分析モデルの母数を用いて表現した共分散構造から理論的に計算される分散・共分散と，実際のデータから計算された分散・共分散との差の平方和が最小となるように母数の値を定める。
④ 観測変数の母集団分布（通常は多変量正規分布）を仮定し，実際に観測されたデータが得られる確率を最大にするような母数の値を推定値とする。「仮定した因子数で観測変数間の関係が説明できる」という仮説の検定などを行うことができる。

【問題 13】〔ソフトウェアの出力の解釈〕
ある大学の『心理統計学』の講義において，担当教員の第一印象として，「話し好き」「きちんとした」などの15個の単語について，「当てはまらない」から「当てはまる」までの5段階で受講生に評定してもらった。そのデータを用いて3因子モデルを仮定した因子分析を行ったところ，以下のような出力が得られた（x1からx15が各単語に対する評定をあらわす変数とする）。この結果をふまえて以下の問いに答えなさい。

```
---------------------------------------------------------
        Eigenvalues:（相関係数行列の固有値）

     Eigenvalue   Difference   Proportion   Cumulative
 1   8.15986547   3.53912667     0.5667       0.5667
 2   4.62073880   2.58632041     0.3209       0.8876
 3   2.03441839   1.31032979     0.1413       1.0289
 4   0.72408860   0.17862497     0.0503       1.0792
 5   0.54546363   0.29883501     0.0379       1.1171
 6   0.24662862   0.07406400     0.0171       1.1342
 7   0.17256462   0.06959636     0.0120       1.1462
 8   0.10296826   0.16146365     0.0072       1.1533
 9  -.05849539   0.17017865    -0.0041       1.1493
10  -.22867404   0.02728830    -0.0159       1.1334
11  -.25596234   0.10436313    -0.0178       1.1156
12  -.36032547   0.03324369    -0.0250       1.0906
13  -.39356916   0.03864209    -0.0273       1.0633
14  -.43221125   0.04655624    -0.0300       1.0333
15  -.47876749                  -0.0333       1.0000
---------------------------------------------------------
```

Significance Tests（有意性検定）

Test	DF	Chi-Square	p value
H0: No common factors	105	588.5088	<.0001
HA: At least one common factor			
H0: 3 Factors are sufficient	63	81.8033	0.0558
HA: More factors are needed			

（注：H0 が帰無仮説，HA が対立仮説をあらわす）

Rotated Factor Pattern（回転解の因子パタン）

	Factor1（因子1）	Factor2（因子2）	Factor3（因子3）
x1	0.90794	0.09055	-0.07149
x2	0.83853	0.04784	0.07507
x3	0.80775	-0.05920	-0.18283
x4	0.61889	-0.04729	0.11745
x5	0.45166	-0.02127	0.32358
x6	-0.01787	0.82100	0.06990
x7	-0.03227	0.77045	-0.00958
x8	0.08390	0.74155	-0.00803
x9	-0.19330	0.53985	-0.06617
x10	0.11533	0.47804	-0.06672
x11	-0.04951	0.13419	0.67670
x12	0.05785	-0.03963	0.60941
x13	-0.00510	-0.05661	0.54603
x14	0.00373	0.04564	-0.36089
x15	-0.03359	0.23486	-0.40623

Reference Structure（準拠構造）

	Factor1	Factor2	Factor3
x1	0.88400	0.08651	-0.06828
x2	0.81642	0.04571	0.07170
x3	0.78645	-0.05655	-0.17461
x4	0.60257	-0.04518	0.11217
x5	0.43976	-0.02032	0.30904
x6	-0.01740	0.78433	0.06676
x7	-0.03142	0.73604	-0.00915
x8	0.08168	0.70844	-0.00767
x9	-0.18820	0.51574	-0.06319
x10	0.11229	0.45669	-0.06372
x11	-0.04820	0.12819	0.64629
x12	0.05633	-0.03786	0.58203
x13	-0.00497	-0.05408	0.52150
x14	0.00363	0.04360	-0.34467
x15	-0.03270	0.22438	-0.38798

Factor Structure（因子構造）

	Factor1	Factor2	Factor3
x1	0.87858	-0.05454	0.06997
x2	0.84356	-0.12325	0.21513
x3	0.78516	-0.15693	-0.02022
x4	0.64881	-0.18988	0.24254
x5	0.51441	-0.18788	0.41139
x6	-0.15334	0.80584	-0.14921
x7	-0.17308	0.77879	-0.21802
x8	-0.05142	0.72852	-0.18773
x9	-0.30279	0.59214	-0.24329
x10	0.01690	0.47477	-0.17142
x11	0.04945	-0.03480	0.63241
x12	0.17594	-0.21030	0.63036
x13	0.10451	-0.19925	0.55999
x14	-0.07020	0.13986	-0.37221
x15	-0.14993	0.34774	-0.47410

① 初期解の推定法としてどの方法を採用したと考えられるか。最も適切なものを1つ選びなさい。

- a. 主因子法
- b. 反復主因子法
- c. 最小2乗法
- d. 最尤法

② 因子数をあらかじめ仮定せずに，「相関係数行列の固有値のうち，1以上となるものの個数」という基準によって因子数の推定を行うとすると，共通因子の数はいくつと推定されるか。

③ 因子数に関する検定を有意水準5%で行うとすると，どのような結論となるか。最も適切なものを1つ選びなさい。

- a. 共通因子は存在しない。
- b. 共通因子は2個以下でよい。
- c. 共通因子は3個で十分である。
- d. 共通因子は4個以上必要である。

④ 因子の回転法としてどの方法を採用したと考えられるか。可能性のあるものをすべて選びなさい。

- a. バリマックス法
- b. プロクラステス法
- c. プロマックス法
- d. 上記のいずれもありえない

⑤ Factor2（因子2）とx2との間の相関係数はいくらか。最も近いものを1つ選びなさい。

$$\begin{cases} \text{a. } -.123 \\ \text{b. } .046 \\ \text{c. } .048 \\ \text{d. 得られた出力結果からはわからない} \end{cases}$$

⑥ 「Factor2（因子2）からFactor1（因子1）とFactor3（因子3）の影響を除いた成分」とx6との間の相関係数はいくらか。最も近いものを1つ選びなさい。

$$\begin{cases} \text{a. } .784 \\ \text{b. } .806 \\ \text{c. } .821 \\ \text{d. 得られた出力結果からはわからない} \end{cases}$$

⑦ この15項目を「どの因子に対して最も高い因子負荷をもつか」という基準でグループ分けし，各グループに含まれる項目によって，その因子を測定する下位尺度を構成することにした。このとき，逆転項目（その項目の得点が低いほど，測定しようとしている特性を強くもっていることを意味する）となっているものをすべて挙げなさい。

【問題14】〔共分散構造分析関連の用語〕

以下の文章の空欄①～⑥に入る適切な語を次頁の枠内から選びなさい。

「因子分析のように，モデルに含まれる母数を用いて観測変数間の共分散を理論的に表現した（　①　）に基づいて，この値と実際のデータから計算された共分散の値とができるだけ近くなるように母数の値を推定する分析手法を総称して（　②　）とよぶ。因子分析のほかにも，パス解析や潜在曲線分析などの多くの手法を（　②　）の枠組みの中の特殊なケースとして位置づけることができる。

研究目的によっては，観測変数間の共分散だけでなく，観測変数の平均を母数の関数として表現した"平均構造"をモデルの中に含めることもあり，その場合は"平均・共分散構造分析"または（　③　）とよばれる。また，（　①　）の導出のもとになる線形モデルに着目した（　④　）という用語を用いてよばれることもある。

観測変数と潜在変数が混在したモデルにおいて，潜在変数間の関係をあらわした式を（　⑤　），各観測変数がどの潜在変数を反映したものであるかをあらわした式を（　⑥　）とよぶ。」

測定方程式	構造方程式	構造方程式モデル
共分散構造	共分散構造分析	積率構造分析

【問題 15】〔モデルの識別性〕

因子分析や共分散構造分析において,「モデルが識別されない」というのはどのような状態をいうか。最も適切なものを 1 つ選びなさい。

- a. モデルから導かれる共分散構造と観測されたデータの共分散の値を等しいとおいた連立方程式を満たす解（未知母数の値）が存在しない状態
- b. モデルから導かれる共分散構造と観測されたデータの共分散の値を等しいとおいた連立方程式への適合が等しい解（未知母数の値）が複数存在する状態
- c. データに完全に適合するモデルが存在しない状態
- d. データへの適合度がまったく等しいモデルが複数存在する状態

【問題 16】〔不適解〕

5 変数からなるデータにソフトウェアを使って 2 因子モデルの直交解を計算したところ，以下のような結果（因子負荷および共通性の推定値）を得た。この結果をみたある人が「不適解が生じている」というコメントをしたが，どの部分が不適解であると考えられるか。

項目	因子 1	因子 2	共通性
x_1	0.85	0.57	1.05
x_2	0.68	0.22	0.51
x_3	0.53	0.64	0.69
x_4	−0.18	0.47	0.25
x_5	0.00	0.00	0.00

【問題 17】〔モデルの適合度〕

共分散構造分析においてモデルの適合度を評価するための指標としてさまざまなものが提案されている。それらのうち，χ^2 検定統計量，RMR，GFI，AGFI の 4 つについて，以下の各説明文に当てはまるものをすべて選びなさい。ただし，同じものを何度選んでもよく，また，4 つのうちいずれも当てはまらないものがあってもよい。

① 指標の値が大きいほど「モデルがよく適合している」と解釈できる。

② 指標の値が小さいほど「モデルがよく適合している」と解釈できる。
③ サンプルサイズが大きいと「モデルがよく適合している」という結論が得られやすい。
④ サンプルサイズが大きいと「モデルがよく適合している」という結論が得られにくい。
⑤ 推定する自由母数の数が多いと「モデルがよく適合している」という結論が得られやすい。

【問題18】〔同値モデル〕

共分散構造分析においてモデルを選択する際の問題として,「同値モデル」の存在が挙げられる。この同値モデルとはどのようなものであるか簡潔に説明しなさい。

【問題19】〔希薄化の修正〕

x_1 から x_8 の8項目からなる質問紙において,x_1 から x_4 は構成概念 A,x_5 から x_8 は構成概念 B を測定するためにつくられたものだとする。構成概念 A と構成概念 B の相関を知りたい場合に,

- 方法1:$x_1 \sim x_4$ の合計を y_A,$x_5 \sim x_8$ の合計を y_B として y_A と y_B の相関係数を求める
- 方法2:$x_1 \sim x_4$ によって測定される潜在変数 f_A と $x_5 \sim x_8$ によって測定される潜在変数 f_B を導入した確認的因子分析モデルにおいて f_A と f_B の相関係数を推定する

という2つの方法を比べると結果にどのような違いがでることが期待されるか。最も適切なものを1つ選びなさい。

a. どちらの方法もほぼ同じ結果が得られる。
b. 方法1の方が相関係数が高くなる。
c. 方法2の方が相関係数が高くなる。

解答と解説

Answers & Explanations

【問題 1】

解答 ①相関関係 ②潜在 ③共通因子 ④独自因子 ⑤因子負荷 ⑥ 1 因子モデル

解説 略

【問題 2】

解答 探索的アプローチは，変数間にみられる相関関係が，いくつの，どのような内容の因子を導入すれば説明できるかを探索的に調べることが目的であるのに対して，確認的アプローチは，因子と観測変数との関係についてあらかじめ仮説的なモデルを定め，それをデータによって検証することが目的である。

解説 略

【問題 3】

解答

	物理	化学	生物
物理	1.00	—	—
化学	.56	1.00	—
生物	.42	.48	1.00

解説 1 因子モデルが当てはまっている場合，2 つの観測変数間の相関係数は，モデル上，因子負荷の積となります。すなわち，以下のような計算で求められます。

- 物理と化学：$.7 \times .8 = .56$
- 物理と生物：$.7 \times .6 = .42$
- 化学と生物：$.8 \times .6 = .48$

【問題 4】

解答 直交解はすべての共通因子がお互いに無相関であることを仮定しているのに対して，斜交解は共通因子間に相関があることを許容している。

直交解と斜交解のどちらにも成り立つもの：b. と c.

解説

a. これは直交解でのみ成り立つ性質です。

b. 直交解か斜交解かにかかわらず因子構造の 2 乗和がその因子の寄与として用いられます。ただし，斜交解に関しては，準拠構造の 2 乗和も因子の寄与とよばれます。そこで因子構造（相関をもつ他の因子の影響も入っている）から求めた寄与を「他の因子

を無視した寄与」，準拠構造（他の因子の影響を除外したその因子独自の相関）から求めた寄与を「他の因子の影響を除外した寄与」として区別する必要があります。直交解では因子構造と準拠構造が必ず一致するので両者を区別する必要がありません。
c. 直交解か斜交解かにかかわらず因子パタンは因子負荷のことです。
d. これは直交解でのみ成り立つ性質です。
e. これは直交解でのみ成り立つ性質です。

【問題 5】

解答 c.

解説 回帰分析における決定係数は，従属変数の分散のうち独立変数によって説明される割合を示します。回帰分析における独立変数と従属変数が因子分析ではそれぞれ共通因子と観測変数に当たるということは，決定係数に当たるのは「観測変数の分散のうち共通因子で説明される割合」となるので，これは共通性のことを指していることがわかります。

【問題 6】

解答 ①.53 ②1.15 ③.48 ④a. ⑤d.

解説

① バリマックス回転によって得られる結果は直交解なので，因子負荷の（横方向の）2乗和が共通性となります。したがって，$.70^2 + .20^2 = .49 + .04 = .53$ となります。

② 直交解なので因子負荷の値がそのまま因子構造となり，因子負荷の（縦方向の）2乗和が因子の寄与を表します。したがって，$.70^2 + .60^2 + .50^2 + .20^2 + .10^2 = 1.15$ となります。

③ 直交解では，同じ因子にかかる因子負荷の積の総和が観測変数間の相関係数となります。すなわち2因子モデルでは，因子Iの因子負荷の積と因子IIの因子負荷の積との和が2変数間の相関係数ということです。したがって，求める相関係数は $.70 \times .60 + .20 \times .30 = .48$ となります。

④ 直交解では共通性の総和と，因子の寄与の総和は必ず一致します。因子の回転によっても共通性は変化しないので，その総和も回転によって変化することはありません。一般に初期解では第1因子の寄与が最も大きくなるように解の推定が行われます。これはすなわち，因子を回転すれば，第1因子の寄与が小さくなることを意味します。寄与の総和が一定であることから，第1因子の寄与が小さくなる分だけ，第2因子の寄与が大きくなります。

⑤ 一度因子空間を定めてしまった後は，直交・斜交にかかわらず，どのような回転を行っても各変数の共通性には影響しません。

【問題7】
解答
① 因子パタン：観測変数を説明する式において因子にかかる重み
② 因子構造：観測変数と因子との相関係数
③ 準拠構造：因子から他のすべての因子の影響を除いた成分と観測変数との相関係数

解説
① 因子パタンは因子負荷ともよばれます。一般には，個々の因子負荷の値を一覧表の形にしたものを因子パタンといいます。
② 直交解では因子構造は因子パタンと一致しますが，斜交解では両者は一般には一致しません。
③ 因子間に相関を認める斜交解では，観測変数と因子の単純相関係数には当該因子だけでなく他の因子の影響も含まれてしまいます。そこで，各因子から他の因子の影響をすべて取り除いたときの，観測変数との部分相関係数を求めることで，その因子独自の成分と各観測変数との関係の強さを評価することができます。これを準拠構造といいます。因子間に無相関を仮定する直交解では準拠構造は因子構造と（したがって因子パタンとも）一致します。

【問題8】
解答 d.

解説 単純構造を具体的に説明すると，各因子には比較的少数の観測変数のみが高い負荷をもち，また各観測変数は1つの因子にだけ高い負荷をもつというものです。このような状況のもとでは，各観測変数をどの因子に最も高く負荷しているかという観点から分類することが容易になります。

【問題9】
解答 a.

解説 因子の解釈は因子負荷の値が大きい観測変数の内容を総合することによって行われます。一般に，因子パタンが単純構造に近いと因子の解釈が容易になるので，因子パタンを単純構造に近づけるために因子の回転を行います。

【問題10】
解答 a., d., e.

解説 因子の回転とは，初期解によって定められた因子空間（2因子モデルでは因子平面）の中で，各観測変数を共通因子で説明した成分のベクトルはそのままに，因子のベクトル（座標軸）だけ回転させることです。このとき，各観測変数を共通因子で説明した成分のベクトルの位置関係は変わらず，因子空間上の座標だけが変化します。

a. 初期解で定めた因子空間の次元数ですから，回転の影響を受けません。

b. 座標軸の向きが変化するのに伴って，因子パタンも変化します。
c. 因子のベクトルの向きが変化するのに伴って，因子と観測変数の相関係数も変化します。
d. 各観測変数を共通因子で説明した成分のベクトルの長さに対応するので，回転の影響を受けません。
e. （独自性）＝ 1 －（共通性）なので，共通性が変化しなければ独自性も変化しません。
f. 因子構造が変化するのに伴って，寄与も変化します。

【問題 11】

解答　①プロクラステス法　②バリマックス法　③プロマックス法

解説

① プロクラステス法ではあらかじめ分析者が目標となる因子パタン（ターゲット行列）を定める必要があります。可能な限りターゲット行列に近い因子パタンが得られるように回転が行われますが，実際のデータからは実現するのが無理なターゲット行列を設定すれば，あまり近くない結果が得られることになります。

② バリマックス法は直交回転の中では最もよく用いられる方法です。

③ プロマックス法はプロクラステス法の一種ですが，ターゲット行列はバリマックス法などの直交回転によって得られた因子パタンに基づいて，計算によって自動的に設定されます。

【問題 12】

解答　①主因子法　②反復主因子法　③最小 2 乗法　④最尤法

解説

① 反復のない主因子法は，どのようにして推定された共通性の値を採用するかによって結果が左右されるので，計算が簡便であるという以外に使う意義はないと思われます。

② かつては非常によく用いられた推定方法ですが，収束するまでの反復回数が多くなる傾向があるので，理論的に同じ解に到達する最小 2 乗法を用いた方がよいと思われます。

③ 理論的に反復主因子法と解が一致し，反復主因子法に比べて収束するまでの計算の効率がよいことが知られています。

④ 母集団における確率分布の仮定に基づいた方法で，仮定した因子数のモデルの当てはまりの良さを検定することなどができます。正規分布の仮定から大きく外れると頑健性の問題が生じることや，不適解が出やすいなどの性質もありますが，きちんと解が求まるデータでは最尤法の使用を推奨する研究者も多くいます。

【問題13】

解答　①d.　②3つ　③c.　④b.とc.　⑤a.　⑥a.　⑦x14とx15

解説　この出力はSASという統計パッケージソフトウェアを用いて因子分析を実行した出力の一部を抜粋して，日本語訳を追加するなど若干の修正を加えたものです。

① 出力されたものの中に因子数に関する検定の結果が含まれています。このような検定が行えるのは選択肢の中では最尤法だけです。ソフトウェアによっては「一般化最小2乗法」または「重み付き最小2乗法」とよばれる方法によって同様の検定を行うことができます。

② Eigenvaluesの表にあるEigenvalueの欄をみると値の大きいものから並んでいて，最初の3つが1以上となっていることがわかります。

③ Significance Testsの出力で，「No common factors (共通因子はない)」という帰無仮説は5%水準で棄却され，また，「3 Factors are sufficient (3因子で十分である)」という帰無仮説は5%水準では棄却されません。したがって，この検定の結果からは，共通因子は3個で十分であるという結論が導かれます。

④ 出力後半の因子パタン，準拠構造，因子構造の値がすべて異なっているので，少なくとも斜交回転を行ったことがわかります。したがって，直交回転であるバリマックス法は候補として除外されます。プロマックス法はプロクラステス法の特殊な場合に相当しますが，ここではプロマックス法か（一般的な）プロクラステス法であるかは，この出力からは読み取ることはできません（実際にはプロマックス法を適用した結果ですが，その準備としてのバリマックス法の結果や，そこから求めたターゲット行列に関する出力は省略しています）。

⑤ 因子と項目との間の相関係数は因子構造です。この例のように，因子負荷が正であっても共通因子間の相関によっては因子構造が負の値となる場合もあります。

⑥ ある因子から他のすべての因子の影響を除いたときの，ある項目との部分相関係数は準拠構造です。

⑦ 因子負荷の値は因子パタンにあらわれています。ここでは，x1からx5がFactor1を，x6からx10がFactor2を，x11からx15がFactor3をそれぞれ測定する尺度の項目となります。これら15項目のうち，x14とx15はFactor3の因子負荷，因子構造の値が負であり，これらの項目の得点が低いほどFactor3の値が高くなることが示唆されます。

【問題14】

解答　①共分散構造　②共分散構造分析　③積率構造分析　④構造方程式モデル　⑤構造方程式　⑥測定方程式

解説　略

【問題 15】

解答　b．

解説　因子分析や共分散構造分析で「モデルが識別される」というのは，設定したモデルに対して，（推定法に応じて）最小2乗基準を最小化したり，尤度関数の値を最大化する「最適解（母数の推定値）」が，因子の回転の不定性を除いて考えれば1つに定まることをいいます．逆に，「モデルが識別されない」というのはこの「最適解」が1つに定まらない状態のことです．モデルが識別されないときには一部の母数の値を固定するなどの制約をおくという対策がとられます．

なお，選択肢の d. は「同値モデル」という，データに同じ程度に適合するモデル自体が複数存在する問題で，与えられた1つのモデルに対して「推定値」が複数存在するという識別性の問題とは別の話です．

【問題 16】

解答　x_1 の共通性が1を超えているところ

解説　共通性は，観測変数の分散に対して共通因子で説明できる成分の割合ですから1を超えることはありません．しかし，標本誤差や不必要な因子数のモデルを仮定するなどの理由で，共通性の推定値が1を超えることがあります．一般的なソフトウェアでは，不適解が生じたとき，計算を打ち切ってエラーメッセージのみ出力する，あるいは共通性の推定値を1もしくはそれに近い値に固定したうえで警告メッセージを出力するものもあり，本設問のように不適解がそのまま結果として出力されるとは限りません．不適解が出た場合は，モデルや推定方法などの見直しをすることで対処できることもあります．

【問題 17】

解答　① GFI，AGFI　② χ^2 検定統計量，RMR　③ なし　④ χ^2 検定統計量　⑤ χ^2 検定統計量，RMR，GFI

解説

① モデルが完全にデータと適合するならこれらの指標の値は1になります．GFI が .9（または .95）を超えるというのをモデル適合の基準として慣習的に用いることもあります．

② モデルが完全にデータと適合するならこれらの指標の値は0になります．

③ これらの指標の中にはありません．

④ サンプルサイズが大きいと，χ^2 検定統計量を用いた適合度検定の検定力が高まり，「モデルが適合している」という帰無仮説が棄却されやすくなります（トピック 10-2 参照）．

⑤ これらの指標は自由母数の数が多い（モデルの自由度が小さい）ほど「よく適合している」という結論が得られやすくなります．そこで，AGFI などのようにモデルの自由度で値を調整する指標が提案されています．

【問題 18】

解答 同じデータに対して，適合度が必ず同じになる複数のモデルを同値モデルという。

解説 内容的にまったく異なる複数の同値モデルが存在する場合，それらのうちどれが最良かということを，データから統計的に決めることができません。したがって，複数の同値モデルのうち，自分の立てたモデルが最良であるという理論的な根拠は何かということをよく検討することが不可欠であるといえます。

【問題 19】

解答 c.

解説 一般に，観測変数の測定値には測定誤差が含まれるため，そのことによる相関係数の希薄化が生じます。しかし，潜在変数（因子）を導入すると，測定誤差による誤差分散が独自因子に吸収され，モデル上，因子には測定誤差が含まれなくなります。そのため，測定誤差による希薄化が修正されて，相関係数の値が大きくなることが期待されます。

トピック 10-1

因子分析と主成分分析の違い **Topics**

　因子分析と類似した方法に主成分分析（principal components analysis）とよばれる方法があります。主成分分析では，因子分析における因子に対応するものは主成分とよばれますが，その両者は，分析のもとになる変数群との関係において，図10-1に示したように対照的な違いがあります。

因子分析

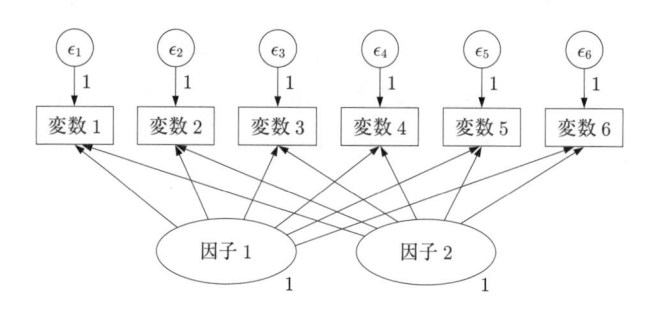

主成分分析

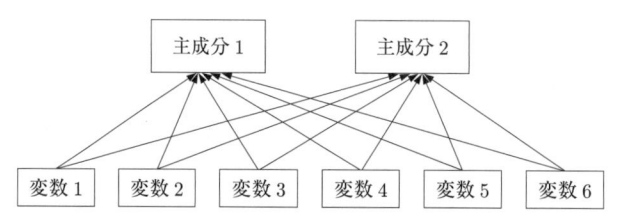

図 10-1　パス図による因子分析と主成分分析の表現

　この図からわかるように，因子分析では，「それぞれの変数が因子によって説明される」というモデルを立てるのに対し，主成分分析では，「それぞれの変数を合成して主成分を構成する」のです。「因子は変数を説明する独立変数である」のに対し，「主成分は変数によってその値が決まる従属変数である」といってもよいでしょう。

　次に，因子分析では，仮定したモデル（図では2因子モデル）の通り，独自因子（図の ϵ_1 ～ ϵ_6）が互いに無相関になるように，つまり因子の影響を除いたら変数間の偏相関が0になるように因子負荷を求めますが，主成分分析では，主成分の分散が最大になるように，変数にかかる重みを求めます。すなわち，「因子分析の目的は，変数間の相関関係を因子によって説明すること」であるのに対し，「主成分分析の目的は，もとの変数群の分散をできるだけ取り込むような合成変数（主成分）を求めること」であるということです。

　主成分分析では，分散が最大になるように第1主成分を決めたら，次は，第1主成分とは相関しないという条件下で分散が最大になるように第2主成分を決めます。第3主

成分以降も同様で，もとの変数の数と同じだけの主成分を求めることができます。

　因子分析と主成分分析では，変数に含まれる誤差の取り扱いについても特徴的な違いがあります。因子分析では，誤差は独自因子に含まれるので，（共通）因子は誤差を含まない，より純粋な変数であるということができます。これに対し主成分は，誤差を含む変数をそのまま合成したものですから，もとの変数と同じく誤差を含むものとなります。

　主成分分析の利点としては，数学的な原理および主成分を求める方法がいずれも単純明快であることが挙げられます。変数間の相関行列や共分散行列があれば，それらの行列に固有値分解という操作を施すことで主成分分析が完了します。因子分析のように複数の推定法があって，それぞれごとに結果が違うということはありません。また，不適解が生じて結果が求まらないということも主成分分析にはありません。このような利点から，また，独自因子の分散が小さいときには，主成分と，主因子法などによって得られる因子とが類似したものになることもあって，因子分析の代わりに主成分分析を用いるというケースもしばしばみられます[1]。

トピック 10-2
共分散構造分析における適合度検定

　因子分析やパス解析を含む一般的な方法である共分散構造分析では，観測変数や潜在変数の間に成り立つと想定されるモデルを立て，そのモデルの適合度を検討します。適合度を調べる代表的な方法の1つが，実際の共分散と，モデルおよび母数推定値に基づく共分散の推定値の間の乖離度を査定するカイ2乗検定です。

　このときの帰無仮説を簡単にいうと，「想定したモデルは，観測変数間の関係をあらわす適切なモデルである」というものです。検定統計量の値は，この帰無仮説が正しければ小さな値をとる確率が高くなり，帰無仮説が正しくなければ大きな値をとる確率が高くなります。したがって，検定統計量の値が棄却の限界値を超えたら，この帰無仮説を棄却して，「想定したモデルは適切でない」と判断することになります。

　研究者としては，自分が想定したモデルが適切なものであることを願っているので，この場合は帰無仮説が棄却されないことが望まれる結果ということになります。

　これに対し，多くの分析における検定，たとえば相関係数の検定，平均値差の検定，重相関係数や偏回帰係数の検定，分散分析における要因の効果の検定などを行うときは，研究者は「相関がない」とか「差がない」といった帰無仮説を棄却できることを望むのが普通です。これらの検定では，帰無仮説に述べられた状態は，自らが正しいと考えているものではなく，逆にそれを棄却することによって，「相関がある」とか「差がある」といったことを主張したいからです。

---

[1] 足立（2006）には，主成分分析について，因子分析との関係を含むわかりやすい解説があります。

共分散構造分析における適合度のように，帰無仮説が採択されることが望まれる検定には，ほかにもいくつかのものが挙げられます。たとえば，共分散分析をする際に，「各群の回帰直線は互いに平行である」という前提に無理がないかどうかを検定する場合，その前提を帰無仮説としますが，このときは帰無仮説が採択されることを望むことが多いでしょう[2]。また，多くの検定で仮定される母集団分布の正規性をチェックする検定法もありますが，この場合も，「母集団分布は正規分布である」という帰無仮説が採択されることが望まれます。分散分析の前提としての群間の等分散性の検定についても同様です。

　一般に，帰無仮説の棄却が望まれる検定においては，「サンプルサイズを大きくしさえすれば望んだ結果が得られる」という批判がなされることがありますが，共分散構造分析における適合度検定などの場合には逆に，「サンプルサイズを小さくしておけば望んだ結果が得られる」ということもいえます。

　結局のところ，帰無仮説を棄却することが望まれる場合でも，採択することが望まれる場合でも，検定の結果がサンプルサイズによって大きく左右されるという基本的な性質には違いはありません。また，いずれの場合でも，偏りのないサンプルであれば，大きなサンプルであるほど情報量が豊かなわけですから，共分散構造分析をはじめ，帰無仮説の採択が望まれるときに，「望ましい結果を得るためにサンプルサイズを小さくする」ということは，もちろん推奨できる手続きではありません。

　母数推定の精度を保つために十分な大きさのサンプルをとることが基本であり，そのために検定力が高くなって「採択したかった帰無仮説がほぼ確実に棄却されてしまう」という場合は，検定力の高さを考慮に入れて結果を解釈すればよいのです。また，サンプルサイズが大きい場合に限らず，サンプルサイズの影響を直接に受けないような，より記述的な適合度指標もあわせて参照することが必要です。

---

[2] 回帰直線の傾きが群ごとに大きく変わるとしたら，それはそれで重要な知見であり，そこから分析を展開することもできますので，この帰無仮説が採択されることが常に望ましいということではありません。

引用・参考文献

足立浩平（2006）．多変量データ解析法——心理・教育・社会系のための入門　ナカニシヤ出版
Chambers, J. M., Cleveland, W. S., Kleiner, B., & Tukey, P. A. (1983). *Graphical methods for data analysis.* Belmont, CA: Wadsworth.
Cowles, M., & Davis, C. (1982). On the origins of the .05 level of statistical significance. *American Psychologist,* **37**, 553-558.
Greer, T., & Dunlap, W. P. (1997). Analysis of variance with ipsative measures. *Psychological Methods,* **2**, 200-207.
Jackson, R. W. B., & Ferguson, G. A. (1941). *Studies on the reliability of tests.* Bulletin 12, Department of Educational Research, University of Toronto.
南風原朝和（2002）．心理統計学の基礎——統合的理解のために　有斐閣
南風原朝和・市川伸一・下山晴彦（編）（2001）．心理学研究法入門——調査・実験から実践まで　東京大学出版会
服部　環・海保博之（1996）．Q&A 心理データ解析　福村出版
狩野　裕・三浦麻子（2002）．AMOS, EQS, CALIS によるグラフィカル多変量解析——目で見る共分散構造分析　増補版　現代数学社
Kuder, G. F., & Richardson, M. W. (1937). The theory of the estimation of test reliablility. *Psychometrika,* **2**, 151-160.
永田　靖（1996）．統計的方法のしくみ——正しく理解するための 30 の急所　日科技連出版社
中村知靖・松井　仁・前田忠彦（2006）．心理統計法への招待——統計をやさしく学び身近にするために　サイエンス社
Raudenbush, S. W., & Bryk, A. S. (2002). *Hierarchical linear models: Applications and data analysis methods* (2nd ed.). Thousand Oaks, CA: Sage.
芝　祐順・南風原朝和（1990）．行動科学における統計解析法　東京大学出版会
繁桝算男・大森拓哉・橋本貴充（2008）．心理統計学——データ解析の基礎を学ぶ　培風館
繁桝算男・柳井晴夫・森　敏昭（編）（2008）．Q&A で知る統計データ解析——DOs and DON'Ts　第 2 版　サイエンス社
豊田秀樹（1998）．共分散構造分析［入門編］——構造方程式モデリング　朝倉書店
豊田秀樹（編）（2007）．共分散構造分析［AMOS 編］——構造方程式モデリング　東京図書
渡部　洋（1999）．ベイズ統計学入門　福村出版
山田剛史・村井潤一郎（2004）．よくわかる心理統計　ミネルヴァ書房
山田剛史・杉澤武俊・村井潤一郎（2008）．R によるやさしい統計学　オーム社
吉田寿夫（1998）．本当にわかりやすい　すごく大切なことが書いてある　ごく初歩の統計の本　北大路書房

付録A 標本統計量と母数の記号一覧

標本統計量

記号	統計量の名称	記号	統計量の名称
b	回帰係数	r_x	信頼性係数
b_j	偏回帰係数	$r_{xy\|z}$	偏相関係数
b_j^*	標準偏回帰係数	$r_{x(y\|z)}$	部分相関係数
b_{jg}	因子負荷	s, s_x	標準偏差
c_{jg}	準拠構造	s^2, s_x^2	分散
d	効果量	$s'^2, s_x'^2$	不偏分散
d_j^2	独自性	s_e, s_e'	予測の標準誤差
h_j^2	共通性	s_{jg}	因子構造
MD	中央値からの平均偏差	s_{xy}	共分散
MD'	平均からの平均偏差	s_{xy}'	不偏共分散
Med	中央値	SS	平方和
MS	平均平方	V	クラメルの連関係数
p	比率	$\bar{x}$	平均
PV	分散説明率	α (アルファ)	α 係数
q	テューキーの検定統計量	η (イータ)	相関比
r, r_{xy}	相関係数	ϕ (ファイ)	ファイ係数
$R, R_{y \cdot 12 \ldots p}$	重相関係数	χ^2 (カイ)	カイ2乗統計量
R_{adj}	自由度調整済み重相関係数		

母数

記号	母数の名称	記号	母数の名称
β (ベータ)	回帰係数	π (パイ)	比率
β_j	偏回帰係数	ρ (ロー)	相関係数
β_{jg}	因子負荷	σ (シグマ)	標準偏差
δ (デルタ)	効果量	σ^2	分散
μ (ミュー)	平均	$\sigma_p, \sigma_{\bar{x}}$, etc.	各標本統計量の標準誤差

(注) ここに示した記号は，本書および『心理統計学の基礎』で用いられているものです。テキストによっては異なる記号が用いられる場合がありますので，この一覧表で確認してください。

付録B　Excelの基本的な使い方

● B.1　Excelのウインドウ構成[1]

　Excelでデータ等を入力する単位となる1つひとつのマス目をセルとよびます。このセルが縦横に多数並んだ表をワークシートとよびます。このワークシートが1枚以上束ねられたものをブックとよび、1つのブックが1つのファイルに対応します。

　ワークシート上の縦方向のセルの並びを列とよび、左からA, B, …, Z, AA, AB, … とアルファベットが割り振られています。また横方向のセルの並びを行とよび、上から、1, 2, … と通し番号が割り振られています。この列のアルファベットと行の数字を組み合わせて各セルの名前が付けられます。たとえば一番左上のセルはA1という名前がつけられます[2]。

　入力や操作の対象となっているセル（の集まり）をアクティブセルとよび、太い枠で囲まれます。

● B.2　Excelに数式の計算をさせる

　Excelでは「=」（イコール）で始まるセルは数式とみなされ、入力した式そのものでなく、その式の計算結果が表示されます。例えば、=2+3 と入力すると、そのセルには「5」と表示されます。

　また、数式中で、他のセルに入力された値（数値や文字列）を参照することができます。例えば、A1に「5」、A2に「8」と入力した状態で、A3に =A1 * A2 と入力すると「40」と表示されます（*はかけ算の記号です）。

---

[1] Excelのバージョンによっては、ウィンドウ構成や使い方がここで示すものと一部異なっていることがあります。

[2] このようなセルの名前の付け方を **A1参照形式** といい、Excelではこのほかに **R1C1参照形式** とよばれるセルの位置のあらわし方があります。

B.3　フィルハンドルを使った値や式のコピー

1. たとえばB2を選択した状態でポインタをセルの右下の■が少し大きくなっている部分にもっていきます（ポインタが白抜きの十字から細い十字に変わります）。

2. そのままコピー先の範囲の限界までドラッグしてコピーします。

コピーは，コピー元の範囲を選択した状態で，「ホーム」タブの「クリップボード」グループの「コピー」をクリックし，コピー先を選択して「貼り付け」をクリックすることでも可能です。

B.4　数式のコピーと相対参照・絶対参照

セルの参照を利用した数式と同様の処理をするために他のセルに数式をコピーする場合，セルの相対参照と絶対参照を区別する必要があります。

たとえば，B1セルに =A1/100 と入力し，これを B2 セルにコピーすると，B2 セルの内容は =A1/100 ではなく，=A2/100 となります。つまり，「そのセルの左隣のセルの数値を 100 で割る」という計算がコピーされるのです。これがセルの相対参照です。

このとき，B1 セルへの入力を =A1/100 とすれば，これを B2 セルにコピーすると，B1 セルと同じく A1 セルの数値を 100 で割る計算が実行されます。これがセルの絶対参照です。

なお，この例ではどちらの場合も A 列の参照となっていますので，B1 セルへの入力を =A$1/100 として行のみを絶対参照としても，セルの絶対参照の場合と同じ結果になります。このように相対参照と絶対参照を組み合わせたものは複合参照とよばれます。

B.5　関数について

Excelではある決まった計算を自動的に行うためにあらかじめ用意された数式を関数とよんでいます。Excel に用意された関数は，

$$= 関数名（引数）$$

という形式で入力します。また，「関数の挿入」ボタンをクリックして，関数名をリストから選ぶこともできます。引数は関数を使って計算する対象となるデータや，何通りかの計算方法の選択肢がある場合にその計算方法を指定するためのものです。関数によっては引数がないものや複数の引数をとるものもあります。

⊙ B.6 連続データの作成

1. たとえば A2 セルから A41 セルの範囲に，1〜40 という連続する数値を入力するには，まず A2 セルに最初の数字である「1」を入力します．
2. （A2 セルを選択した状態で）「ホーム」タブの「編集」グループから「フィル」―「連続データの作成」を選びます．
3. 「連続データ」というダイアログボックスが開くので，「範囲」を「列」，「種類」を「加算」，「増分値」を「1」，「停止値」を「40」として「OK」をクリックします．

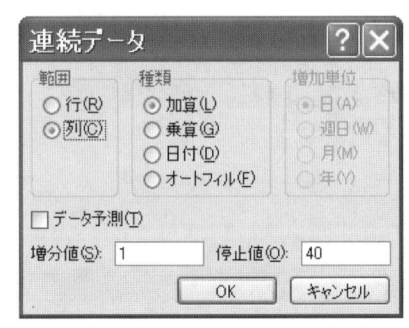

⊙ B.7 グラフの作成

1. たとえば A 列のデータを横軸に，B 列のデータを縦軸にとった散布図を作成する場合，まず A 列と B 列の使用するデータの範囲を選択します．
2. 「挿入」タブの「グラフ」グループから「散布図」を選択し，リストの中から希望するものを選択します．
3. あとはグラフツールの「デザイン」タブや「レイアウト」タブを用いて，体裁を整えて完成させます．

付録C　Rの基本的な使い方

◉ C.1　Rのインストール

Rはフリーソフトウェアであり，Rの公式サイト（http://cran.r-project.org/）から自由にダウンロードし，簡単にインストールすることができます。Rについては，インターネット上にインストールの手順から詳細な使用方法まで，さまざまな情報が提供されています[3]。

◉ C.2　Rの起動と操作

インストールした後，RのアイコンをクリックしてRを起動すると，次のような画面になります。

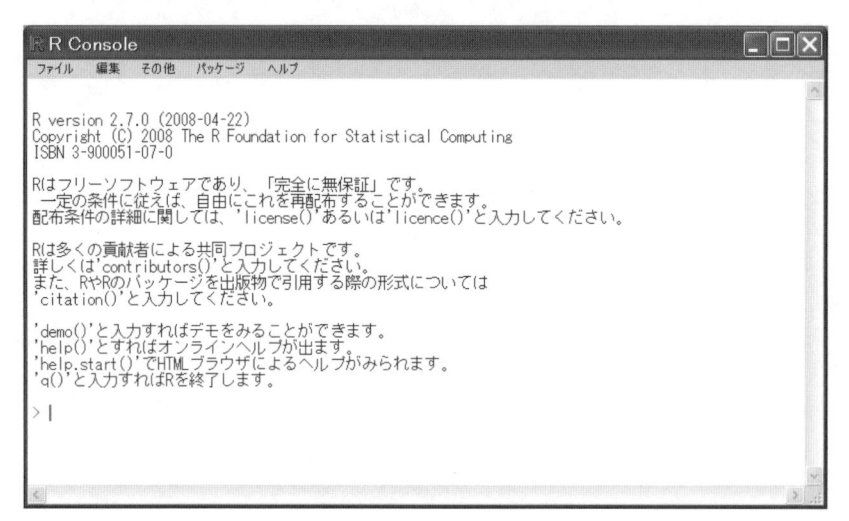

この画面の最下行に出ているプロンプト（>）のところに式やコマンドを入力することで，必要な計算や操作を実行させることができます。たとえば，pi^2 と入力すると，次のように円周率πの2乗が計算されます。

```
> pi^2
[1] 9.869604
>
```

◉ C.3　関数の作成

Rにはさまざまな関数がすでに組み込まれていますが，自分で関数を作成し，そのグラフを描くこともできます。

---

[3] 読みやすい参考書としては，山田・杉澤・村井（2008）などがあります。

関数を作成するには，

関数名 <- function(変数名) {関数の式}

という形式のコマンドを入力します。

たとえば，「xの3乗」という関数を作成し，"三乗"という名前をつけるには，

三乗 <- function(x) {x^3}

のように入力します。

⊙ C.4 関数のグラフの作成

関数のグラフを作成するには，

curve(関数名 (x, オプション), 左端の値, 右端の値)

という形式のコマンドを入力します。オプションは関数によって決まっており，オプションのない関数もあります。

たとえば，平均0，標準偏差1の（標準）正規分布のグラフを $-3 \sim 3$ の範囲で描くには，

curve(dnorm(x, mean=0, sd=1), from=-3, to=3)

のように入力します。これはもっと簡単に

curve(dnorm(x, 0, 1), -3, 3)

とすることもできます。作図の結果は次のように出力されます。

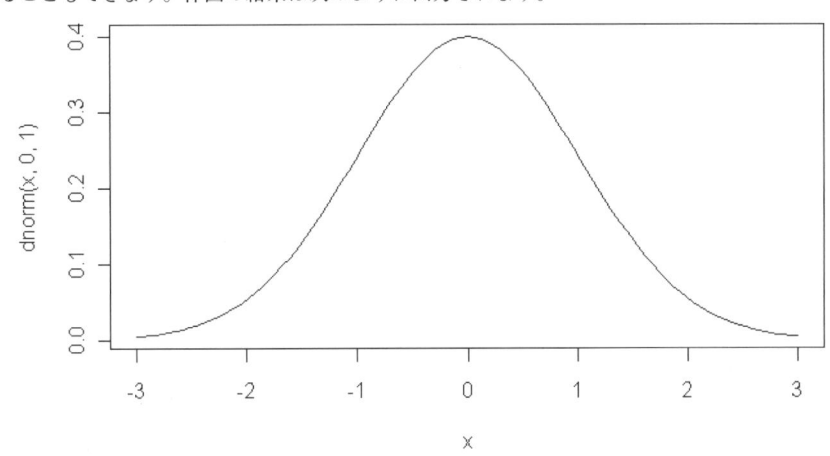

前項で作成した関数"三乗"のグラフを $-2 \sim 2$ の範囲で描くには，

curve(三乗, -2, 2)

のように入力します。このように，オプションのない関数の場合，(x) は省略できます。

⊙ C.5 一連のコマンドをまとめて実行

プロンプト（>）に対してコマンドを1つずつ入力して実行するのでなく，一連のコマンドを1つのプログラムのような形で入力して，それをまとめて実行することもできます。

そのためには，「ファイル」—「新しいスクリプト」を選んで，「Rエディタ」というウィンドウを開きます。そこに一連のコマンド（スクリプト）を書き，「編集」—「すべて実行」でまとめて実行します。コマンドの一部のみを実行するには，Rエディタ上でその部分を選択したうえで，「編集」—「カーソル行または選択中のRコードを実行」を選びます。

下の図は，"三乗"という関数の作成からその関数のグラフ作成までのコマンドをRエディタに入力した図です。

```
三乗 <- function (x) {x^3}
curve (三乗 (x), -2, 2)
```

Rエディタに入力したスクリプトを保存するには，「ファイル」—「保存」を選びます。保存したスクリプトを使用するときは，Rのコマンド入力画面またはRエディタ画面から「ファイル」—「スクリプトを開く」を選びます。

⦿ C.6 データファイルの読み込み

実験や調査で得られたデータをRで分析する際には，Excelで入力して，それをRで読み込むのが便利です。そのためには，Excelでデータを保存するときに，「ファイルの種類」として「CSV」を選び，たとえば「chousa.csv」というファイルを作成します[4]。

そのデータをRで読み込むには，

```
data1<- read.csv("chousa.csv")
```

のように入力します[5]。read.csvがCSV形式のデータを読み込むための関数です。これによって，R上に"data1"というデータ（Rでは「データフレーム」という）が作られたことになります。データフレームの名称は日本語を含め，自由につけられます。

次に，

```
attach(data1)
```

のように入力すれば，その後は"data1"というデータフレーム名を指示しなくても，その中のデー

---

[4] CSVは comma separated values（カンマで区切られた値）の略。
[5] 読み込むデータファイルは，Rの「作業ディレクトリ」においてあるものとします。作業ディレクトリは，Rのメニューで「ファイル」—「ディレクトリの変更」で確認・変更をすることができます。

タを直接分析できるようになります。

◉ C.7　パッケージのインストール

　Rには，インストールされたときに標準装備されているもの以外にも，さまざまな機能がパッケージとして用意されており，それをインストールして利用することができます。

　たとえば，第1章のトピック1-1では，"car"というパッケージのインストールが必要になります。このパッケージをインストールするには，メニューから，「パッケージ」―「パッケージのインストール」を選びます。すると，インストール元となるミラーサイトとよばれるサイトの一覧が表示されますので，たとえば"Japan (Tsukuba)"を選びます。次にパッケージのリストから"car"を選ぶとインストールが始まります。

　インストール後，

```
library(car)
```

と入力すると，そのパッケージが読み込まれ，その機能が使える状態になります。

◉ C.8　マウス操作による分析の実行

　キーボードからのコマンド入力ではなく，マウス操作によってRの分析を実行するには，Rcmdr（Rコマンダー）というパッケージをインストールします。インストール後，libraryコマンドでRcmdrパッケージを読み込むと，Rコマンダーの画面が開き，マウス操作によって入力データセットや分析法の選択ができるようになります。

付録D　付表・付図

付表1　標準正規分布における確率 $Prob(0<z<z_c)$
付表2　標準正規分布の上側確率に対応する値
付表3　相関係数の検定（両側検定）における棄却の限界値
付表4　t 分布の上側確率 .05, .025, .005 に対応する値
付表5　予想される相関係数の値と望まれる 95% 信頼区間の幅からサンプルサイズを決めるための表
付表6　効果量を用いた独立な2群の平均値差の検定（両側検定）における棄却の限界値
付表7　予想される効果量の値と望まれる 95% 信頼区間の幅から各群のサンプルサイズを決めるための表
付表8　カイ2乗分布の上側確率 .10, .05, .01 に対応する値
付表9a　F 分布の上側確率 .05 に対応する値
付表9b　F 分布の上側確率 .01 に対応する値
付表10　テューキーの検定のための統計量 q の分布の上側確率 .05 に対応する値

付図1　相関係数の検定の検定力（有意水準 .05 の両側検定）
付図2　相関係数の標本分布の上側および下側確率 .025 に対応する値
付図3　独立な2群の平均値差の検定の検定力（有意水準 .05 の両側検定）
付図4　効果量の標本分布の上側および下側確率 .025 に対応する値

付表1　標準正規分布における確率 $Prob(0<z<z_c)$

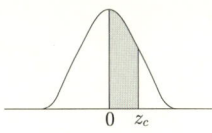

z_c	.00	.01	.02	.03	.04	.05	.06	.07	.08	.09
0.0	.000	.004	.008	.012	.016	.020	.024	.028	.032	.036
0.1	.040	.044	.048	.052	.056	.060	.064	.067	.071	.075
0.2	.079	.083	.087	.091	.095	.099	.103	.106	.110	.114
0.3	.118	.122	.126	.129	.133	.137	.141	.144	.148	.151
0.4	.155	.159	.163	.166	.170	.174	.177	.181	.184	.188
0.5	.191	.195	.198	.202	.205	.209	.212	.216	.219	.222
0.6	.226	.229	.232	.236	.239	.242	.245	.249	.252	.255
0.7	.258	.261	.264	.267	.270	.273	.276	.279	.282	.285
0.8	.288	.291	.294	.297	.300	.302	.305	.308	.311	.313
0.9	.316	.317	.321	.323	.326	.329	.331	.334	.336	.339
1.0	.341	.344	.346	.348	.351	.353	.355	.358	.360	.362
1.1	.364	.367	.369	.371	.373	.375	.377	.379	.381	.383
1.2	.385	.387	.389	.391	.392	.394	.396	.398	.400	.401
1.3	.403	.405	.407	.408	.410	.411	.413	.415	.416	.418
1.4	.419	.421	.422	.424	.425	.426	.428	.429	.431	.432
1.5	.433	.434	.436	.437	.438	.439	.441	.442	.443	.444
1.6	.445	.446	.447	.448	.449	.451	.451	.453	.454	.454
1.7	.455	.456	.457	.458	.459	.460	.461	.462	.462	.463
1.8	.464	.465	.466	.466	.467	.468	.469	.469	.470	.471
1.9	.471	.472	.473	.473	.474	.474	.475	.476	.476	.477
2.0	.477	.478	.478	.479	.479	.480	.480	.481	.481	.482
2.1	.482	.483	.483	.483	.484	.484	.485	.485	.485	.486
2.2	.486	.486	.487	.487	.487	.488	.488	.488	.489	.489
2.3	.489	.490	.490	.490	.490	.491	.491	.491	.491	.492
2.4	.492	.492	.492	.492	.493	.493	.493	.493	.493	.494
2.5	.494	.494	.494	.494	.494	.495	.495	.495	.495	.495
2.6	.495	.495	.496	.496	.496	.496	.496	.496	.496	.496
2.7	.497	.497	.497	.497	.497	.497	.497	.497	.497	.497
2.8	.497	.498	.498	.498	.498	.498	.498	.498	.498	.498
2.9	.498	.498	.498	.498	.498	.498	.498	.499	.499	.499
3.0	.499	.499	.499	.499	.499	.499	.499	.499	.499	.499
3.1	.499	.499	.499	.499	.499	.499	.499	.499	.499	.499
3.2	.499	.499	.499	.499	.499	.499	.499	.499	.499	.499
3.3	.500	.500	.500	.500	.500	.500	.500	.500	.500	.500

付表2　標準正規分布の上側確率に対応する値

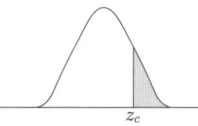

上側確率	.000	.001	.002	.003	.004	.005	.006	.007	.008	.009
.00	∞	3.090	2.878	2.748	2.652	2.576	2.512	2.457	2.409	2.366
.01	2.326	2.290	2.257	2.226	2.197	2.170	2.144	2.120	2.097	2.075
.02	2.054	2.034	2.014	1.995	1.977	1.960	1.943	1.927	1.911	1.896
.03	1.881	1.866	1.852	1.838	1.825	1.812	1.799	1.787	1.774	1.762
.04	1.751	1.739	1.728	1.717	1.706	1.695	1.685	1.675	1.665	1.655
.05	1.645	1.635	1.626	1.616	1.607	1.598	1.589	1.580	1.572	1.563
.06	1.555	1.546	1.538	1.530	1.522	1.514	1.506	1.499	1.491	1.483
.07	1.476	1.468	1.461	1.454	1.447	1.440	1.433	1.426	1.419	1.412
.08	1.405	1.398	1.392	1.385	1.379	1.372	1.366	1.359	1.353	1.347
.09	1.341	1.335	1.329	1.323	1.317	1.311	1.305	1.299	1.293	1.287
.10	1.282	1.276	1.270	1.265	1.259	1.254	1.248	1.243	1.237	1.232
.11	1.227	1.221	1.216	1.211	1.206	1.200	1.195	1.190	1.185	1.180
.12	1.175	1.170	1.165	1.160	1.155	1.150	1.146	1.141	1.136	1.131
.13	1.126	1.122	1.117	1.112	1.108	1.103	1.098	1.094	1.089	1.085
.14	1.080	1.076	1.071	1.067	1.063	1.058	1.054	1.049	1.045	1.041
.15	1.036	1.032	1.028	1.024	1.019	1.015	1.011	1.007	1.003	.999
.16	.994	.990	.986	.982	.978	.974	.970	.966	.962	.958
.17	.954	.950	.946	.942	.938	.935	.931	.927	.923	.919
.18	.915	.912	.908	.904	.900	.896	.893	.889	.885	.882
.19	.878	.874	.871	.867	.863	.860	.856	.852	.849	.845
.20	.842	.838	.835	.831	.827	.824	.820	.817	.813	.810
.21	.806	.803	.800	.796	.793	.789	.786	.782	.779	.776
.22	.772	.769	.765	.762	.759	.755	.752	.749	.745	.742
.23	.739	.736	.732	.729	.726	.722	.719	.716	.713	.710
.24	.706	.703	.700	.697	.693	.690	.687	.684	.681	.678
.25	.674	.671	.668	.665	.662	.659	.656	.653	.650	.646
.26	.643	.640	.637	.634	.631	.628	.625	.622	.619	.616
.27	.613	.610	.607	.604	.601	.598	.595	.592	.589	.586
.28	.583	.580	.577	.574	.571	.568	.565	.562	.559	.556
.29	.553	.550	.548	.545	.542	.539	.536	.533	.530	.527
.30	.524	.522	.519	.516	.513	.510	.507	.504	.502	.499
.31	.496	.493	.490	.487	.485	.482	.479	.476	.473	.471
.32	.468	.465	.462	.459	.457	.454	.451	.448	.445	.443
.33	.440	.437	.434	.432	.429	.426	.423	.421	.418	.415
.34	.412	.410	.407	.404	.402	.399	.396	.393	.391	.388
.35	.385	.383	.380	.377	.375	.372	.369	.366	.364	.361
.36	.358	.356	.353	.350	.348	.345	.342	.340	.337	.335
.37	.332	.329	.327	.324	.321	.319	.316	.313	.311	.308
.38	.305	.303	.300	.298	.295	.292	.290	.287	.285	.282
.39	.279	.277	.274	.272	.269	.266	.264	.261	.259	.256
.40	.253	.251	.248	.246	.243	.240	.238	.235	.233	.230
.41	.228	.225	.222	.220	.217	.215	.212	.210	.207	.204
.42	.202	.199	.197	.194	.192	.189	.187	.184	.181	.179
.43	.176	.174	.171	.169	.166	.164	.161	.159	.156	.154
.44	.151	.148	.146	.143	.141	.138	.136	.133	.131	.128
.45	.126	.123	.121	.118	.116	.113	.111	.108	.105	.103
.46	.100	.098	.095	.093	.090	.088	.085	.083	.080	.078
.47	.075	.073	.070	.068	.065	.063	.060	.058	.055	.053
.48	.050	.048	.045	.043	.040	.038	.035	.033	.030	.028
.49	.025	.023	.020	.018	.015	.013	.010	.008	.005	.003
.50	.000									

付表3　相関係数の検定（両側検定）における棄却の限界値（かっこ内は片側検定の場合の有意水準）

サンプルサイズ	有意水準		
	.10 (.05)	.05 (.025)	.01 (.005)
3	.988	.997	1.000
4	.900	.950	.990
5	.805	.878	.959
6	.729	.811	.917
7	.669	.754	.875
8	.621	.707	.834
9	.582	.666	.798
10	.549	.632	.765
11	.521	.602	.735
12	.497	.576	.708
13	.476	.553	.684
14	.458	.532	.661
15	.441	.514	.641
16	.426	.497	.623
17	.412	.482	.606
18	.400	.468	.590
19	.389	.456	.575
20	.378	.444	.561
22	.360	.423	.537
24	.344	.404	.515
26	.330	.388	.496
28	.317	.374	.479
30	.306	.361	.463
32	.296	.349	.449
34	.287	.339	.436
36	.279	.329	.424
38	.271	.320	.413
40	.264	.312	.403
50	.235	.279	.361
60	.214	.254	.330
70	.198	.235	.306
80	.185	.220	.286
90	.174	.207	.270
100	.165	.197	.256
200	.117	.139	.182
300	.095	.113	.149
400	.082	.098	.129

付表4　t 分布の上側確率 .05，.025，.005 に対応する値

自由度	上側確率		
	.05	.025	.005
1	6.314	12.706	63.657
2	2.920	4.303	9.925
3	2.353	3.182	5.841
4	2.132	2.776	4.604
5	2.015	2.571	4.032
6	1.943	2.447	3.707
7	1.895	2.365	3.499
8	1.860	2.306	3.355
9	1.833	2.262	3.250
10	1.812	2.228	3.169
11	1.796	2.201	3.106
12	1.782	2.179	3.055
13	1.771	2.160	3.012
14	1.761	2.145	2.977
15	1.753	2.131	2.947
16	1.746	2.120	2.921
17	1.740	2.110	2.898
18	1.734	2.101	2.878
19	1.729	2.093	2.861
20	1.725	2.086	2.845
22	1.717	2.074	2.819
24	1.711	2.064	2.797
26	1.706	2.056	2.779
28	1.701	2.048	2.763
30	1.697	2.042	2.750
32	1.694	2.037	2.738
34	1.691	2.032	2.728
36	1.688	2.028	2.719
38	1.686	2.024	2.712
40	1.684	2.021	2.704
50	1.676	2.009	2.678
60	1.671	2.000	2.660
70	1.667	1.994	2.648
80	1.664	1.990	2.639
90	1.662	1.987	2.632
100	1.660	1.984	2.626
200	1.653	1.972	2.601
300	1.650	1.968	2.592
400	1.649	1.966	2.588
∞	1.645	1.960	2.576

付表5　予想される相関係数の値と望まれる95%信頼区間の幅からサンプルサイズを決めるための表

予想される相関係数の値	望まれる95%信頼区間の幅																		
	.05	.10	.15	.20	.25	.30	.35	.40	.45	.50	.55	.60	.65	.70	.75	.80	.85	.90	.95	1.00
.00	6147	1538	684	385	247	172	126	97	77	62	52	44	37	32	28	25	22	20	18	16
.05	6117	1530	680	383	246	171	126	97	76	62	51	43	37	32	28	25	22	20	18	16
.10	6025	1507	670	378	242	168	124	95	75	61	51	43	37	32	28	25	22	20	18	16
.15	5874	1469	654	368	236	164	121	93	74	60	50	42	36	31	27	24	21	19	17	16
.20	5666	1417	631	355	228	159	117	90	71	58	48	41	35	30	26	23	21	19	17	15
.25	5404	1352	602	339	218	151	112	86	68	55	46	39	33	29	25	22	20	18	16	15
.30	5092	1274	567	320	205	143	105	81	64	53	44	37	32	28	24	21	19	17	16	14
.35	4735	1185	528	298	191	133	98	76	60	49	41	35	30	26	23	20	18	16	15	14
.40	4339	1086	484	273	176	123	91	70	56	46	38	32	28	24	21	19	17	15	14	13
.45	3912	980	437	247	159	111	82	64	51	42	35	30	26	22	20	18	16	14	13	12
.50	3460	867	387	219	141	99	73	57	46	37	31	27	23	20	18	16	15	13	12	11
.55	2994	751	336	190	123	86	64	50	40	33	28	24	21	18	16	15	13	12	11	10
.60	2521	633	283	161	104	74	55	43	35	29	24	21	18	16	15	13	12	11	10	10
.65	2054	517	232	132	86	61	46	36	29	25	21	18	16	14	13	12	11	10		
.70	1603	404	182	105	69	49	37	30	24	20	18	15	14	12	11	10	10			
.75	1182	299	136	79	52	38	29	23	19	17	15	13	12	11	10					
.80	802	205	94	56	38	28	22	18	15	13	12	11	10							
.85	480	125	59	36	25	19	16	13	11	10										
.90	229	62	31	20	15	12	11													
.95	66	22	13	10																

付表6　効果量を用いた独立な2群の平均値差の検定（両側検定）における棄却の限界値（かっこ内は片側検定の場合の有意水準）

各群のサンプルサイズ	有意水準			各群のサンプルサイズ	有意水準		
	.10 (.05)	.05 (.025)	.01 (.005)		.10 (.05)	.05 (.025)	.01 (.005)
2	2.920	4.303	9.925	22	0.507	0.608	0.813
3	1.741	2.267	3.759	24	0.485	0.581	0.776
4	1.374	1.730	2.622	26	0.465	0.557	0.743
5	1.176	1.458	2.122	28	0.447	0.536	0.714
6	1.046	1.286	1.830	30	0.432	0.517	0.688
7	0.953	1.165	1.633	32	0.417	0.500	0.664
8	0.881	1.072	1.488	34	0.405	0.484	0.643
9	0.823	0.999	1.377	36	0.393	0.470	0.624
10	0.775	0.940	1.287	38	0.382	0.457	0.607
11	0.735	0.889	1.213	40	0.372	0.445	0.590
12	0.701	0.847	1.151	50	0.332	0.397	0.525
13	0.671	0.810	1.097	60	0.303	0.362	0.478
14	0.645	0.777	1.050	70	0.280	0.334	0.441
15	0.621	0.748	1.009	80	0.262	0.312	0.412
16	0.600	0.722	0.972	90	0.246	0.294	0.388
17	0.581	0.699	0.939	100	0.234	0.279	0.368
18	0.564	0.677	0.909	200	0.165	0.197	0.259
19	0.548	0.658	0.882	300	0.135	0.160	0.211
20	0.533	0.640	0.857	400	0.116	0.139	0.183

付表7 予想される効果量の値と望まれる95％信頼区間の幅から各群のサンプルサイズを決めるための表

予想される効果量の値	望まれる95％信頼区間の幅																			
	0.1	0.2	0.3	0.4	0.5	0.6	0.7	0.8	0.9	1.0	1.1	1.2	1.3	1.4	1.5	1.6	1.7	1.8	1.9	2.0
0.0	3073	768	341	192	123	85	63	48	38	31	25	21	18	16	14	12	11			
0.1	3077	769	342	192	123	85	63	48	38	31	25	21	18	16	14	12	11			
0.2	3089	772	343	193	124	86	63	48	38	31	26	21	18	16	14	12	11	10		
0.3	3108	777	345	194	124	86	63	49	38	31	26	22	18	16	14	12	11	10		
0.4	3135	784	348	196	125	87	64	49	39	31	26	22	19	16	14	12	11	10		
0.5	3169	792	352	198	127	88	65	50	39	32	26	22	19	16	14	12	11	10		
0.6	3212	803	357	201	129	89	66	50	40	32	27	22	19	16	14	13	11	10		
0.7	3262	815	362	204	131	91	67	51	40	33	27	23	19	17	15	13	11	10		
0.8	3319	830	369	208	133	92	68	52	41	33	28	23	20	17	15	13	12	10		
0.9	3385	846	376	212	135	94	69	53	42	34	28	24	20	17	15	13	12	11		
1.0	3458	864	384	216	138	96	71	54	43	35	29	24	21	18	15	14	12	11	10	
1.1	3538	885	393	221	142	98	72	55	44	36	29	25	21	18	16	14	12	11	10	
1.2	3627	907	403	227	145	101	74	57	45	36	30	25	22	19	16	14	13	11	10	
1.3	3723	931	414	233	149	104	76	58	46	37	31	26	22	19	17	15	13	12	11	
1.4	3826	957	425	239	153	106	78	60	47	38	32	27	23	20	17	15	13	12	11	10
1.5	3938	985	438	246	158	110	81	62	49	40	33	28	24	20	18	16	14	12	11	10
1.6	4057	1014	451	254	163	113	83	64	50	41	34	28	24	21	18	16	14	13	11	10
1.7	4184	1046	465	262	168	116	86	66	52	42	35	29	25	22	19	17	15	13	12	11
1.8	4318	1080	480	270	173	120	88	68	54	43	36	30	26	22	19	17	15	14	12	11
1.9	4460	1115	496	279	179	124	91	70	55	45	37	31	27	23	20	18	16	14	13	11
2.0	4610	1153	513	288	185	128	94	72	57	46	38	32	28	24	21	18	16	15	13	12

付表8 カイ2乗分布の上側確率 .10，.05，.01 に対応する値

自由度	上側確率			自由度	上側確率		
	.10	.05	.01		.10	.05	.01
1	2.706	3.841	6.635	16	23.542	26.296	32.000
2	4.605	5.991	9.210	17	24.769	27.587	33.409
3	6.251	7.815	11.345	18	25.989	28.869	34.805
4	7.779	9.488	13.277	19	27.204	30.144	36.191
5	9.236	11.070	15.086	20	28.412	31.410	37.566
6	10.645	12.592	16.812	21	29.615	32.671	38.932
7	12.017	14.067	18.475	22	30.813	33.924	40.289
8	13.362	15.507	20.090	23	32.007	35.172	41.638
9	14.684	16.919	21.666	24	33.196	36.415	42.980
10	15.987	18.307	23.209	25	34.382	37.652	44.314
11	17.275	19.675	24.725	26	35.563	38.885	45.642
12	18.549	21.026	26.217	27	36.741	40.113	46.963
13	19.812	22.362	27.688	28	37.916	41.337	48.278
14	21.064	23.685	29.141	29	39.087	42.557	49.588
15	22.307	24.996	30.578	30	40.256	43.773	50.892

付表 9a F 分布の上側確率 .05 に対応する値

分母の自由度	分子の自由度									
	1	2	3	4	5	6	7	8	9	10
1	161.45	199.50	215.71	224.58	230.16	233.99	236.77	238.88	240.54	241.88
2	18.51	19.00	19.16	19.25	19.30	19.33	19.35	19.37	19.38	19.40
3	10.13	9.55	9.28	9.12	9.01	8.94	8.89	8.85	8.81	8.79
4	7.71	6.94	6.59	6.39	6.26	6.16	6.09	6.04	6.00	5.96
5	6.61	5.79	5.41	5.19	5.05	4.95	4.88	4.82	4.77	4.74
6	5.99	5.14	4.76	4.53	4.39	4.28	4.21	4.15	4.10	4.06
7	5.59	4.74	4.35	4.12	3.97	3.87	3.79	3.73	3.68	3.64
8	5.32	4.46	4.07	3.84	3.69	3.58	3.50	3.44	3.39	3.35
9	5.12	4.26	3.86	3.63	3.48	3.37	3.29	3.23	3.18	3.14
10	4.96	4.10	3.71	3.48	3.33	3.22	3.14	3.07	3.02	2.98
11	4.84	3.98	3.59	3.36	3.20	3.09	3.01	2.95	2.90	2.85
12	4.75	3.89	3.49	3.26	3.11	3.00	2.91	2.85	2.80	2.75
13	4.67	3.81	3.41	3.18	3.03	2.92	2.83	2.77	2.71	2.67
14	4.60	3.74	3.34	3.11	2.96	2.85	2.76	2.70	2.65	2.60
15	4.54	3.68	3.29	3.06	2.90	2.79	2.71	2.64	2.59	2.54
16	4.49	3.63	3.24	3.01	2.85	2.74	2.66	2.59	2.54	2.49
17	4.45	3.59	3.20	2.96	2.81	2.70	2.61	2.55	2.49	2.45
18	4.41	3.55	3.16	2.93	2.77	2.66	2.58	2.51	2.46	2.41
19	4.38	3.52	3.13	2.90	2.74	2.63	2.54	2.48	2.42	2.38
20	4.35	3.49	3.10	2.87	2.71	2.60	2.51	2.45	2.39	2.35
22	4.30	3.44	3.05	2.82	2.66	2.55	2.46	2.40	2.34	2.30
24	4.26	3.40	3.01	2.78	2.62	2.51	2.42	2.36	2.30	2.25
26	4.23	3.37	2.98	2.74	2.59	2.47	2.39	2.32	2.27	2.22
28	4.20	3.34	2.95	2.71	2.56	2.45	2.36	2.29	2.24	2.19
30	4.17	3.32	2.92	2.69	2.53	2.42	2.33	2.27	2.21	2.16
32	4.15	3.29	2.90	2.67	2.51	2.40	2.31	2.24	2.19	2.14
34	4.13	3.28	2.88	2.65	2.49	2.38	2.29	2.23	2.17	2.12
36	4.11	3.26	2.87	2.63	2.48	2.36	2.28	2.21	2.15	2.11
38	4.10	3.24	2.85	2.62	2.46	2.35	2.26	2.19	2.14	2.09
40	4.08	3.23	2.84	2.61	2.45	.234	2.25	2.18	2.12	2.08
50	4.03	3.18	2.79	2.56	2.40	2.29	2.20	2.13	2.07	2.03
60	4.00	3.15	2.76	2.53	2.37	2.25	2.17	2.10	2.04	1.99
70	3.98	3.13	2.74	2.50	2.35	2.23	2.14	2.07	2.02	1.97
80	3.96	3.11	2.72	2.49	2.33	2.21	2.13	2.06	2.00	1.95
90	3.95	3.10	2.71	2.47	2.32	2.20	2.11	2.04	1.99	1.94
100	3.94	3.09	2.70	2.46	2.31	2.19	2.10	2.03	1.97	1.93
200	3.89	3.04	2.65	2.42	2.26	2.14	2.06	1.98	1.93	1.88
300	3.87	3.03	2.63	2.40	2.24	2.13	2.04	1.97	1.91	1.86
400	3.86	3.02	2.63	2.39	2.24	2.12	2.03	1.96	1.90	1.85

付表 9b F 分布の上側確率 .01 に対応する値

分母の自由度	分子の自由度									
	1	2	3	4	5	6	7	8	9	10
1	4052.18	4999.50	5403.35	5624.58	5763.65	5858.99	5928.36	5981.07	6022.47	6055.85
2	98.50	99.00	99.17	99.25	99.30	99.33	99.36	99.37	99.39	99.40
3	34.12	30.82	29.46	28.71	28.24	27.91	27.67	27.49	27.35	27.23
4	21.20	18.00	16.69	15.98	15.52	15.21	14.98	14.80	14.66	14.55
5	16.26	13.27	12.06	11.39	10.97	10.67	10.46	10.29	10.16	10.05
6	13.75	10.92	9.78	9.15	8.75	8.47	8.26	8.10	7.98	7.87
7	12.25	9.55	8.45	7.85	7.46	7.19	6.99	6.84	6.72	6.62
8	11.26	8.65	7.59	7.01	6.63	6.37	6.18	6.03	5.91	5.81
9	10.56	8.02	6.99	6.42	6.06	5.80	5.61	5.47	5.35	5.26
10	10.04	7.56	6.55	5.99	5.64	5.39	5.20	5.06	4.94	4.85
11	9.65	7.21	6.22	5.67	5.32	5.07	4.89	4.74	4.63	4.54
12	9.33	6.93	5.95	5.41	5.06	4.82	4.64	4.50	4.39	4.30
13	9.07	6.70	5.74	5.21	4.86	4.62	4.44	4.30	4.19	4.10
14	8.86	6.51	5.56	5.04	4.69	4.46	4.28	4.14	4.03	3.94
15	8.68	6.36	5.42	4.89	4.56	4.32	4.14	4.00	3.89	3.80
16	8.53	6.23	5.29	4.77	4.44	4.20	4.03	3.89	3.78	3.69
17	8.40	6.11	5.18	4.67	4.34	4.10	3.93	3.79	3.68	3.59
18	8.29	6.01	5.09	4.58	4.25	4.01	3.84	3.71	3.60	3.51
19	8.18	5.93	5.01	4.50	4.17	3.94	3.77	3.63	3.52	3.43
20	8.10	5.85	4.94	4.43	4.10	3.87	3.70	3.56	3.46	3.37
22	7.95	5.72	4.82	4.31	3.99	3.76	3.59	3.45	3.35	3.26
24	7.82	5.61	4.72	4.22	3.90	3.67	3.50	3.36	3.26	3.17
26	7.72	5.53	4.64	4.14	3.82	3.59	3.42	3.29	3.18	3.09
28	7.64	5.45	4.57	4.07	3.75	3.53	3.36	3.23	3.12	3.03
30	7.56	5.39	4.51	4.02	3.70	3.47	3.30	3.17	3.07	2.98
32	7.50	5.34	4.46	3.97	3.65	3.43	3.26	3.13	3.02	2.93
34	7.44	5.29	4.42	3.93	3.61	3.39	3.22	3.09	2.98	2.89
36	7.40	5.25	4.38	3.89	3.57	3.35	3.18	3.05	2.95	2.86
38	7.35	5.21	4.34	3.86	3.54	3.32	3.15	3.02	2.92	2.83
40	7.31	5.18	4.31	3.83	3.51	3.29	3.12	2.99	2.89	2.80
50	7.17	5.06	4.20	3.72	3.41	3.19	3.02	2.89	2.78	2.70
60	7.08	4.98	4.13	3.65	3.34	3.12	2.95	2.82	2.72	2.63
70	7.01	4.92	4.07	3.60	3.29	3.07	2.91	2.78	2.67	2.59
80	6.96	4.88	4.04	3.56	3.26	3.04	2.87	2.74	2.64	2.55
90	6.93	4.85	4.01	3.53	3.23	3.01	2.84	2.72	2.61	2.52
100	6.90	4.82	3.98	3.51	3.21	2.99	2.82	2.69	2.59	2.50
200	6.76	4.71	3.88	3.41	3.11	2.89	2.73	2.60	2.50	2.41
300	6.72	4.68	3.85	3.38	3.08	2.86	2.70	2.57	2.47	2.38
400	6.70	4.66	3.83	3.37	3.06	2.85	2.68	2.56	2.45	2.37

付表10　テューキーの検定のための統計量 q の分布の上側確率 .05 に対応する値

df \ k	2	3	4	5	6	7	8	9	10
1	18.0	27.0	32.8	37.1	40.4	43.1	45.4	47.4	49.1
2	6.09	8.3	9.8	10.9	11.7	12.4	13.0	13.5	15.0
3	4.50	5.91	6.82	7.50	8.04	8.48	8.85	9.18	9.46
4	3.93	5.04	5.76	6.29	6.71	7.05	7.35	7.60	7.83
5	3.64	4.60	5.22	5.67	6.03	6.33	6.58	6.80	6.99
6	3.46	4.34	4.90	5.31	5.63	5.89	6.12	6.32	6.49
7	3.34	4.16	4.68	5.06	5.36	5.61	5.82	6.00	6.16
8	3.26	4.04	4.53	4.89	5.17	5.40	5.60	5.77	5.92
9	3.20	3.95	4.42	4.76	5.02	5.24	5.43	5.60	5.74
10	3.15	3.88	4.33	4.65	4.91	5.12	5.30	5.46	5.60
11	3.11	3.82	4.26	4.57	4.82	5.03	5.20	5.35	5.49
12	3.08	3.77	4.20	4.51	4.75	4.95	5.12	5.27	5.40
13	3.06	3.73	4.15	4.45	4.69	4.88	5.05	5.19	5.32
14	3.03	3.70	4.11	4.41	4.64	4.83	4.99	5.13	5.25
15	3.01	3.67	4.08	4.37	4.60	4.78	4.94	5.08	5.20
16	3.00	3.65	4.05	4.33	4.56	4.74	4.90	5.03	5.15
17	2.98	3.63	4.02	4.30	4.52	4.71	4.86	4.99	5.11
18	2.97	3.61	4.00	4.28	4.49	4.67	4.82	4.96	5.07
19	2.96	3.59	3.98	4.25	4.47	4.65	4.79	4.92	5.04
20	2.95	3.58	3.96	4.23	4.45	4.62	4.77	4.90	5.01
24	2.92	3.53	3.90	4.17	4.37	4.54	4.68	4.81	4.92
30	2.89	3.49	3.84	4.10	4.30	4.46	4.60	4.72	4.83
40	2.86	3.44	3.79	4.04	4.23	4.39	4.52	4.63	4.74
60	2.83	3.40	3.74	3.98	4.16	4.31	4.44	4.55	4.65
120	2.80	3.36	3.69	3.92	4.10	4.24	4.36	4.48	4.56
∞	2.77	3.31	3.63	3.86	4.03	4.17	4.29	4.39	4.47

（注）k は比較する平均の総数，df は残差の自由度。

付図1　相関係数の検定の検定力（有意水準 .05 の両側検定）

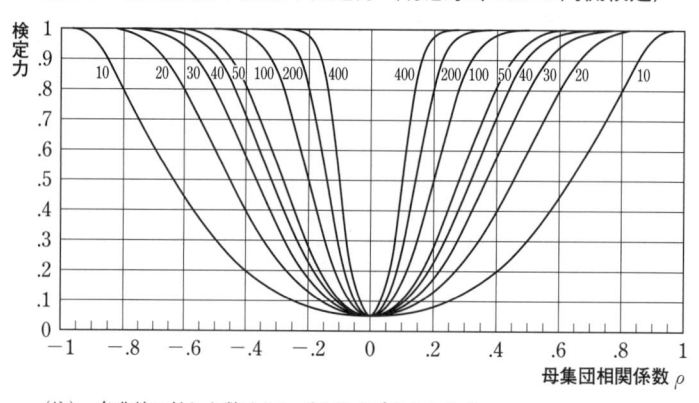

（注）各曲線に付した数はサンプルサイズをあらわす。

付図2 相関係数の標本分布の上側およ下側確率 .025 に対応する値

(注) 各曲線に付した数はサンプルサイズをあらわす。

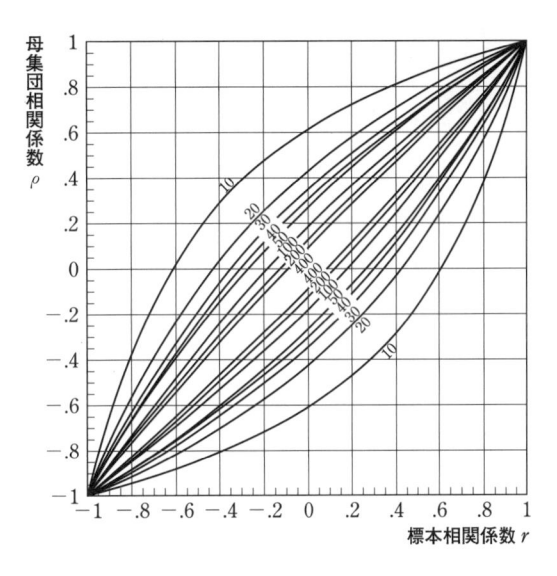

付図3 独立な2群の平均値差の検定の検定力（有意水準 .05 の両側検定）

(注) 各曲線に付した数は各群のサンプルサイズをあらわす。

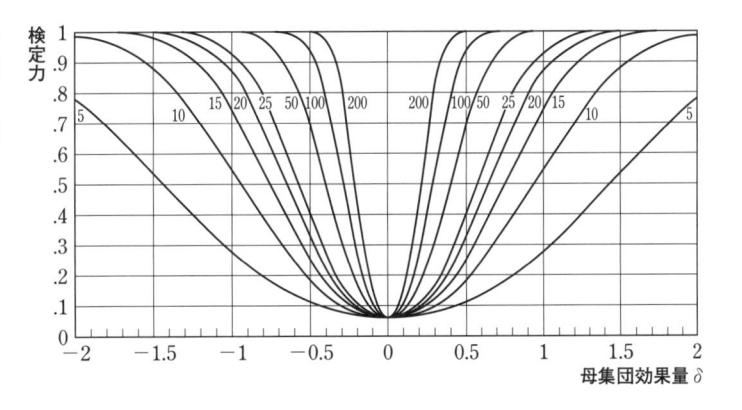

付図4 効果量の標本分布の上側および下側確率 .025 に対応する値

(注) 各曲線に付した数は各群のサンプルサイズをあらわす。

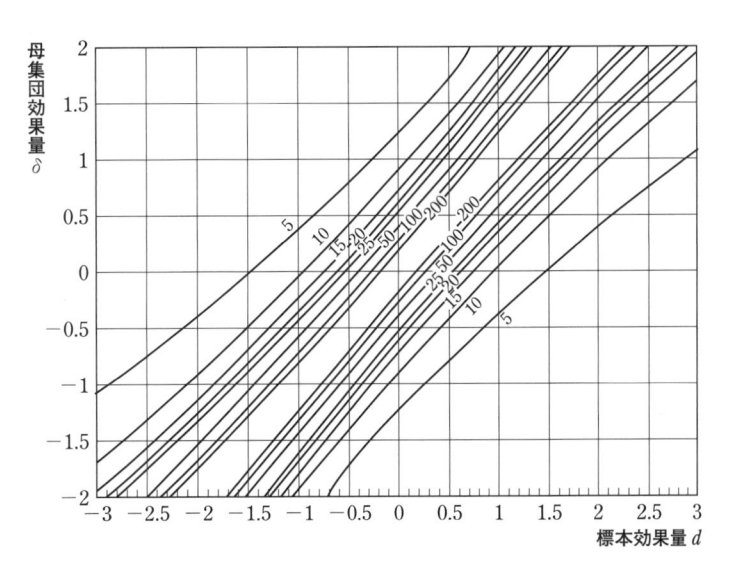

〔著者紹介〕

南風原朝和（はえばらともかず）　東京大学名誉教授

平井洋子（ひらいようこ）　首都大学東京教授

杉澤武俊（すぎさわたけとし）　早稲田大学准教授

心理統計学ワークブック──理解の確認と深化のために
Workbook of Psychological Statistics

2009年9月10日	初版第1刷発行
2019年9月25日	初版第7刷発行

著　者	南風原朝和 平井　洋子 杉澤　武俊
発行者	江草　貞治
発行所	株式会社　有斐閣 郵便番号 101-0051 東京都千代田区神田神保町2-17 電話　(03)3264-1315〔編集〕 　　　(03)3265-6811〔営業〕 http://www.yuhikaku.co.jp/
印刷・製本	大日本法令印刷株式会社

© 2009, T. Haebara, Y. Hirai, T. Sugisawa. Printed in Japan
落丁・乱丁本はお取替えいたします。
★定価はカバーに表示してあります。

ISBN978-4-641-17356-9

[JCOPY] 本書の無断複写(コピー)は、著作権法上での例外を除き、禁じられています。複写される場合は、そのつど事前に(一社)出版者著作権管理機構(電話03-5244-5088、FAX03-5244-5089、e-mail:info@jcopy.or.jp)の許諾を得てください。